Lesson Plans For A Strong Start:
The First 30 Days For Toddlers

高瞻课程的理论与实践
——HighScope——

高瞻学步儿课程起步
——30天课程计划

[美] 克里斯汀·M. 施耐德（Christine M. Snyder）著

齐 鑫 译

教育科学出版社
·北京·

出 版 人　郑豪杰
策划编辑　孙冬梅
责任编辑　孙冬梅
版式设计　沈晓萌
责任校对　马明辉
责任印制　李孟晓

图书在版编目（CIP）数据

高瞻学步儿课程起步：30天课程计划／（美）克里斯汀·M.施耐德（Christine M. Snyder）著；齐鑫译．—北京：教育科学出版社，2023.6

（高瞻课程的理论与实践）

书名原文：Lesson Plans For A Strong Start：The First 30 Days For Toddlers

ISBN 978-7-5191-3475-4

Ⅰ.①高…　Ⅱ.①克…　②齐…　Ⅲ.①婴幼儿—早期教育　Ⅳ.①G61

中国国家版本馆CIP数据核字（2023）第083164号
北京市版权局著作权合同登记　图字：（01-2023-2526）号

高瞻学步儿课程起步——30天课程计划
GAOZHAN XUEBU'ER KECHENG QIBU——30 TIAN KECHENG JIHUA

出 版 发 行	教育科学出版社			
社　　　址	北京·朝阳区安慧北里安园甲9号	邮　　编	100101
总编室电话	010-64981290	编辑部电话	010-64989395
出版部电话	010-64989487	市场部电话	010-64989572
传　　　真	010-64989419	网　　址	http://www.esph.com.cn
经　　　销	各地新华书店		
制　　　作	北京金奥都图文制作中心		
印　　　刷	保定市中画美凯印刷有限公司		
开　　　本	787毫米×1092毫米　1/16	版　　次	2023年6月第1版
印　　　张	21.25	印　　次	2023年6月第1次印刷
字　　　数	314千	定　　价	58.00元

图书出现印装质量问题，本社负责调换。

目　录

致　谢 ··· 001

第 1 章　引言 ·· 001
　　概览 ··· 001
　　关于本书 ·· 002
　　主动学习 ·· 002
　　日程表与一日常规 ·· 004
　　一日常规的要素 ··· 005
　　儿童发展与学习内容 ··· 012
　　有特殊需要儿童的生活空间 ·· 014
　　学习环境 ·· 016

第 2 章　为第一天做好准备 ·· 018
　　邀请家长访问教育机构 ·· 018
　　与家庭建立联系 ··· 019
　　家访 ··· 019
　　收集信息 ·· 019
　　创建个人空间 ··· 020
　　检查健康与安全问题 ··· 020
　　材料 ··· 022

第 3 章	第 1 周	023
第 4 章	第 2 周	070
第 5 章	第 3 周	118
第 6 章	第 4 周	163
第 7 章	第 5 周	211
第 8 章	第 6 周	257
第 9 章	未来的工作	299
	遵从儿童的兴趣	300
	追踪儿童的发展	301
	维系与家庭的伙伴关系	303
	每日团队计划	304

附 录 ········· 305

附录 1	总结：支持性的成人-儿童互动	306
附录 2	怎样使用本书中的鹰架表	308
附录 3	所有关于你的！	310
附录 4	根据家长提供的信息开发学步儿照护计划	312
附录 5	大组活动时间计划表	316
附录 6	学步儿用材料清单	317
附录 7	针对学步儿的全天活动计划样表	325
附录 8	针对学步儿的半日活动计划样表	327
附录 9	学步儿机构的一日常规样例	329
附录 10	混龄组的一日常规样例	331

参考文献 ········· 333
关于作者 ········· 335

致　　谢

我在密歇根州安娜堡（Ann Arbor）市格雷琴之家儿童看护中心（Gretchen's House Child Care centers）工作过11年，做过教师、中心主管以及培训师。这一职业经历让我获得了宝贵的经验和知识，并塑造了我作为早期儿童教育专家的职业生涯。我很高兴和很多老师一起工作过，他们与我并肩工作，他们激励我、鞭策我，帮我理解了对学步儿来说什么样的学习经验才是高质量的。我非常感激这些激励、智慧以及热情，在那些年里，这些对我来说都是宝贵的财富。我也很感激我所服务的那些家庭，他们让我成为他们的生活以及他们孩子的生活的一部分。这本书是我作为婴儿-学步儿教师和高瞻培训师的经验的结晶，在这个过程中，我抚养了我的儿子本杰明（Benjamin），在我写作这本书的过程中，他正处于学步儿阶段。

在写作这本书的过程中，我还从同事香农·洛哈特（Shannon Lockhart）、贝丝·马歇尔（Beth Marshall）以及安·爱泼斯坦（Ann Epstein）那里得到了持续的支持、反馈和引导。非常感激你们对我的帮助，你们与我一起详细讨论我的想法、这本书的写作，并给了我很多建议，使这本书成为学步儿照护者的有用工具。感谢你们对这本书周到的审核，帮助我把想法变成了现实。

感谢作家兼编辑乔安妮·坦戈拉（Joanne Tangorra），在你编辑、修改和润色书稿的过程中，给了我全面而有条理的反馈。你的洞察力和清晰的条理对这本书最终成稿至关重要。同时要感谢南希·布里克曼（Nancy Brickman）、亚当·罗伯森（Adam Roberson）和马塞拉·韦纳（Marcella Weiner）在本书的编辑过程中做出的贡献，南希·戈因兹（Nancy Goings）在协助本书出版过程中以及朱迪·塞林（Judy Seiling）及和子·萨克斯（Kazuko Sacks）在本书设计、制作中做过的工作。

  对在我的职业生涯中一直鼓励我、相信我能够成为作家、为我的成就喝彩、在我挣扎时一直相信我的家人和朋友们，我毫无保留地感激你们。还有我的丈夫和儿子，感激你们一直认可并支持我既想成为一个好妈妈又想要成为早期教育专家的渴望与热情。

第1章 引 言

概 览

在学步儿的世界中,教师(teacher)或照护者①(caregiver)的角色非常重要且独特。学步儿期是快速成长和发展的时期,在这一阶段,儿童的身体、社会性、语言、自助技能快速地生成,并需要能够促进发展的人际关系来支持其发展。对于学步儿来说,无论是刚刚加入一个新的集体,还是过渡到一个新的教室,在适应阶段,学步儿都会变得敏感而又时常充满挑战。本书的设计目的就是让照护者能够帮助学步儿适应集体照顾环境下的新常规和新环境。本书所提供的活动可以用在儿童看护中心,也可以用于家庭式儿童看护中心或家庭日托中心。

在教育机构中,照护者在支持和促进学步儿发展方面发挥了关键作用。

---

① 在本书中,"照护者"一词用来指代在集体环境下照顾儿童的所有人,与"教师""供应者"(provider)或其他发挥相同作用的词意思相同。

关于本书

本书提供了 30 天的教学策略、活动以及提示，用以帮助儿童了解新环境，帮助照护者了解儿童。照护者将发现支持家庭与学校建立联系的方法，以及支持家长[①]（families）与孩子分离的做法。每天的活动计划包括：大组时间的活动，互动、过渡、身体护理常规以及选择时间的教学策略，照护者该如何观察儿童发展的建议，以及如何支持儿童调整和学习的后续想法。本书支持照护者基于自己所服务学步儿独特的兴趣、需要和发展来开发每日活动。

纵览全书，照护者也将发现与自己正在使用的活动计划相关的信息，这些活动计划将描述、凸显并扩展照护者在课堂上所用的策略、学步儿正在经历的发展阶段以及照护者和家长就某一技能或互动策略共同产生的问题。

本书最后两部分"未来的工作"（第 9 章）和附录为照护者提供了一些材料和关于教学策略、计划以及与本书所描述材料类似的材料等的引导，在 30 天之后，他们可以在自己的教学中使用这些内容。

这本学步儿书适用于 12—36 个月的儿童。为了孩子们的安全，招收混龄儿童的机构可以把这本书中的活动与《高瞻婴儿课程起步——30 天课程计划》[②] 一书结合起来使用。不管整个班级都是新加入的儿童还是只有一两名儿童是新加入的，都可以使用这两本书。

主动学习

在主动操作材料、积极与环境（包括同伴和照护者）互动时，儿童学得最好。儿童天生喜欢身体活动，喜欢自己做出决定，探索自己的想法。学步儿需要大量的

[①] 在本书中，"家长"（families）或"家庭成员"（family member）用来指代在教育机构之外的环境中负责儿童生存的父母或监护人。

[②] 该书中文版已由教育科学出版社出版。——编辑注

空间来移动，也需要自己做决定和用不同方式来做事的机会。主动学习出现在整个一日生活中，并能够支持所有领域的学习。

高瞻课程确认，主动学习中包含了五种必需的要素：材料、操作、选择、儿童语言与思维、成人鹰架。

1. 材料。要有丰富且适合儿童年龄、能让儿童以不同方式使用的材料。学习直接生发于儿童对材料的直接操作。
2. 操作。儿童要有机会（用各种感官）探索、操作所选材料，并对其进行组合、变形。
3. 选择。儿童自己选择做什么。因为学习来自儿童追求个人兴趣和目标的尝试，所以选择活动和材料的机会就至关重要。
4. 儿童的交流、语言与思维。儿童通过动作、姿势、面部表情、声音、手语和词语等交流自己的需要、情感、发现和想法。成人则以交互的方式来强化、处理和鼓励儿童进行交流和表达。
5. 成人鹰架。在儿童中心，成人与所有儿童都要保持互相信任的关系。成人认可并鼓励每名儿童的意图、行动、互动、交流、探索、问题解决以及创造。

对学步儿来说，有机会独立选择并接触一系列感兴趣且结果开放的材料很重要。儿童将决定使用什么材料以及怎样使用，同时成人通过描述儿童的行为，评论他们使用材料的方式，以及用与儿童相同的方式使用材料来支持儿童。

主动学习包括让儿童接触一系列适合其年龄的材料,并且这些材料要能以不同方式来使用。

日程表与一日常规

开发学步儿的日程表需要考虑他们在家里的日程,以及这一年龄多数儿童吃饭、睡觉、游戏的共同规律。例如,许多学步儿需要频繁地吃正餐和零食,所以让有规律的进餐时间,如早餐、上午零食、午餐、下午零食,成为一日常规中固定的要素就非常重要。一些学步儿一天会小睡两次,另一些则只小睡一次。此外,对学步儿这个年龄的儿童来说,午睡时间的长短也不同,有的可能非常长,有的可能非常短。为了创建平衡、舒适且能满足所有儿童需要的日程表,考虑儿童的生理需求,整合选择时间、户外活动时间、大组活动时间是开发一日常规的关键。

在同一空间为从出生到3岁的儿童提供照顾的混龄教育机构需要有目的地维护、支持婴儿的个别日程,同时还要支持学步儿遵循他们的常规。这样就可能要求睡眠区与游戏区分开,以便在全天都能随时进行小憩的常规活动。同样,在学步儿拥有有规律的进餐时间的同时,婴儿也可以不遵守常规,随时进餐。

一日常规的要素

对学步儿机构来说,一日常规包括如下环节:入园/欢迎时间、进餐时间、身体护理时间、休息时间、选择时间、集体活动时间(包括音乐和律动)、户外活动时间和离园时间。过渡时间(两个环节之间的过渡,包括清理)也是一日常规的一部分,但应该减少到最少。

入园/欢迎时间

在入园时间,来自照护者温暖、放松的欢迎可以安抚婴儿、学步儿,甚至是他们必须要离开的父母,让父母们知道,现在孩子们被交给了值得信赖的成人照顾,这些照护者会尊重孩子们,保证他们的安全,直到父母们返回。即使看护中心有专门的欢迎区,也不一定非得在特定的地方欢迎、欢送儿童。在哪里进行这些活动取决于儿童和家长的需要与喜好。

进餐时间

儿童的进餐时间满足的不仅仅是摄取食物中的营养这一基本需要。对学步儿来说,进餐越来越成为一种社

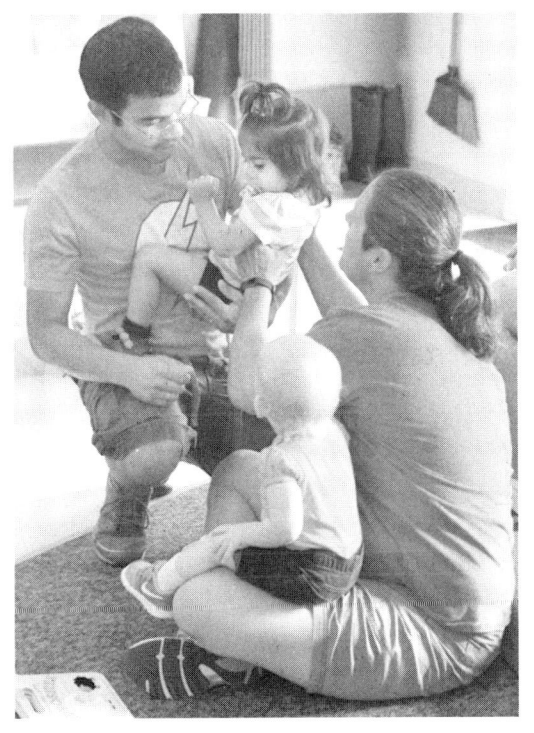

在入园时间,给儿童和家长一个温暖的欢迎、认可并支持他们的分离情绪至关重要。

交活动。学步儿吃东西时通常很享受与其他人互动,享受成为餐间交流的一份子。他们也会继续探索和尝试新的食物,获得独立进食的技能。根据早期儿童教育专家彼得·曼乔内(Peter Mangione)的观点,(此时)幼儿正在发展对食物的终生态度

和关于吃的经验。在一个轻松的环境下，他们发展出积极的态度，学会了重要的社交技能。简言之，进餐时间是一段围绕着吃食物和享受食物而进行的社交插曲。

进食或就餐应该在哪里进行取决于儿童所处的阶段。学步儿可以以小组的形式坐在矮桌前和照护者一起吃。在宜人的天气中，学步儿也很喜欢在户外吃饭。

通过支持儿童的交流、探索和重复，以及帮助有需要的儿童在集体环境中继续探索独立进餐，高瞻教育机构中的照护者也让每天的进餐时间成为与儿童建立联结的机会。通过与儿童一起进餐，照护者发出了积极的信息，这些信息不仅是关于吃的，也关系到儿童看护中心中的社交关系：我们可以一起做各种让人感到享受的事——玩、散步、阅读、谈话以及分享食物和关于食物的经验。

由学步儿发起的餐间谈话通常聚焦于他们的观察以及关于手边材料的灵感，比如："我做的（午餐）。""你喜欢鸡蛋吗？""橘子也在房子里！""看！面包碎了！""湿的！""更像牛奶！""不要蕉蕉！不！""小狗饼干！""他拿太多了！"由于照护者已经逐步了解了每个孩子，所以他们可以为儿童通常很简要的陈述补充一些遗失的细节，以此让对话持续下去。

照护者和儿童一起吃饭可以满足儿童重复做一件事的需要，重复让儿童最终掌握了一系列自助技能——拉开凳子或椅子坐在上面，并在吃完时把它推回去；打开三明治；剥开香蕉；用勺子把酸奶舀进碗里；倒一杯牛奶并擦掉洒出来的奶汁。

在为进餐时间和清理时间做准备时，可以让稍大的学步儿参与进来。在进餐时间，有一些常规任务是学步儿可以轻松完成并能从中获得满足感的，比如：递盘子、碗、杯子；从小一点的罐子里为自己倒果汁和牛奶；从盘子里取食物并上菜；把纸巾扔进垃圾篮里；把盘子

对照护者来说，进餐时间是与儿童建立关系的机会。

里剩下的食物刮干净；把用过的餐具放进餐具桶里等待清洗；用肥皂水和海绵把桌子擦干净。

身体护理时间

在主动学习的环境中，照护者要从儿童的立场来开始身体护理常规。这意味着，首先，在进行身体护理的同时，必须要尊重儿童正在做的事。不要一下子就扑过去，抓起孩子就来到尿布台，然后快速地换掉尿布、洗完手。照护者首先应该尝试进入儿童当前的活动之中。尽管身体护理会打断儿童当前的活动，但是提前给他们一些提示，让他们知道需要换尿布了或需要去小便，然后给他们一些时间来停止游戏，这样的提示可以减轻打断带来的影响。

在儿童看护中心，身体护理通常发生在换尿布区、更衣区和对儿童更友好的卫

在走向独立的过程中，儿童坚持独立做想要做的事。午睡后，这个年幼的小女孩叠起自己的毯子。

生间。对婴儿和学步儿来说，身体护理的常规活动主要是换尿布、更衣、盥洗、使用便盆或马桶，这些活动会经常而有规律地出现在全天。这意味着这些常规会发生在儿童湿了或脏了的时候，在进餐和午睡前后——通常大约每小时一次，这主要取决于儿童的年龄、健康状况和习惯。从最基本的意义上来说，这些常规提高了儿童的清洁度、身体舒适度，并通过减少儿童暴露于传染病菌和尿疹的机会来促进其身体健康。同时，这些常规也对儿童的情感发展做出了贡献。在身体护理过程中，通过温柔的、一对一的互动，儿童获得了与照护者建立信任关系的机会，也获得了在看护中心的安全感。同样，在盥洗、更衣、换尿布、脱衣的过程中，婴儿和学步儿也开始感受自己可以怎样弯曲和移动身体。

休息时间

在婴儿-学步儿机构中，休息时间一方面取决于儿童的需要，当他们感到累了的时候就需要去小睡，另一方面取决于一日常规的要求。休息时间提供了睡眠和休息，这对儿童的成长与发展是必不可少的。与成人一样，疲惫的儿童通常脾气暴躁，容易发怒，睡眠可以帮助恢复好的本性。它也提供了一个安静的场所，让儿童从看护中心紧张的社交需求中抽身出来。简言之，休息让儿童从身体上和情感上为一天接下来的活动重新注满了能量。

尽管婴儿或学步儿能在看护中心的任何地方睡觉，如照护者的臂弯中、舒适的扶手椅上、攀爬架下，但通常情况下，照护者会让儿童在摇篮、篮子、婴儿床或小床上继续午睡。这样做解放了照护者，让他们可以关注其他醒着的孩子；也保护了睡着的孩子，让他们免于被游戏中的同伴踩踏；还持续为每个孩子提供一个个人的、熟悉的睡眠区。

选择时间

当婴儿和学步儿能够探索材料和行为，能够与同伴及照护者互动时，选择时间就是一个持续的时间段。在一个支持性的、安全的环境中——这个环境提供了有趣的材料和机会，同时有大片供幼儿以各种方式自由移动的开放空间，所有儿童都可以根据自己的个人兴趣、倾向以及发展水平和能力水平来选择做什么。选择时间为儿童提供了一段几乎不受打扰的探索和游戏时间。在选择时间，涌现出大量的学习活动。在自选的感官-运动探索中，婴儿和学步儿全身心地投入支持其在所有内容领域学习的经验中（见后文"儿童发展与学习内容"部分）。

选择时间一般发生在婴儿和学步儿的室内游戏空间，这些空间一般经过精心装备和设置。在整个选择时间，婴儿和学步儿频繁移动、探索材料，频繁探索不同行为，并与同伴、照护者一起在他们周围进行游戏。他们按照自己的节奏，根据个人的兴趣和能力来进行这些活动。

在集体活动时间，学步儿探索材料和行为，并参与主动学习。

集体活动时间①

集体活动时间的活动由照护者发起，其中包含了很多让儿童参与主动学习的机会。"照护者发起"意味着由照护者提出想法和计划，但这些想法和计划的提出可能是基于能够移动的婴儿和学步儿的兴趣与发展。集体活动时间的目的不在于指导儿童学习某些领域的知识或让他们练习某种技能，也不在于增强社交互动。相反，

---

① 本书中的"集体活动时间"包括大组活动时间和小组活动时间。——译者注

集体活动时间是让想要探索材料和行为（如果他们自己进行了选择）的儿童观察、模仿其他儿童，或在这些儿童旁边玩耍。儿童是否参与集体活动应该完全是自愿的。

集体活动时间通常要么是探索和使用材料，要么是共同享受歌曲、童谣、律动以及音乐活动。在典型的集体活动中，一两名照护者聚集了一些稍大的婴儿和学步儿。这样的集体一般很小，通常每名照护者对应的儿童不会超过 4 名，总共不会超过 8 名儿童。成人发起了活动，然后鼓励儿童用自己的方式使用材料或移动身体。

通常，比较小的集体会从事探索材料的活动，而稍大的集体会进行音乐或律动活动。然而，究竟怎么做也没有固定的规则。由于选择参与活动的儿童数量不同，在一个集体中，甚至可能会少到只有 2 名儿童。这种小规模的集体更容易保持安静或吸引儿童加入，更容易让儿童与照护者有紧密的身体接触，并使照护者能够留意每名儿童，同时监控整个集体的情况。这也是一种日常机会，让儿童和照护者有机会在亲密的社交环境下进行交流，他们可以分享或使用相同的材料，享受合着音乐共同扭动身体。

户外活动时间

户外活动时间让婴儿和学步儿将他们的探索范围扩展到户外环境。当在室内进行选择时间的活动时，儿童可以选择到户外去做些什么。儿童会发现，户外环境中含有丰富的感官-运动体验，让他们可以建构新知识。在户外，婴儿和学步儿按照自己的节奏或与他人一起按照共同的节奏以及兴趣水平、发展水平进行观察、探索、游戏。他们可以自由地移动、扔东西、在水里或雪里玩。无论什么季节，在户外花费一些时间都会积极地影响儿童进餐、休息、感受的方式，即使是非常非常年幼的儿童。

在一日常规中，记住：既要保持连贯性，又要灵活应变！儿童喜欢知道接下来会发生什么，知道什么时候能吃东西、到外面玩、与家人重聚等。通过每天按照相同的次序进行相同的常规，可以让儿童获得这种连贯感和熟悉感。常规中的灵活性

在户外度过一段时间可以让学步儿获得新的游戏和探索机会。

体现在要遵从儿童的引导来决定一日常规中每一环节的时长,并认可常规的时长应该每天不同。由于学步儿非常年幼,因此保持灵活的常规,允许有额外的休息时间、更长的吃饭时间以及按照儿童个人的节奏进行过渡就非常重要。连贯而灵活的常规可以减

轻学步儿的压力,同时增加他们的舒适程度,提升他们对活动的喜爱以及在集体看护下的学习成果。

本书附录为半日制学步儿机构和全日制学步儿机构提供了一些案例。

离园时间

在离园时间,在照护者愉快、友好地对孩子们说"再见",并对第二天的返回

提出温暖期望的同时，孩子们也与他们的父母重聚。他们对重新看到家人松了一口气，同时知道了对他们说"再见"的成人很关心他们，这让他们对第二天重回看护中心感到舒适。即使看护机构设置了欢迎区，也不意味着必须在那个区域欢迎儿童和说再见。在哪里进行这些事取决于儿童和家长的需要以及喜好。在一天即将结束时，儿童与父母重聚，但他们的反应可能极其不同，有的可能对重新见到父母兴高采烈，有的则可能还在为早上被留下而生气，或者有的不愿意中断正在进行的活动跟父母回家。并且，这些反应可能每天都不同，每个发展阶段也会不同，在每天和每个阶段之间会有什么样的反应也不可预测。对照护者来说，这段时间非常重要，除了可以与父母交换信息及对儿童进行观察，还可以认可儿童及他们的父母的情感。

过渡时间

即使是在常规连贯而又灵活的教室中，过渡也将周期性地出现在一天中各个环节之间，以及游戏或身体护理常规之间。尽管一些儿童会比另一些更容易完成过渡，但任何按节奏进行的转化或焦点转移都可能给全神贯注于周围事物的儿童的身心造成极大的压力。照护者可以通过减少过渡次数、规划短小而又可预测的过渡活动来让过渡变得更轻松。过渡活动应该是积极的，包括多种选择，并尽量避免让儿童排成一队或坐下来等待。为了在过渡时间支持儿童，照护者可以提前给出一些提示，让儿童知道接下来会发生什么。照护者也要从儿童在活动开始时和结束时的表现中获得一些线索，还要给儿童充足的过渡时间。

儿童发展与学习内容

对照护者来说，很重要的一项工作就是要理解学步儿典型的发展，以及随后几个月或几年儿童将要学习的基本框架。在高瞻课程中，这个基本框架是围绕关键发展指标（KDIs）组织的。这42条关键发展指标被分成6大类：学习品质；社会性和情感发展；身体发展和健康；交流、语言与读写；认知发展；创造性艺术。

在整本书中，你将发现很多地方将关键发展指标作为教学活动的潜在学习结果、一日常规的各个环节以及各种互动的参考标准。记住，尽管这些都是教学建议，但随着儿童对活动、一日常规的部分环节或互动的投入，也可能会出现其他关键发展指标，重要的是继续遵从儿童的引导，即便活动或互动偏离了最开始的想法。

此外，这些针对教学活动和一日常规环节提出的关键发展指标有助于教师聚焦对儿童的观察和儿童发展逸事记录。每天在儿童积极参与活动时进行记录，然后为所记录笔记提出一些建议，通过这种方法可以系统收集关于儿童发展的完整信息，并且不会打扰儿童的自发探索活动，或让他们分心。这些逸事可以被输入"学前儿童观察评价系统"（COR Advantage）线上数据库（或类似的线上评估库）中，以生成给父母的报告、数据报告以及追踪儿童全年发展的线索。

通过聚焦儿童发展的长项和兴趣，通过提供能让儿童主动学习的连贯的一日常规，照护者可以促进儿童的成长，无论其发展水平如何。

有特殊需要儿童的生活空间

在学步儿发展的岁月中,你为一日常规的建立、材料的使用以及与儿童的互动进行计划,而这些计划应完全建立在儿童个体的能力和需求上。尽管在学步儿期,一些里程碑式的发展中存在着典型的时间架构,但也常常存在着稍微超出框架的发展。此外,对儿童来说,可能他们生来就带有某些先天的条件,这些条件可能会影响学步儿期各种典型技能的表现。要想满足所有儿童的需要,那么密切关注儿童当前的能力、提供各种适合的经验来支持其发展就非常重要。

要为身有残疾和发育迟缓的儿童提供生活空间,可以使用位于选择时间和大组活动时间的"早期""中期""晚期"鹰架建议。应选择并实施最符合儿童当前能力的发展水平。此外,个性化家庭服务计划(Individualized Family Service Plans,IFSPs)和与家庭经常性的沟通也能引导你的计划和策略,以满足每名儿童独特而个性化的需求。

有特殊需要儿童的生活空间

下文是关于材料选择的一些建议,当你在早期教育机构中为有特殊需要的儿童布置生活空间时可以采纳这些建议。其中的许多策略也有助于正常的成长中的婴儿和学步儿,让他们可以更加独立地操作材料,用更多不同、更加有趣的方式来使用他们的感官。

改造可用材料的想法

- 让刷柄和蜡笔更容易抓握,为它们缠上遮蔽胶带(masking tape),或把它们插进橡皮球的切口中。
- 在故事书上粘贴布质的图形和其他小块材料,使书更容易通过触觉来被感知。
- 降低画架和衣钩的高度。
- 对有视觉障碍的儿童,提供伴有听觉辅助的视觉活动。
- 对有听力障碍的儿童,提供伴有视觉辅助的听觉活动。

- 为不能坐的儿童提供支撑物或枕头。
- 根据需要升高或降低桌面高度，例如将桌腿垫高或削短桌腿。
- 淘汰会加重呼吸问题的宠物和植物。

关于容纳轮椅的想法

- 测量交通过道，保证便捷通行。
- 不仅要在室内外增加斜坡，尽可能方便通行，也要在室内儿童会使用的区域中增加斜坡。
- 确保轮子不会被地毯、桌椅以及其他家具的边缘挂住。如果必要，在角落添加垫子（要牢牢地固定在角落，以防儿童把垫子拖走）。
- 检查桌子的高度，以让轮椅能放在下面。如果有需要，增加木块、橡胶垫、泡沫垫或其他稳定的楔形物。把大托盘安全地锁定在轮椅臂上，这样可以让儿童用托盘来和同伴一起工作。
- 在水桌和沙桌周围留出足够的空间，方便轮椅进出。
- 让儿童探索滑板车或其他安全的、适合的移动工具，以代替轮椅。

可能需要的专业采买

- 有特殊抓手或边沿的吃饭用具。
- 拼块特别大或带有把手的拼图。
- 含有额外大图的图书。
- 低过敏性的艺术材料。
- 能够避免过敏或其他营养问题的食物。
- 放大镜、声音扩大器以及其他辅助设备。

关于高瞻教育机构如何为有特殊需要的儿童选择材料的更多信息，参见《我属于这里——有特殊需要儿童的主动学习》（*I Belong: Active Learning for Children With Special Need*）（Jan Levanger Dowling and Terri C. Mitchell, 2007）一书和DVD《让有特殊需要的幼儿投入学习》（*Engaging Young Learners with Special Needs*），两份资料都由高瞻出版社出版。

学习环境

学习环境在满足儿童需要、为所有儿童创造主动学习经验方面扮演了重要的角色。当然，这个空间必须对学步儿是安全的，里面摆放了儿童尺寸的家具以及照顾学步儿的必需品，如冰箱、温奶器（如有需要）、小床（或其他被批准使用的睡眠空间）以及干净的换尿布空间。

对儿童来说，游戏空间需要留有让他们四处移动的地方，以及能让儿童所有感官都参与探索的材料。机动设备，如低矮的攀爬架、可以在上面爬的包裹了毡子的积木、可以推拉的物品、可以在上面骑行的玩具以及各种球，对学步儿的发展来说，都必不可少。学步儿是感知运动学习者，因此，精心选择家具和材料是支持他们的运动能力快速发展的关键。

儿童决定使用哪种材料以及怎样使用。成人可通过在儿童旁边用同样的方式使用材料来支持他们。

环境中要包括各种材料，既可以包括自然物，又可以包括从家中带来的熟悉的物品。要确保每种材料都有足够的量，要让许多儿童能够同时探索同样的材料。这会支持儿童自发的探索，同时减少冲突。

户外空间同样重要。每天的户外活动支持了儿童的健康、发展以及对大自然的了解。与室内空间一样，户外空间需要的仍是儿童尺寸的设备和年龄适宜、结果开放的材料。在户外，锻炼大肌肉运动的材料包括带滑梯的矮攀爬架、秋千、可以骑的用具、可以推拉的物品以及各种球。

关于创设学习环境、选择合适而又吸引人的材料，更多信息参见《高瞻0—3岁儿童课程》[1]（*Tender Care and Early Learning*）一书。

---

[1] 该书中文版已由教育科学出版社出版、发行。——编辑注

第2章 为第一天做好准备

邀请家长访问教育机构

在将幼儿送入看护中心之前,照护者邀请家长带着孩子或不带孩子来访问中心非常有好处。这让家长有机会了解机构,提出可能有的问题,比如关于学步儿的日程、课程内容以及照顾常规的问题。同样,这也让照护者有机会了解对家长来说机构中的哪些因素尤为重要,例如有的家庭可能想要获得关于孩子在园中吃了什么、午睡时做了什么的详细记录。

如果家长选择带着孩子一起访问中心,他们将能够看到孩子怎样与他人互动、怎样与教室中的材料互动,以及孩子对集体环

如果家长对集体照顾环境感到舒适,那么孩子也会感到舒适。

境中的活动做何反应。这种经历将能够帮助家长更熟悉环境以及集体环境下的互动方式，这可以减轻他们的心理负担，特别是当家长第一次把孩子留在陌生的集体中时。儿童能够感知父母的情绪情感，如果父母对看护中心感到舒适，那么孩子更可能产生积极的反应。

与家庭建立联系

与家庭建立强有力的关系是为幼儿提供照顾的关键。找出家长更喜欢的交流方式有助于让他们感到自己受到支持，与照护者有联结。对一些家庭来说，与照护者定期面对面交流可能比较容易，其他家庭可能更喜欢通过电话或电子邮件来交流。采用家长方便的交流方式可以确保交流成为定期的双向交流。

家 访

家访是在非正式而又私人的情境下照护者与家长进行联系的途径之一。更多了解每一个家庭的生活和文化对照护者也有很多好处。同样，获得照护者全心全意的关注对家长也有诸多好处。学步儿喜欢新接触的照护者出现在他们的家中，并向照护者介绍自己最喜欢的玩具。如果家访无法实现，可选的方案是在双方都方便的公共场合见面，比如图书馆或当地公园。这种方式的见面仍然会给予家长一对一的关注，并且交流也比较随意。通过这种一对一的、重要的联系来奠定基础可以使未来的交流更加容易。

收集信息

在儿童开始在中心生活前，从家长那里收集孩子的具体作息时间（如喂食和小憩规律）、喜好（如食物、活动、材料）以及行为提示（如预示着饥饿、疲劳、厌倦的行为）很重要。了解你所照顾的学步儿独特的需要和交流风格可以帮助他们更容易地过渡到集体环境中,并使你能给予学步儿更多响应、更积极的照顾。在附录4中你将能够找到收集各种信息的样表。在登记入学时就应该提供这些表格,请家长完成填写,并在入学第一天之前交给中心。

创建个人空间

让儿童和家长对新环境感到舒适的做法之一是确保每个人都有自己的个人空间,这些空间要容易被找到,要被清晰地标注。知道中心提供了空间用来放置食物、额外的衣物、安慰物和户外的衣物会让家长感到安慰。能从低矮的个人存储空间中拿到自己的安慰物对学步儿来说也非常有好处。要确保每个家庭都有一个空间用来存放重要的文件以及照护者让家长带回家的孩子的作品。

如果可能,在家访时拍摄孩子的照片也有好处,可以用来给小隔间和其他存储空间提供视觉标签。这不仅有助于个人对儿童存储空间的接触,而且方便学步儿找到自己的物品。

安慰物应该放置在低矮的架子上或存储空间中,以便儿童自取。在隔间以每名儿童的照片作为标签有助于他们找到自己的物品。

检查健康与安全问题

在创设完学习环境、见过所有孩子之后,在他们到来之前,还要彻底地检查一遍教室中的健康问题或安全问题,需要考虑该年龄组儿童的发展阶段。通过家长访问教育机构和照护者的家访,你将能够感知到你所照顾的孩子的身体运动能力——他们是否能够扶着家具自己站起来?是否能攀爬?是否会用嘴吃玩具?以及(或者)是否能够打开门、柜子和抽屉?记得从孩子的视角来看一下教室环境,看看他们能看到什么、能够到什么、能打开什么,以及什么能够引起他们的好奇心。要把室内和室外所有的有害物都移走,确保所有的插座、铰链和护角盖都在正确的位置上。由于稍小的学步儿能拉着家具自己站起来,所以要确保所有的家具都是稳定且稳固的,所有可能翻倒的物品都应该固定在墙上。同样,也需要识别儿童的能力和兴趣,要确保为孩子选择适合其发展水平的材料。例如,假如在教室中或在家访期间你注意到孩子喜欢攀爬,要确保至少有一个空间可以用于攀爬,这样孩子在一日生活中就有机会接触爬行活动。

为你所照顾的孩子选择适合其发展水平的材料时要在心中牢记安全问题。

材　料

本书中的活动要求把学步儿教室中常见的材料与可能需要收集或购买的其他材料混合在一起。附录6提供了你可能需要的全部材料列表以及使用这些材料的周数。

当学步儿有机会探索和操作大量结果开放的材料时，他们就在发现和学习各种物品的特性和使用方法。

第 3 章 第 1 周

概　览

  本周的主要任务是让学步儿熟悉环境，并发展对你的信任感。本周你还将要花费大量重要的时间来观察学步儿，对学步儿的情感做出回应，并提供描述性语言，以帮助学步儿了解新环境。你的描述和叙述会让学步儿了解周围的世界，并与你建立信任关系。在你们的互动过程中，学步儿开始熟悉你，对自己的能力感到自信，并对新环境感到更加舒适。

  学步儿正处于建立自己的独立性和自理能力的阶段，但同时他们也需要依赖熟悉的照护者来安抚情绪，偶尔从照护者那里获得帮助。对学步儿来说，探索教室是很常见的事，但他们并不情愿被你引导。同样，对学步儿来说，在入园的前几天，在开始充分探索环境、进入一日常规之前，哭闹并需要很多身体安抚和情感安慰也是很平常的事。阅读学步儿的身体语言并据此做出回应将让你可以在学步儿需要时提供适当的支持。在前面这些天，要通过安抚、回应和互动来发展学步儿的信任。

本周目标

- 与学步儿建立信任。
- 向学步儿介绍环境。

- 逐步了解学步儿交流的方式。
- 支持学步儿加入集体常规。
- 为每名学步儿的兴趣和爱好开发一个起步阶段的框架。
- 拍摄学步儿活动中的照片，把照片张贴在教室四周，在教师制作的图书中展示，也可以和家长分享。

心中要牢记的事项

- 学步儿的参与水平取决于他（她）自己的性情。一些幼儿可能急切地想要探索新事物，同时其他学步儿可能更犹豫。
- 在新环境中，学步儿的反应各种各样，有的急切地想要探索，有的则会对与家庭成员分离感到焦虑。通过理解这些不同的行为反应并提供来自家庭的安慰物，成人可以支持学步儿适应新环境。记住，就像学步儿需要安抚一样，需要时间来适应的家长也需要安抚，而这通常是暂时的，学步儿最终将会习惯新的人和新的环境。

活动室中需要添加的材料

- 粘贴在墙上或在教师自制的家庭书中展示的家庭照片以及幼儿个人的照片。
- 可以携带的家庭照片。
- 贴有幼儿标签的空间，用于存储（并方便会移动的幼儿去够取）安慰物和其他来自家庭的熟悉物品。这个空间可以是一个小房间、矮架子、寄存柜、大塑料箱或其他个人空间。
- 制作一本歌曲书或一个歌曲箱；添加《打开，关上》《五只可爱的小鸭子》和《摇，摇，摇小船》的歌曲卡。

需要与家长交换的信息

- 提醒家长带一些家庭照片来。鼓励他们把宠物、家庭朋友、邻居玩伴、保姆以及其他家庭成员的照片都囊括进来。
- 分享与孩子吃饭、睡觉、身体护理常规等有关的日常信息。这将帮助家长为孩子在家的晚餐以及入睡时间做出计划。
- 请家长把孩子在家中最喜欢的、能够安抚孩子在园（全天和休息时间）情绪的毯子或安慰物（如动物填充玩具、小枕头、小睡袋）带来。即使学步儿并不一定有最喜欢的毯子或经常在家使用的填充玩具，家中用过并洗过的物品也将有熟悉的、能安抚情绪的气味。

第 1 天

选择时间

KDIs：1. 主动性；5. 依恋；22. 探索物品。

COR：A. 主动性和计划性；E. 与成人建立关系。

允许学步儿以自己的节奏自由探索教室以及材料。所有区域和材料都应是学步儿唾手可得的。使自己处于学步儿的身体高度并参与学步儿的活动，描述他们在探索新环境时做出的选择。

每一发展阶段的鹰架学习		
早 期	中 期	晚 期
儿童可以 在教室移动，但是需要协助才能提着装满物品的容器，或把物品从架子上拿到地板上来使用。	**儿童可以** 在教室移动，并能够选择有探索兴趣的物品；在沉浸于环境的新鲜感时，会快速地从一种材料过渡到下一种材料。	**儿童可以** 独立地探索教室；作为游戏搭档参与成人的活动；探索材料的长度，或快速在教室中移动，尝试每一种新材料。
成人可以 帮助学步儿拿取引起他们兴趣的材料；描述学步儿的选择；观察可能不愿意说话、不愿意做出选择的学步儿，让他们盯着某种物品或指向那种物品；对幼儿的非语言交流做出反应，为他们显出兴趣的物品命名，并在学步儿需要拿取该物品时提供帮助。	**成人可以** 使自己处于学步儿的身体高度，关注他们正在做的事，描述他们选择的材料，叙述他们使用材料时的发现；使用学步儿知道的词语，并根据场合引入一些新的口语单词。	**成人可以** 使自己处于学步儿的身体高度；对学步儿想要成人进入他们的游戏的邀请做出回应，方法是评论学步儿正在做的事，用与学步儿相同的方法使用材料。

身体护理常规

KDIs：3. 自我照顾；11. 参与大组活动。

COR：G. 集体；K. 自我照顾和健康行为。

在过渡到身体护理常规的过程中，描述你正在做的事。在幼儿的家庭生活经验与学校生活经验之间建立联系。例如，你可以说："是时候去洗手了。这个小水槽正好是你的尺寸！我想知道你在家是否也用更高的水槽来洗手。也许在家你可以用小凳子来帮你够到水槽。"或者："我们要去换尿布，就像你在家换尿布一样。我们的换尿布台看起来可能有点不同。"

午餐时间

KDIs：3. 自我照顾；11. 参与大组活动；22. 探索物品。

COR：G. 集体；K. 自我照顾和健康行为。

无论学步儿吃的是自带的食物还是学校提供的食物，都可以让学步儿用手拿着食物来适应在新的场所吃东西。一些学步儿可能适应使用勺子、叉子、盘子以及碗，一些学步儿可能更适应用手来吃饭。当学步儿边吃边探索他们的食物时，描述他们正在吃的东西，指出他们正在体验的不同口味和质地。

有材料的大组活动时间（主要照护者1）

KDIs：37. 探索艺术材料。

COR：V. 模式；X. 视觉艺术。

活动：探索积木区。

材料：木制的、硬纸板制的以及泡沫制的积木。

备用材料：积木区的其他操作物，如玩具汽车、玩具人以及动物玩具。

让学步儿聚集在常用的大组活动地点。让学步儿知道，今天他们将要探索教室中的一个区域。以游戏性的方式带着学步儿来到积木区，比如爬到、踮脚走到积木区或边移动边哼着歌曲。你可能需要介绍一下材料，你可以说："在这个区域中有一些积木。你们可以把这些积木堆集起来或用它们进行建构。我想知道你们将要用这些积木做什么。"允许学步儿以不同的方式来探索积木——在地板上敲击积木，堆集积木，把积木推倒，用积木互相敲击，等等。评论每名学步儿是怎样使用积木的，并模仿他们的做法。允许学步儿随时退出或重新参与活动。

每一发展阶段的鹰架学习		
早期	中期	晚期
儿童可以 拿起积木,用双手握着积木;用积木制造噪声;通过倾倒容器或一个一个取的方式把所有积木从容器中取出来。	儿童可以 通过把积木垒成两三层高或把积木排成一排来探索、平衡和摆放积木;选择使用不同大小的积木,或全部选用同一种大小的积木。	儿童可以 把积木垒成四层或五层高;命名计划要完成的简单的围拢和排列技术(如正方形、一条路);用积木建塔,然后把它们推倒,或以不同方式排列这些积木。
成人可以 使自己处于学步儿的身体高度,评论学步儿正在做的事(例如,成人可以说:"你一块一块地取出了所有积木。我想知道你接下来要拿出哪种积木。")。	成人可以 使自己处于学步儿的身体高度,观察并描述学步儿正在做的事(例如,成人可以说:"看起来你正在把所有积木垒起来。啊,你又增加了一块,它们都倒了!我想知道你接下来要怎么使用这些积木。")。	成人可以 使自己处于学步儿的身体高度,观察他们使用积木的方式;模仿学步儿的行为,在他们当前的发展水平上提供支持(例如,成人可以说:"我准备像你一样,用四块积木建一个积木堆。");在垒积木时数积木,以此扩展学步儿的学习(例如,你可以说:"一,二,三,有三块积木。")。

当学步儿开始对活动失去兴趣时,让他们知道大组活动时间即将结束,接下来是清理时间。一定要提醒学步儿下一个环节是什么。

有材料的大组活动时间(主要照护者2)

KDIs:20. 探索印刷品;21. 享受语言;38. 识别视觉影像。

COR:L. 表达;P. 阅读;Q. 图书知识与乐趣。

活动:探索图书区。

材料:各种图书(如纸板书、布书、教师用幼儿及其家庭的照片自制的图书、图画书,以及反映家庭文化和文化多样性的图书);建构舒适空间的材料(如枕头、沙发、豆袋椅、柔软的地板或垫子、大型动物填充玩具),在这些舒适的空间中,幼儿可以在活动期间独自坐着，或与他人一起坐着。

让学步儿聚集在常用的大组活动地点。让学步儿知道，今天他们将要探索教室中的一个区域。以游戏性的方式带着学步儿来到图书区，比如爬到、踮脚走到图书区或边移动边哼着歌曲。允许学步儿自由探索空间和材料，并握着书、翻书、探索页面内容。学步儿可能喜欢俯卧着看书，或在你读书、描述画面时偎依在你的腿上。或者，他们可能会在活动中进进出出，可能仅仅听几页就失去了兴趣，或者可能想要你反复阅读同一本书。这个年龄的儿童喜欢重复，也能够从重复中获益。

每一发展阶段的鹰架学习		
早 期	中 期	晚 期
儿童可以 握着书，看着画面，并喜欢听成人读故事。	**儿童可以** 喜欢看着书、翻书，并喜欢倾听成人讲故事；指向他们在书上看到的物品、人以及（或）动物。	**儿童可以** 喜欢独立看书，或喜欢倾听成人读书；选择要阅读或要抱着的图书，在成人阅读时，在成人的腿上看不同的书。
成人可以 在阅读时暂停，以给学步儿时间来看图画、用咿咿呀呀作为回应；注意学步儿盯着页面上的哪些地方，描述他们所看的内容（例如，成人可以说："你正在看着这页上的猪。它正在泥里打滚儿。"）。	**成人可以** 指出画面中是什么物品；为学步儿可能不熟悉的物品贴标签并进行描述（例如，成人可以说："有一条狗。你家里有一条狗，但是这条狗有点不同。你的狗很大很黑，这条狗很小，并且是白色的。"）。	**成人可以** 阅读学步儿想要听的书，向学步儿指出画面中正在发生的事情，并提出问题、进行评论（例如，成人可以说："饥饿的毛毛虫已经吃了很多不同的食物。我想知道接下来它想要吃什么。"）。

当学步儿开始对活动失去兴趣时，让他们知道大组活动时间即将结束，接下来是清理时间。一定要提醒学步儿下一个环节是什么。

律动和音乐的大组活动时间

KDIs：39. 倾听音乐；40. 回应音乐；41. 声音；42. 音调。　　COR：Y. 音乐；Z. 律动。

活动：《摇，摇，摇小船》。

材料：《摇，摇，摇小船》歌曲卡。

邀请幼儿来到教室中某一个开放的空间，这个空间可能是学步儿每天进行大组活动的地方。让学步儿知道他们将要唱一首包含摇动动作的歌曲。示范前后、左右摇的动作，请学步儿模仿。接受学步儿的投入水平，以及他们选择的移动自己身体的方式。在练习过几次动作之后，加上歌词。从慢速到中速演唱《摇，摇，摇小船》，并合着节拍摇动。在学步儿对你的演唱做出回应时，观察他们的反应，模仿他们的面部表情和身体动作。如果学步儿表现出兴趣，并通过保持眼神接触、蹦跳或拍手等回应，重复演唱歌曲。记住，学步儿可能通过伴唱或咿咿呀呀来参与演唱，但是他们也可能随时退出或重新参与活动。

每一发展阶段的鹰架学习

早期	中期	晚期
儿童可以 观察唱歌的成人，或靠近成人；通过合着音乐蹦跳或摇摆来回应，或尝试伴唱。	*儿童可以* 走近正在唱歌的成人；通过舞蹈或发出语词伴唱来回应；从一定距离处观察。	*儿童可以* 伴随成人演唱；找到移动身体的不同方式（如跳，同时移动胳膊和腿）。
成人可以 做出与学步儿相同的面部表情，并描述他们的动作（例如，成人可以说："歌曲结束时你还在蹦跳、拍手，看起来你想要再唱一遍歌曲。"）；继续重复演唱歌曲，只要学步儿表现得感兴趣。	*成人可以* 允许学步儿以自己的节奏来参与活动；在整合动作时，握着学步儿的手，轻轻摇晃他们，让他们参与活动。	*成人可以* 描述学步儿移动的方式，并尝试他们的动作；握着学步儿的手，轻轻摇晃学步儿；鼓励学步儿和其他人一起摇晃（互相握着手）。

当幼儿开始对活动失去兴趣时，让他们知道你将再次演唱一遍歌曲，然后告诉他们接下来将要发生什么。或者，你可以唱着歌过渡到一日活动的下一个环节，让幼儿有参与感，并让过渡更加具有游戏性。

户外活动时间

允许学步儿探索户外活动空间，支持他们使用新材料。要记住，对于攀爬架、滑行梯以及其他设备，学步儿可能还没有先期经验。第一天要限制引入的材料的数量，因为太多选择可能会让学步儿感到自己被淹没了。许多学步儿需要帮助才能使用攀爬设备。

过渡时间

提醒学步儿即将要发生什么。在进入过渡环节时，为学步儿描述过渡的过程以及他们需要做的事（例如，成人可以说："快到吃点心的时间了，现在我们要走到水槽那里洗手，为吃东西做好准备。跟着我走进洗手间洗手吧！"）。

一日生活的其他时间

入园时间

如果学步儿或家长有分离焦虑的问题，认可学步儿和家长的情感，并为学步儿提供安慰物。邀请家长待一会儿有助于让学步儿的情绪平复下来。在这个过程中，家长可以支持自己的孩子探索环境和材料，这样学步儿可能会发现父母也看到了自己的新教室，这将是一个有趣而安全的空间。

休息时间

在新的环境中睡觉对年幼学步儿来说可能很难适应。你可以在休息时间来临之前提醒他们休息时间就是要关灯、准备睡觉的时间，以此来帮助他们尽快适应。播放轻柔的、有安抚情绪作用的音乐，抚摸学步儿的后背可以让学步儿进入休息状态。

清理时间

向学步儿解释你正在做的事,并邀请他们加入你的工作。清理对他们来说可能是一项新的常规,所以要允许他们以自己的节奏、按照让自己舒适的方式来进入清理时间。

观 察

在与学步儿互动的过程中,认真观察每名学步儿交流的方式,并进行逸事记录。关注学步儿的身体语言、非语言交流、面部表情以及语言交流。要认识到,每名学步儿表达自己进入清理时间的需要和情感的方式将帮助你和你的团队做出快速而周到的反应。特别是在学步儿刚来到看护中心时,他们可能还不能像在家一样表达自己的需要,因此他们提供给照护者的线索可能非常细小。成人的仔细观察和对细小线索的反应需要成人与学步儿尽快发展出强烈的纽带关系。

后续活动

在学步儿参与一日常规的每个环节的过程中拍摄一些照片。这些照片可以被用于制订一日常规序列,然后可以把这个序列悬挂在教室中学步儿能看到的地方。一定要捕捉每名学步儿在各项常规中的影像。其余的照片可以粘贴在教室的其他区域,或用来制作照片书,可以把这本书放在图书区。

把《摇,摇,摇小船》歌曲卡添加到歌曲箱中。

分 离 焦 虑

在学期开始的几天,学步儿与父母分离,加入儿童看护中心中,他们通常会表现出一系列行为,包括哭闹、尖叫、乱动、抓住不放、吸吮大拇指、逃避眼神接触，或者仅仅是忽略父母或照护者，也包括微笑、咕咕发声、捡起有趣的游戏材料、带着兴趣观察其他学步儿、对父母挥手说"再见"，或者加入一项正在进行的活动。对于在一天即将结束时再次看到自己的父母，他们的反应也可能极其不同，包括为重聚而兴奋、为早先被"抛弃"而重新发怒，或者不愿意停止正在进行的活动、不愿意回家。进而，这些反应可能每天都不同，会从一个阶段发展到另一个阶段，两个阶段之间有一个可以预测的连接。

第 2 天

选择时间

KDIs：11. 参与大组活动。　　　　　　COR：G. 集体。

在过渡到身体护理常规的过程中，提醒学步儿接下来将要发生什么。（例如，你可以说："我们将要更换你的尿布，就像昨天那样。"）

支持学步儿以自己的节奏和发展水平参与活动。这可能意味着学步儿自己爬上楼梯，爬到换尿布台上，意味着学步儿自己握着一片干净的尿布，意味着学步儿可以自己洗手，或仅仅是让水流过自己的手（他们可能需要别人协助打开水龙头、涂上肥皂）。

午餐时间

KDIs：3. 自我照顾；11. 参与大组活动。　　　COR：G. 集体；K. 自我照顾和健康行为。

在午餐时，鼓励学步儿自己帮助自己，自己吃饭，脸脏时自己擦脸，并把脏盘子放进收盘子的小桶里。对学步儿来说，这些可能是新的常规，所以一定要以积极、柔和的方式进行提醒。要考虑到，他们能够完成的任务是与当前发展水平相关联的。例如，学步儿还在发展大肌肉控制能力和空间概念，因此要尽量少让他们进行从桌子上拿下盘子放进小桶中的活动；相反，要在桌子中间放一个学步儿能够到的小桶，这样他们就能更轻松地将盘子放进去。要温柔地提醒学步儿把东西拿走；要接受学步儿可能拿回一两件物品，仍放到了自己喜欢的地方。

信任与依恋

能够促进信任关系的成人行为：

☐ 对学步儿的非沮丧情绪敏感（对学步儿的游戏感兴趣）；

☐ 积极地看待一切（享受学步儿的游戏）；

☐ 很少出现负面的行为（温暖地交流）；

☐ 分享情感（认可学步儿的快乐和眼泪）；

☐ 进行积极的身体接触（拥抱、抱着、抚摸、坐在腿上）；

☐ 对学步儿的交流做出回应；

☐ 帮助学步儿做事情；

☐ 对学步儿说话、读懂学步儿；

☐ 把全部的关注给学步儿。

——玛格丽特·T. 欧文（Margaret T. Owen, 1996, November）

有材料的大组活动时间（主要照护者1）

KDIs：20. 探索印刷品；21. 享受语言；38. 识别视觉影像。

COR：L. 表达；P. 阅读；Q. 图书知识与乐趣。

活动：探索图书区。

材料：各种图书（如纸板书、布书、教师用幼儿及其家庭的照片自制的图书、图画书，以及反映家庭文化和文化多样性的图书）；建构舒适空间的材料（如枕头、沙发、豆袋椅、柔软的地板或垫子、大型动物填充玩具），在这些舒适的空间中，幼儿可以在活动期间独自坐着，或与他人一起坐着。

让学步儿聚集在常用的大组活动地点。让学步儿知道，今天他们将要探索教室中的一个区域。以游戏性的方式带着学步儿来到图书区，比如爬到、踮脚走到图书区或边移动边哼着歌曲。允许学步儿自由探索空间和材料，并握着书、翻书、探索页面内容。学步儿可能喜欢俯卧着看书，或在你读书、描述画面时偎依在你的腿上。或者，他们可能随时退出或重新参与活动，可能仅仅听几页就失去了兴趣，或者可能想要你反复阅读同一本书。这个年龄的儿童喜欢重复，也能够从重复中获益。

每一发展阶段的鹰架学习		
早　期	中　期	晚　期
儿童可以 握着书，看着画面，并喜欢听成人读故事。	**儿童可以** 喜欢看着书、翻书，并喜欢倾听成人讲故事；指向他们在书上看到的物品、人以及（或）动物。	**儿童可以** 喜欢独立看书，或喜欢倾听成人读书；选择要阅读或要抱着的图书，在成人阅读时，在成人的腿上看不同的书。
成人可以 在阅读时暂停，以给学步儿时间来看图画、用咿咿呀呀作为回应；注意学步儿盯着页面上的哪些地方，描述他们所看的内容（例如，成人可以说："你正在看着这页上的猪。它正在泥里打滚儿。"）。	**成人可以** 指出画面中是什么物品；为学步儿可能不熟悉的物品贴标签并进行描述（例如，成人可以说："有一条狗。你家里有一条狗，但是这条狗有点不同。你的狗很大很黑，这条狗很小，并且是白色的。"）。	**成人可以** 阅读学步儿想要听的书，向学步儿指出画面中正在发生的事情，并提出问题、进行评论（例如，成人可以说："饥饿的毛毛虫已经吃了很多不同的食物。我想知道接下来它想要吃什么。"）。

当学步儿开始对活动失去兴趣时,让他们知道大组活动时间即将结束,接下来是清理时间。一定要提醒学步儿下一个环节是什么。

有材料的大组活动时间(主要照护者2)

KDIs:37. 探索艺术材料。　　　　　　COR:V. 模式;X. 视觉艺术。

活动:探索积木区。

材料:木制的、硬纸板制的以及泡沫制的积木。

备用材料:积木区的其他操作物,如玩具汽车、玩具人以及动物玩具。

让学步儿聚集在常用的大组活动地点。让学步儿知道,今天他们将要探索教室中的一个区域。以游戏性的方式带着学步儿来到积木区,比如爬到、踮脚走到积木区或边移动边哼着歌曲。你可能需要介绍一下材料,你可以说:"在这个区域中有一些积木。你们可以把这些积木堆集起来或用它们进行建构。我想知道你们将要用这些积木做什么。"允许学步儿以不同的方式来探索积木——在地板上敲击积木,堆集积木,把积木推倒,用积木互相敲击,等等。评论每名学步儿是怎样使用积木的,并模仿他们的做法。允许学步儿随时退出或重新参与活动。

每一发展阶段的鹰架学习		
早期	中期	晚期
儿童可以 拿起积木,用双手握着积木;用积木制造噪声;通过倾倒容器或一个一个取的方式把所有积木从容器中取出来。	儿童可以 通过把积木垒成两三层高或把积木排成一排来探索、平衡和摆放积木;选择使用不同大小的积木,或全部选用同一种大小的积木。	儿童可以 把积木垒成四层或五层高;命名计划要完成的简单的围拢和排列技术(如正方形,一条路);用积木建塔,然后把它们推倒或以不同方式排列这些积木。
成人可以 使自己处于学步儿的身体高度,评论学步儿正在做的事(例如,成人可以说:"你一块一块地取出了所有积木。我想知道你接下来要拿出哪种积木。")。	成人可以 使自己处于学步儿的身体高度,观察并描述学步儿正在做的事(例如,成人可以说:"看起来你正在把所有积木垒起来。啊,你又增加了一块,它们都倒了!我想知道你接下来要怎么使用这些积木。")。	成人可以 使自己处于学步儿的身体高度,观察他们使用积木的方式;模仿学步儿的行为,在他们当前的发展水平上提供支持(例如,成人可以说:"我准备像你一样,用四块积木建一个积木堆。");在垒积木时数积木,以此扩展学步儿的学习(例如,你可以说:"一、二、三,有三块积木。")。

当学步儿开始对活动失去兴趣时,让他们知道大组活动时间即将结束,接下来是清理时间。一定要提醒学步儿下一个环节是什么。

律动和音乐的大组活动时间

KDIs:21. 享受语言;39. 倾听音乐;40. 回应音乐;41. 声音;42. 音调。

COR:Y. 音乐;Z. 律动。

活动:《五只可爱的小鸭子》。

材料:《五只可爱的小鸭子》歌曲卡。

邀请学步儿来到教室中一个开放的空间,这个空间可能是学步儿每天进行大组活动的地方。让学步儿知道他们将要唱一首包含一些动作的歌曲。介绍一些简单的动作:双手打开然后合上,表示"嘎嘎叫";或者两只脚交替走动,表示"摇摆"。

记住，动作要简单，这样幼儿才能够模仿；动作也要能够修改，以适应幼儿的发展水平。开始的几个动作要更容易一些，让幼儿能够记住并模仿。接受幼儿的参与程度以及他们移动自己身体的方式。在练习几次动作之后加上歌词，然后从低速到中速演唱《五只可爱的小鸭子》，并合着节拍示范动作。

观察幼儿的反应，在他们对你的声音做出反应之后，模仿他们的面部表情和身体动作。如果学步儿表现出兴趣，并通过保持眼神接触、四处移动或拍手等行为做出回应时，重复演唱歌曲。记住，幼儿可能通过伴唱或咿咿呀呀来参与演唱，但是他们也可能随时退出或重新参与活动。

每一发展阶段的鹰架学习

早 期	中 期	晚 期
儿童可以 站着或走来走去，用双手、膝盖或坐着来保持平衡；前后摇晃，而不是左右摇摆。	**儿童可以** 对音乐做出反应；以自己的方式模仿成人的动作；哼唱或伴唱，但没有唱出歌曲中的歌词。	**儿童可以** 模仿成人的动作，唱出歌曲中的一些歌词；在熟悉歌曲之后，做出一些动作，或唱出一些歌词，或者两者同时做。
成人可以 评论幼儿的改进，并尝试他们的想法（例如，成人可以说："我注意到你通过坐着前后摇晃来进行摇摆。我准备尝试你的方式。"）。	**成人可以** 模仿幼儿的动作；认可幼儿的努力（例如，成人可以说："我听到你在伴唱。"）。	**成人可以** 允许幼儿用自己选择的方式来参与活动，记住，有些幼儿可能选择观望；评论幼儿的参与以及对活动的兴趣（例如，成人可以说："你举起了五根手指表示'五只小鸭子'。"或者："你在看着其他小朋友像小鸭子一样蹒跚学步。"）。

当学步儿开始对活动失去兴趣时，让他们知道你将再演唱一遍歌曲，然后告诉他们接下来是哪个环节。

户外活动时间

允许学步儿探索户外空间和设备。一定要让学步儿有机会接触无法移动的设备

（如攀爬架、秋千、游戏屋、滑梯）以及方便携带的设备（如推拉玩具、各种球、大桶、铲子）。继续参与学步儿的活动，支持他们使用以前不经常使用（或使用经验较少）的材料和设备，如攀爬架、滑梯、秋千。

过渡时间

当从一日活动的一个环节过渡到下一个环节时，温柔地提醒学步儿接下来将会发生什么，并在墙上的一日常规图中指出相应的照片。你可以说："我们马上要结束大组活动，马上就要到点心时间了。这是我们大组活动时间的照片。下面这个就是点心时间的照片。"以此来帮助幼儿建立自信，对新环境感到舒适。连续使用这种方法时，幼儿将熟悉对应活动的所有常规的照片。

一日生活的其他时间

入园时间

观看贴在墙上或书上的学步儿家庭的照片。指着学步儿家庭的照片，提醒他们

哪些是生活中的特别的人。当学步儿在新环境中看到熟悉的人的照片时，他们会体会到舒服感和归属感。

清理时间

提醒学步儿清理时间要做哪些事，并在清理过程中描述正在做的事情。例如，你可以说："我正在把所有的小汽车放进小桶里，这样我们就可以为户外活动做好准备。"或者说："首先，我要把蓝色的积木块放回架子上。现在我准备把所有的红色积木放好，这样我们就可以准备吃午餐了。"把清理时间切割成小块的特定任务时间有助于让学步儿更轻松地加入清理活动，并捡拾一两件物品。

离园时间

分享在教室中唱过的孩子们熟悉的歌曲，这样他们在家也可以唱一唱。在家庭和学校之间建立联系有助于减轻孩子入园时与家人分离的潜在压力。向家长提供在学校唱过的歌曲的歌词可以帮助家长在家中延伸孩子在校的学习。

观 察

在与学步儿互动的过程中，仔细观察学步儿正在生成的兴趣以及他们喜欢使用的材料，并进行逸事记录。掌握学步儿的偏好会让你能够想起他们最喜欢的物品，进而制订更有意义的一日计划。另外，记录学步儿的兴趣、提供学步儿更喜欢的材料或经验有助于学步儿的过渡（比如入园），这些事件通常是充满惆怅或让人不安的。

后续活动

在洗手时拍摄一些孩子的照片，制作洗手过程图，粘贴在洗手间学步儿的水槽附近。

把《五只可爱的小鸭子》歌曲卡添加到歌曲箱或歌曲书中。

第 3 天

选择时间

KDIs：1. 主动性。　　　　　　　　COR：A. 主动性和计划性；GG. 地理。

允许学步儿自由探索教室及材料。如果你注意到学步儿对探索材料有困难，可以通过提供学步儿先前喜欢的物品来支持他们。使自己处于学步儿的身体高度并参与幼儿的活动，观察他们怎样使用材料。通过将幼儿做出的选择视觉化来用鹰架支持学步儿。当你在学步儿的身体高度积极参与他们的游戏时，他们更可能继续探索材料。此外，这将强化你与每名学步儿的联系，提高学步儿在新环境中的舒适度。

每一发展阶段的鹰架学习		
早期	中期	晚期
儿童可以	儿童可以	儿童可以
不记得先前用过的材料，选择探索容易看到、容易接近的物品。	重新使用昨天或先前日子使用过的材料；返回熟悉的区域，但是选择新材料（如，在积木区一直使用小火车的学步儿可能返回积木区，但是选择使用小汽车）。	记得先前使用过的物品，并把这个物品找出来再次使用；为游戏添加新材料，或尝试用新方法来使用相同的材料（如，前一天用瓶子给布娃娃喂奶的学步儿可能会再次选择布娃娃，但是这次他会摇晃布娃娃让它们入睡，或把布娃娃放进推车推着它们）。

续表

每一发展阶段的鹰架学习		
早期	中期	晚期
成人可以	成人可以	成人可以
认可学步儿的选择；重新安放学步儿没有探索过的材料，让材料更容易被看到（例如，从篮子里拿出一些物品，让学步儿看到里面是什么）；展示学步儿已经用过的熟悉的材料，以扩展他们当前的游戏（例如，如果学步儿正在滚一个大球，向他们展示一篮子小球将让他们获得可以用相同方式来使用的其他材料）。	评论学步儿想要再次使用玩过的区域、重新使用先前用过的材料的行为（例如，成人可以说："看起来你再次选择了积木。昨天你把积木从滑梯上滑了下来。我想知道今天你要用积木做什么。"）。	评论学步儿的选择，并支持他们使用材料的相同点与不同点（例如，成人可以说："你又选择了布娃娃。昨天你用了很长时间来玩布娃娃。看起来今天你要把布娃娃包起来让它们睡觉。"）。

身体护理时间

KDIs：11. 参与大组活动；17. 非语言沟通；19. 表达。

COR：G. 集体；L. 表达。

对非语言沟通和语言沟通做出回应，与学步儿建立关系。关注学步儿尝试说的内容、指向的物品或盯着看的不懂的物品。在你为学步儿换尿布、换衣服、洗脸时，描述学步儿周围正在发生的事情，让他们注意光线和声音（例如，你可以说："你看到了洗手图？那是米卡拉在打肥皂。"）。

午餐时间

引入手势语"全吃完了"。在学步儿表示出他们吃完了时，问问他们是否"全吃完了"，并通过下面的方法展示手势语：举起双手，手心向着身体，五指分开，然后翻转手腕，让手心向着前面①。

---

① "全吃完了"手势语与后文的"全做完了"为同一手势，在英文中为同一表达，翻译时根据情境的不同进行了不同的翻译。——译者注

继续支持学步儿自己吃饭。一些学步儿可能用手吃饭，同时其他学步儿可能开始使用工具。在每个学步儿不同的发展水平和节奏上支持他们。

和婴儿、学步儿用手势语进行交流

手势语（或手势）是主要用于聋人和听力障碍者的一套视觉手势交流系统。然而，心理学家、教育家以及家长们对用手势语提升尚不会说话或正在学习说话的儿童的语言能力和读写能力越来越感兴趣。在"美国手势语"（American Sign Language，ASL）中有一些简单的手势适合让婴儿和学步儿来学习和使用[①]。

在教年幼儿童手势语的背后是这样一种思想：并不是要用手势语来代替说出来的语言，而是要在成人和年幼儿童之间打开交流的大门，并强化年幼儿童一系列交流技能的学习。由于肌肉的发展先于发声能力的发展，所以在幼儿的生理能力发展到可以用嘴说出词语之前，幼儿就能够控制他们的手势。作为表达的一种补充方式，在学会说话之前，手势语能够帮助学步儿向照护者表达自己的需要和想法。这将减少学步儿和成人双方的挫败感。

有材料的大组活动时间（主要照护者1）

KDIs：22. 探索物品；29. 装满和倒空；30. 拆卸和装配。

COR：A. 主动性和计划性；B. 使用材料解决问题；T. 几何：形状与空间意识。

活动：探索玩具区。

材料：图形分类器和各种图形、罐子、金属制及（或）木制圆环。

备用材料：允许学步儿探索的玩具区其他材料（如小汽车、大块乐高积木、嵌套杯、小的木制积木、钉子和钉板）。

---

① 关于适合婴儿和学步儿的手语还有其他在线资源，包括 Sign2Me（http://sign2me.com）和 ASLPro（www.aslpro.com）。

让学步儿聚集在通常进行大组活动的空间。让学步儿知道，今天他们将要探索教室中的其他区域。以游戏的方式把全体学步儿带到玩具区，让他们知道他们即将要进行一些探究。你可以这样介绍材料："在这个区域中，有许多你们可以用不同方式来使用的物品。你们可以用物品装满这些罐子或将罐子中的物品倒出来，或者尝试把图形放进洞里。我想知道你将要用这些材料做什么。"允许幼儿探索材料：用物品装满容器或将容器中的物品倒出来，把图形放进洞里，敲击图形/圆环，等等。评论每名幼儿是怎样使用材料的，并模仿他们的做法。允许幼儿随时退出或重新参与活动。

每一发展阶段的鹰架学习		
早期	中期	晚期
儿童可以	儿童可以	儿童可以
对将物品从容器中倒出以及材料发出的噪声感到好奇；摇晃罐子，敲击罐子，或将罐子上下颠倒。	喜欢重复填充和倾倒的动作，并且能够自己填充和倾倒；通过微笑、大笑或说简单的单词如"还要"来寻求成人的参与。	对图形是怎样放进洞里的感到好奇；尝试多种方法来找出如何旋转图形从而使图形能放进洞里。
成人可以	成人可以	成人可以
把小玩具放回罐子，并描述幼儿的反应（例如，成人可以说："你把所有物品都倒了出来。让我们把它们填回去，这样你可以再倒一次。"或者："当金属环倒出来时，你非常惊讶。真是太吵了！"）。	对幼儿想要获得关注的信号做出反应，评论他们的反应和常识（例如，成人可以说："你把玩具装进去又倒了出来！"或者："上次你把所有物品都一个一个地放了进去。这次你用两只手把它们放回罐子。"）。	叙述并认可幼儿想要把图形装进罐子的努力；评论幼儿所表达的情绪（例如，成人可以说："你转了三次，然后把它放进了洞里。你看起来非常兴奋，你找到了把它放进去的方法！"）。

当幼儿开始对活动失去兴趣时，让他们知道他们还有几分钟继续玩图形和罐子，然后就到了下一个环节——清理时间。

有材料的大组活动时间（主要照护者2）

KDIs：1. 主动性；22. 探索物品；29. 装满和倒空；35. 原因和结果。　　COR：A. 主动性和计划性；CC. 实验、预测和得出结论。

活动：探索水（不要让幼儿无人看管）。

材料：水台或小盆、常温的水（不要太冷也不要太热）、海绵、勺子、毛巾。

让幼儿知道他们即将进行一些新的探索。你可能想要给幼儿戴上围嘴或穿上绘画罩衣，或简单地把他们的所有外衣脱掉（留下尿布），这样衣服就不会弄湿。把幼儿带到水台边上，帮助他们找到一个能够进行探索的足够大的空间。可以把毛巾铺在地板上以防止幼儿滑倒，并把小盆放在毛巾上。允许幼儿以自己的方式来探索水。一些幼儿可能兴奋地用双手泼洒水，一些则可能慢慢地把手指伸进水里然后拿出来。当幼儿探索这种新材料时，可以提供勺子、海绵等，看看他们可能用这些材料做什么。接受每名幼儿的参与水平。

每一发展阶段的鹰架学习		
早 期	中 期	晚 期
儿童可以 兴奋地或犹豫地伸手去够水，泼洒水，对水移动的方式做出反应。	*儿童可以* 独自接近水，并按照自己的节奏参与活动；用双手泼洒水，当水溅到脸上时感到惊讶；把一只手伸进水里，或观察其他人怎样玩水。	*儿童可以* 独自探索水；观察其他幼儿并尝试其他人玩水的方式。
成人可以 弄湿海绵或面巾，并允许学步儿握或咬海绵或面巾，或者在上面摩擦脚趾和腿。	*成人可以* 评论幼儿怎样探索水以及对水有什么反应；认可幼儿的行为和反应（例如，成人可以说："你在兴奋地拍水。一些水溅到你的脸上，这让你很惊讶。"）。	*成人可以* 描述幼儿的行为和游戏的结果（例如，成人可以说："你在水里拍海绵。你挤压海绵，水滴到你的脚上。"）。

当幼儿开始对活动失去兴趣时，通过擦干幼儿、给他们换上干衣服来让他们知道要开始清理了。请幼儿协助清理，可以给他们小块毛巾或面巾，让他们擦干自己的手臂、桌子或游戏区域的地板。

律动和音乐的大组活动时间

KDIs：11. 参与大组活动；21. 享受语言；39. 倾听音乐；40. 回应音乐；41. 声音；42. 音调。

COR：G. 集体；Y. 音乐；Z. 律动。

活动：《打开，关上》。

材料：《打开，关上》歌曲卡。

在地板上和一群幼儿一起演唱《打开，关上》。要唱得慢一点，唱第一遍时让幼儿能够听清歌词和曲调。在唱过几遍歌曲之后添加动作。在幼儿对你的演唱做出回应时，观察他们的反应，模仿他们的面部表情和身体动作。如果幼儿表现出兴趣，并通过保持眼神接触、蹦跳或拍手等行为做出回应时，重复演唱歌曲。记住，幼儿可能通过伴唱或咿咿呀呀来参与演唱，但是他们也可能随时退出或重新参与活动。

唱过几遍歌曲之后，增加幼儿能够模仿的简单动作。在伴随歌词做动作之前要先尝试每个动作是否合适。记住，这个年龄的幼儿动作控制能力有限。一些简单的动作包括双手同时张开、同时合上，在唱到"拍手"时拍手，在唱到"拍腿"时拍腿，在唱到"下巴"时触碰下巴。接受幼儿的参与水平以及他们的律动方式。

每一发展阶段的鹰架学习		
早 期	中 期	晚 期
儿童可以	*儿童可以*	*儿童可以*
观察或靠近唱歌的成人；对歌曲做出反应，蹦跳、随着音乐摇摆，或者尝试伴唱；暗示他们想要你再唱一遍；在演唱结束时拍手或蹦跳。	靠近成人，将头转向唱歌的成人；做出跳舞、摇摆、用出语词伴唱等反应；在远距离观察。	按自己的节奏来参与活动；伴随成人唱出一些歌词，并找到不同的律动方式，如跳起来或同时挥舞手臂和腿；模仿成人示范的动作。

每一发展阶段的鹰架学习		
早期	中期	晚期
成人可以	成人可以	成人可以
做出与幼儿的反应、表情相对应的反应和面部表情；描述幼儿的行为和反应（例如，成人可以说或"歌曲结束时你还在蹦跳、拍手，看起来你想要再听一遍"）；在幼儿表现出兴趣时，重复演唱几遍歌。	允许幼儿按自己的节奏、用自己的方式来参与活动；在唱到相应部位时，通过触碰大腿、下巴来参与幼儿的活动。	描述幼儿的律动方式，尝试他们的动作；通过模仿幼儿的动作来认可他们的想法（例如，当幼儿张开、合上双手时，一些幼儿可能把手伸向身体前方，一些则可能把手放在头上）；模仿某个幼儿的动作，来让其同伴注意到这种新的做动作的方式。

当幼儿开始对活动失去兴趣时，让幼儿知道你将再次演唱一遍歌曲，然后告诉他们接下来是哪个环节。

户外活动时间

引入一些新户外材料如幼儿可以骑在上面的（如货车、小汽车）、可以推拉的（如娃娃推车、小号购物推车）。在使用这些材料时，许多幼儿会展现出更大的独立性；另一些幼儿，在攀爬架、移动玩具、会滑动的玩具以及其他户外装备上都不太自信，还需要你的支持。

过渡时间

一定要以幼儿的节奏来进行过渡。要避免太多等待时间，要允许一些时间环节重叠。例如，一些幼儿可能会快速过渡到进餐时间。要允许他们去吃饭，同时要帮助其他幼儿逐步过渡，先洗手，然后来到桌前。当以这种方式来处理过渡时间时，你就能够对每名幼儿的需要做出反应，并减少教室中整体的压力。

一日生活的其他时间

入园时间

在入园时间，当幼儿与家人分离时，为他们提供他们感兴趣的教室中的物品。这能够提升他们的舒适感，让他们走入教室，探索材料。

休息时间

年幼的儿童通常还需要一些身体接触来安抚情绪，从而进入平静的状态。可以考虑摇晃幼儿或把他们抱坐在腿上，让他们逐渐平静下来。对每名幼儿的偏好都做出反应将让他们获得安静下来的经验，提升他们对照护者的信任。

清理时间

在清理的过程中描述你所做的事。鼓励幼儿按照自己的发展水平和节奏来参与活动。一些幼儿可能脚步不够稳，不能将大玩具放回架子上。对这些幼儿来说，给他们一些轻的物品或他们能够推或拉的物品，或者引导他们把小物品放进小桶中。

观　察

在与幼儿互动的过程中，仔细观察他们的行为，并在幼儿生成新的能力和需要额外支持时进行逸事记录。评估幼儿的自主能力，当他们需要你的帮助时你要在场，这将提升他们对你的信任，并增强他们对新环境的信心。

后续活动

把幼儿参与教室活动的照片添加到相应的活动区。这将增加幼儿与教室之间的联系，让幼儿想起他们之前参与过的活动。此外，家长到教室访问时、接送孩子时，将能够看到自己孩子参与活动的案例。

把《打开，关上》歌曲卡收入歌曲盒或歌曲书中。

第 4 天

选择时间

KDIs：1. 主动性；7. 和同伴的关系；10. 和他人玩耍；24. 探索相同和不同。

COR：F. 与其他幼儿建立关系；G. 集体。

允许幼儿自由探索教室及材料。当幼儿在空间中移动和探索时，吸引他们注意同伴的活动和兴趣。评论幼儿选择的材料及不同幼儿使用材料的方式之间的相同与不同。随着幼儿越来越熟悉环境，他们可能开始注意到同伴，并逐渐开始感到与其他人一起更加舒适。

每一发展阶段的鹰架学习		
早 期	中 期	晚 期
儿童可以 探索自己的材料，在同伴探索材料时观察同伴；有目的地观察他人，或者暂停下来，观察别人的行为和材料选择。	**儿童可以** 和其他幼儿一起工作，使用相同的材料，并且可能（也可能不）发出噪声、做出各种姿势，或评论其他幼儿。	**儿童可以** 与其他有相同兴趣的、在附近玩的或进行相似活动的幼儿互动；为附近的幼儿提供材料；使用简单的单词或短语对其他幼儿做出反应。
成人可以 为幼儿叙述他们注意到的其他幼儿正在做的事（例如，成人可以说："看起来你正在看着朱莉在娃娃家中喂娃娃。"或者："你有一本书，拉托娅也有一本书。你俩都在翻书。"）。	**成人可以** 指出不同幼儿使用材料的相似点（例如，成人可以说："你们都决定堆积木。杰米捡起了木制积木，奈特正在堆纸板积木。"）。	**成人可以** 指出幼儿想要互动的努力（例如，成人可以说："乔纳注意到你正跳过积木，并说'准备，跳'。"或者："迈尔斯给了你一块积木。你想要和迈尔斯一起玩积木吗？"）。

身体护理时间

KDIs：16. 倾听和回应；17. 非语言沟通；19. 表达。

COR：L. 表达；M. 倾听与理解。

在身体护理时间，描述幼儿的环境，并吸引他们注意周围有趣的视觉形象（如镜子、墙上的照片或图画、植物）（例如，成人可以说："你在关注你在镜子中的影像。看看你大大的微笑！"）。给幼儿时间处理你的评论，以语言或非语言方式来进行回应。

进餐时间

KDIs：17. 非语言沟通；24. 探索　　　COR：L. 表达；M. 倾听与理解。相同和不同。

继续使用表示"全吃完了"的手势语。通过使用手势语的同时说出词语来支持幼儿的理解。

吸引幼儿注意其他幼儿，关注他们在午餐时做了什么。描述他们之间的相同点与不同点。例如，你可以说："你有一个红色的杯子，莫莉也有一个红色的杯子。今天桌子上有两个红色的杯子。"

有材料的大组活动时间（主要照护者1）

KDIs：1. 主动性；22. 探索物品；29. 装满和倒空；35. 原因和结果。

COR：A. 主动性和计划性；CC. 实验、预测和得出结论。

活动：探索水（不要让幼儿无人看管）。

材料：水台或小盆、常温的水（不要太冷也不要太热）、海绵、勺子、毛巾。

让幼儿知道他们即将进行一些新的探索。你可能想要给幼儿戴上围嘴或穿上绘画罩衣，或简单地把他们的所有外衣脱掉（留下尿布），这样衣服就不会弄湿。把幼儿带到水台边上，帮助他们找到一个能够进行探索的足够大的空间。可以把毛巾铺在地板上以防止幼儿滑倒，并把小盆放在毛巾上。允许幼儿以自己的方式来探索水。一些幼儿可能兴奋地用双手泼洒水，一些则可能慢慢地把手指伸进水里然后拿出来。当幼儿探索这种新材料时，可以提供勺子、海绵等，看看他们可能用这些材料做什么。接受每名幼儿的参与水平。

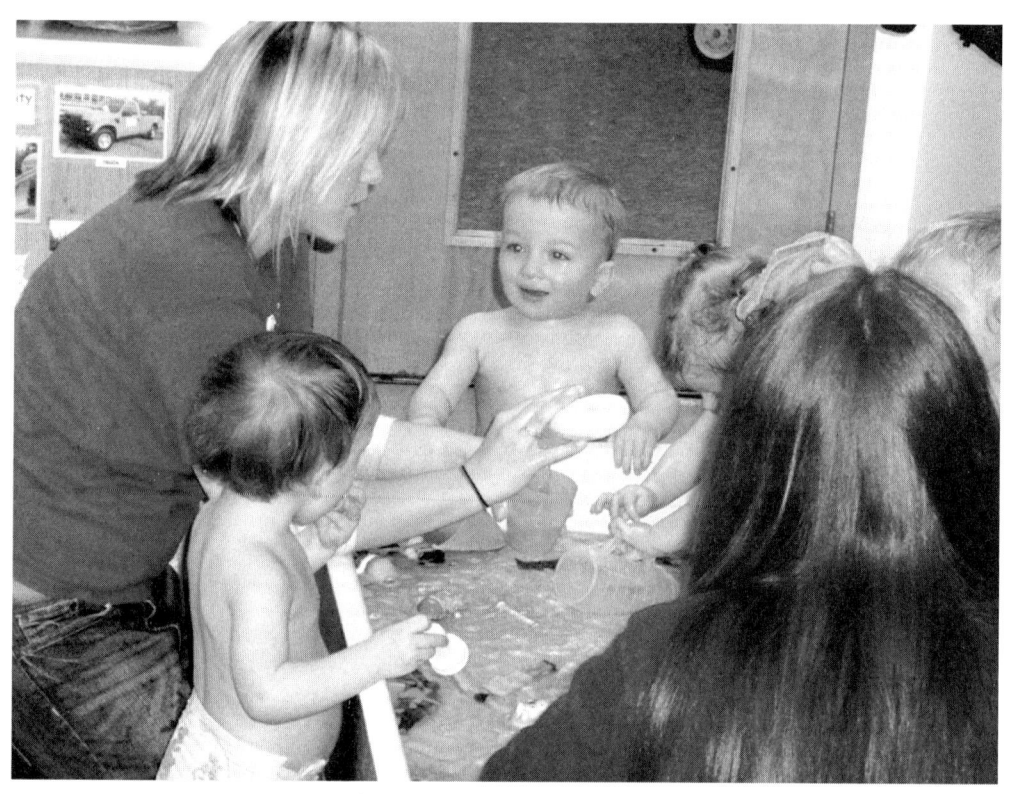

每一发展阶段的鹰架学习		
早 期	中 期	晚 期
儿童可以 兴奋地或犹豫地伸手去够水，泼洒水，对水移动的方式做出反应。	*儿童可以* 独自接近水，并按照自己的节奏参与活动；用双手泼洒水，当水溅到脸上时感到惊讶；把一只手伸进水里，或观察其他人怎样玩水。	*儿童可以* 独自探索水；观察其他幼儿并尝试其他人玩水的方式。
成人可以 弄湿海绵或面巾，并允许学步儿握或咬海绵或面巾，或者在上面摩擦脚趾和腿。	*成人可以* 评论幼儿怎样探索水以及对水有什么反应；认可幼儿的行为和反应（例如，成人可以说："你在兴奋地拍水。一些水溅到你的脸上，这让你很惊讶。"）。	*成人可以* 描述幼儿的行为和游戏的结果（例如，成人可以说："你在水里拍海绵。你挤压海绵，水滴到你的脚上。"）。

当幼儿开始对活动失去兴趣时，通过擦干幼儿、给他们换上干衣服来让他们知道要开始进行清理了。请幼儿协助清理，可以给他们小块毛巾或面巾，让他们擦干自己的手臂、桌子或游戏区域的地板。

有材料的大组活动时间（主要照护者2）

KDIs：22. 探索物品；29. 装满和倒空；30. 拆卸和装配。

COR：A. 主动性和计划性；B. 使用材料解决问题；T. 几何：形状与空间意识。

活动：探索玩具区。

材料：图形分类器和各种图形、罐子、金属制及（或）木制圆环。

备用材料：允许幼儿探索的玩具区的其他材料（如小汽车、大块乐高积木、嵌套杯、小的木制积木、钉子和钉板）。

让幼儿聚集在通常进行大组活动的空间。让幼儿知道，今天他们将要探索教室中的其他区域。以游戏的方式把全体幼儿带到玩具区，让他们知道他们即将要进行一些探索。你可以这样介绍材料："在这个区域中，有许多你可以用不同方式来使用的物品。你们可以用物品装满这些罐子或将罐子中的物品倒出来，或者尝试把图形放进洞里。我想知道你将要用这些材料做什么。"允许幼儿探索材料：用物品装满容器或将容器中的物品倒出来，把图形放进洞里，敲击图形/圆环，等等。评论每名幼儿是怎样使用材料的，并模仿他们的做法。允许幼儿随时退出或重新参与活动。

每一发展阶段的鹰架学习		
早　期	中　期	晚　期
儿童可以 对将物品从容器中倒出以及材料发出的噪声感到好奇；摇晃罐子，敲击罐子，或将罐子上下颠倒。	儿童可以 喜欢重复填充和倾倒的动作，并且能够自己填充和倾倒；通过微笑、大笑或说简单的单词如"还要"来寻求成人的参与。	儿童可以 对图形是怎样放进洞里的感到好奇；尝试多种方法来找出如何旋转图形从而使图形能放进洞里。
成人可以 把小玩具放回罐子，并描述幼儿的反应（例如，成人可以说："你把所有物品都倒了出来。让我们把它们填回去，这样你可以再倒一次。"或者："当金属环倒出来时，你非常惊讶。真是太吵了！"）。	成人可以 对幼儿想要获得关注的信号做出反应，评论他们的反应和常识（例如，成人可以说："你把玩具装进去又倒出来！"或者："上次你把所有物品都一个一个地放了进去。这次你用两只手把它们放回罐子。"）。	成人可以 叙述并认可幼儿想要把图形装进罐子的努力；评论幼儿所表达的情绪（例如，成人可以说："你转了三次，然后把它放进了洞里。你看起来非常兴奋，你找到了把它放进去的方法！"）。

当幼儿开始对活动失去兴趣时，让他们知道他们还有几分钟继续玩图形和罐子，然后就到了下一个环节——清理时间。

律动和音乐的大组活动时间

KDIs：11. 参与大组活动；13. 活动整个身体；15. 稳定的节拍；39. 倾听音乐；40. 回应音乐。

COR：G. 集体；Y. 音乐；Z. 律动。

活动：合着音乐跳舞。

材料：没有歌词、速度中等、积极向上的音乐。

让幼儿知道，今天他们将要尝试用不同的方式来进行律动。在播放音乐之前，邀请幼儿尝试用不同方式来跳舞或律动。教师通过以不同方式跳舞或律动来提供示范。评论幼儿的动作，尝试他们的想法。播放音乐，然后观察并评论幼儿的律动。

每一发展阶段的鹰架学习		
早期	中期	晚期
儿童可以 站着，合着音乐摇摆、摇晃或蹦跳；坐着，合着音乐摇动他们的脑袋或手臂；观察其他幼儿律动的方式。	*儿童可以* 将身体的多个部位都整合到律动中（例如，拍手的同时移动脚步；摇头的同时摆动屁股）。	*儿童可以* 参与越来越具有挑战性的律动，如合着音乐旋转或蹦跳。
成人可以 描述幼儿正在做的事，模仿他们的律动；评论他们的行为（例如，成人可以说："你在伴随着音乐上下挥动你的手臂。"或者："你在蹦跳。我准备和你一起蹦跳。"）。	*成人可以* 描述幼儿律动、进行动作组合的不同方式（例如，成人可以说："你正在蹦跳、拍手。我准备也尝试一下一边拍手一边蹦跳。"）。	*成人可以* 描述幼儿正在做的事，尝试他们的想法；鼓励幼儿尝试其他人的想法（例如，成人可以说："马克正在合着音乐蹦跳。让我们试试马克的主意。"）。

当歌曲即将结束时，请幼儿选择一种方式，跳着舞或做着律动进入一日活动的下一个环节。例如，你可以说："歌曲马上结束了。选择一种方式一边跳舞一边跳到小房间中。我准备使用露西的主意，扭着腰来到小房间。"

户外活动时间

继续支持幼儿使用新材料。通过使自己处于幼儿的身体高度与幼儿一起游戏、评论幼儿选择的材料来与幼儿互动。例如，你可以说："昨天，你在草地上滚动大卡车。今天，你使用这些卡车在沙地上挖沙子。"

过渡时间

在适当的时候重述手势语"全吃完了①"或"全做完了②"。持续使用手势语将支持幼儿理解手势语，减少用语言的方式表达需求的挑战。在开始过渡之前，继续轻柔地提醒幼儿接下来将要进行什么活动。

一日生活的其他时间

入园时间

为幼儿提供能够携带的家庭的照片（照片一定要塑封，这样才能长时间使用）。与幼儿谈论照片中的人，指着他们说出名字。在幼儿向最爱的家人说再见时，以及他们时不时需要安慰时，这些照片会让他们感到舒适和熟悉。

休息时间

对很难入睡或比其他幼儿醒得早的年龄稍大的幼儿，可以给他们一些图书或拼图。这些物品将让幼儿休息，或享受安静的时间，并让他们放松下来进入睡眠。

清理时间

用手势语"全做完了"来提醒幼儿活动即将结束。支持年龄稍大的幼儿放好自己使用的材料，并告诉他们为什么清理时间很重要。例如，这样他们下次能够找到自己想要使用的材料，或者这样就不会让幼儿在穿过教室时踩到这些材料。

离园时间

与家长分享手势语"全吃完了"或"全做完了"，这样家长可以在家使用这些

---

①② 这两个手势语实际是同一个手势，在不同语境下翻译不同。——译者注

手势语。家长在家使用手势语有助于提高幼儿对手势语的理解，增强幼儿使用手势语交流的能力。在幼儿语言能力和词汇量还处于发展过程中时，这将逐步减少家长可能面临的交流挑战。

观　察

在与幼儿互动的过程中，仔细观察他们的行为，并记录关于幼儿如何用语言和非语言方式来进行交流的逸事。这将解释你提供给每名幼儿的支持策略，帮助你收集关于幼儿能力和兴趣的信息。

后续活动

在户外环境中增加幼儿在室内时喜欢的材料（如图书、积木、操作箱）。观察幼儿正在使用的材料，并在户外放置同样的材料，这样幼儿有机会在室内外两种环境中接触这些材料。可以放置能够在不同天气中留在室外的材料，以及可能需要存储在箱子里或棚子下的材料。

第 5 天

选择时间

KDIs：2. 解决问题。　　　　　　　　　COR：B. 使用材料解决问题。

允许幼儿自由探索教室及材料。这种做出选择、探索空间的机会对幼儿舒适感、主动性以及探索新材料的安全感的发展至关重要。支持幼儿解决他们在探索材料时遇到的所有问题。

每一发展阶段的鹰架学习		
早期	中期	晚期
儿童可以 当某种材料没有像他们期待的那样起作用时他们会感到挫败，转而使用其他材料。	*儿童可以* 尝试用一两种方式来解决问题，但是可能感到受挫，看向成人寻求帮助；通过把给他们带来困难的物品递给成人或使用诸如"帮忙"之类的词语来寻求成人的帮助。	*儿童可以* 尝试用几种不同的方式来解决问题，包括之前可能已经用过的方式（如，一名努力想要打开盒子的幼儿可能重复使用的是拉开瓶盖的方法，因为这种方法在别的盒子上发挥过作用）。
成人可以 认可幼儿想要解决问题的努力，认可他们的情绪，并描述他们做出的选择（例如，成人可以说："打不开瓶子真让人沮丧。现在你决定搅动锅里的打蛋器。"）。	*成人可以* 认可幼儿的情绪，并提供帮助（例如，成人可以说："你没法把那个图形从洞里取出来，你看起来很沮丧。"或者："你看起来很沮丧，因为你穿着礼服鞋走路时总是摔倒。我可以扶着你的一只手来帮助你吗？"）。	*成人可以* 描述幼儿的努力，提醒他们之前哪些策略起作用，或提供一些新的解决办法（例如，成人可以说："你想要把那个盖子打开。你正在拉那个盖子，就像你之前打开马克笔盒时做的那样。一些盒子要扭着打开。你是否想要尝试把盖子扭开？"）。

身体护理时间

KDIs：3. 自我照顾；32. 预见事件；38. 识别视觉影像。　　COR：G. 集体；K. 自我照顾和健康行为。

在支持幼儿过渡到身体护理常规时，指出并描述贴在幼儿洗手池上方的洗手步骤图。你可以说："这是我们需要遵守的洗手步骤。首先我们要打开水龙头。"在过渡过程中继续提及照片，可以说："现在，你在打香皂，搓手，就像图片中的那样。"

进餐时间

  KDIs：17. 非语言沟通。   COR：L. 表达；M. 倾听与理解。

在幼儿吃完饭菜并要求"更多"时，回应时要说："你想要'更多'？"同时使用相应的手势语。手势为：用每只手的指尖触碰大拇指，然后把双手合起来。

艺术的过程与结果

对照护者来说，相比学步儿使用材料制作出了什么物品，欣赏他们参与探索艺术材料的过程更加重要。这意味着他们对体验手指画，倾听撕破、揉碎纸张的声音，挤压橡皮泥或黏土，观察滑滑的材料穿过手指的过程，看着颜料融合在一起，用糨糊把手指粘在一起，在画纸上移动画刷等感兴趣。对学步儿来说，艺术行为比结果更加重要。

有材料的大组活动时间（主要照护者1）

  KDIs：1. 主动性；10. 和他人玩耍；11. 参与大组活动；36. 模仿和假装。 COR：A. 主动性和计划性；F. 与其他幼儿建立关系；AA. 假装游戏。

  活动：探索娃娃家。

  材料：圆锅、平底锅、厨房用具（如金属勺、木勺、打蛋器、刮刀、意大利面抓取器、勺子）、空的食物盒。

在通常进行集体活动的空间开始活动,以游戏的方式把幼儿带到娃娃家。让幼儿知道他们即将探索娃娃家中的材料。为每名幼儿提供一个锅、两到三种上述厨房用具。允许幼儿用自己的方式来使用材料。一些幼儿可能需要更多时间来使用材料,一些幼儿则可能随时退出或重新参与活动。

每一发展阶段的鹰架学习

早期	中期	晚期
儿童可以	儿童可以	儿童可以
喜欢用双手和嘴巴探索材料;观察年龄稍大的幼儿如何探索材料。	混合使用各种材料进行假装游戏或发出噪声;观察游戏中的其他幼儿,靠近让自己感到好奇的玩具或其他幼儿。	用材料进行假装游戏(如搅拌、把材料倒进锅里、咬东西);通过把厨房用具递给成人或直接进行语言指示(如"吃这个,它做好了")邀请成人进入游戏。

续表

每一发展阶段的鹰架学习		
早期	中期	晚期
成人可以 描述幼儿选择的材料以及他们使用材料的方式；评论幼儿可能看到的其他幼儿的行为（例如，成人可以说："你正在用手旋转打蛋器，并把它放进了嘴里。"或者："你看到以赛亚在平底锅上敲打勺子，发出了有趣的声音！"）。	*成人可以* 叙述幼儿的行为，评论他们对其他人和事物的兴趣（例如，成人可以说："你看到亨利在锅里搅动他的勺子。现在，你以相同的方式使用你的勺子。"）。	*成人可以* 加入幼儿的游戏，以与幼儿相同的方式来使用材料；扮演幼儿建议的角色，并请幼儿提供更多细节（例如，成人可以说："哦，这块曲奇饼干看起来很好吃！它是哪种曲奇？"或者："你觉得还需要做些什么？"）。

当幼儿开始对活动失去兴趣时，让他们知道要开始进行清理了，提醒他们接下来将要发生的事。例如，你可以说："看起来有的小朋友开始想要睡觉了。现在该把盘子放回架子上，这样我们就可以开始换尿布并准备午睡了。"

有材料的大组活动时间（主要照护者2）

KDIs：1. 主动性；11. 参与大组活动；22. 探索物品；37. 探索艺术材料。 **COR**：A. 主动性和计划性；G. 集体；X. 视觉艺术。

活动：探索艺术材料。

材料：纸张、可清洗的无毒颜料、绘画罩衣、画刷。

当你给幼儿穿上绘画罩衣或脱掉他们的衣服（只留下尿布），让他们为绘画做好准备时，让他们知道他们将要进行一些新的探索。把纸铺在地板上或桌子上，在纸上加一些颜料，然后把画刷提供给幼儿。接受幼儿可能选择用手或脚在纸上移动。允许幼儿探索颜料的质地，并在纸上四处涂抹颜料。

每一发展阶段的鹰架学习		
早期	中期	晚期
儿童可以 主要关注颜料的质地,用手指或脚趾感受颜料;用一根手指尝试性地触摸颜料,或双手蘸取颜料摩擦;先观察别人怎样探索新材料,自己不触摸颜料。	*儿童可以* 用双手(或在纸上)涂抹颜料;用双手把颜料涂在手臂上;用一只手或一根手指探索颜料。	*儿童可以* 探索颜料时,以不同的方式来使用双手;一只手握着画刷,另一只手在纸上涂抹颜料;一只手握着画刷,在另一只手上涂抹颜料;每只手都握着画刷。
成人可以 描述幼儿正在做的事以及他们的情感,叙述他们的反应(例如,成人可以说:"你正在手指间挤压颜料。"或者:"你脸上表情非常迷茫。是对新材料不熟悉吗?")。为犹豫是否要去触摸颜料的幼儿提供画刷或其他工具。	*成人可以* 描述幼儿是怎样使用颜料的,评论他们对新发现的反应(例如,成人可以说:"你正在用双手摩擦颜料。我想知道这是什么感觉。");向不愿意用手触摸颜料的幼儿提供画刷或其他工具。	*成人可以* 评论幼儿的行为;以与幼儿相同的方式来探索颜料;给不愿意用手触摸颜料的幼儿提供画刷或其他工具。

当幼儿开始对活动失去兴趣时,将他们引导到水池边,让他们洗手,或者提供湿毛巾,他们可以用毛巾来清理手上和桌子上的颜料。在帮助幼儿清理时,让幼儿知道接下来将要发生什么。

律动和音乐的大组活动时间

KDIs:12. 活动部分身体;13. 活动整个身体;14. 携物活动。

COR:I. 大肌肉运动技能;J. 小肌肉运动技能。

活动:用丝带律动。

材料:带有丝带或系着织物条的浴帘环(为每名幼儿额外多准备一条丝带,一些幼儿可能想要每只手都抓一条丝带)。

让幼儿知道他们即将要用一些新的物品来做律动。给每名幼儿一个丝带环,问问他们想要怎么移动丝带环。允许幼儿自由探索丝带,评论幼儿律动和实验自己想法的方式。

每一发展阶段的鹰架学习		
早 期	中 期	晚 期
儿童可以 通过握着丝带、用嘴啃丝带或摇晃丝带来探索材料。	**儿童可以** 摇晃丝带,观察别人是怎样移动丝带的;以新方式来使用丝带或尝试用不同的方法来移动丝带(例如,先用一只手移动丝带,然后换另一只手;摇晃丝带,然后一边蹦跳一边摇晃丝带)。	**儿童可以** 摇晃丝带,并把身体的其他部位也整合进律动中(如跺脚、转圈或蹦跳);描述自己正在做什么,使用"快""慢"之类的词语。
成人可以 允许幼儿以自己的方式探索材料;在幼儿移动、探索时,描述幼儿的选择(例如,成人可以说:"你把丝带放进了嘴里,你正在感受丝带。我想丝带是滑滑的感觉。")。	**成人可以** 用语言描述幼儿的行为和观察(例如,成人可以说:"你正在用一只手摇晃你的丝带。"或者:"看起来你在看着安娜摇晃她的丝带。你可以用相同的办法摇晃自己的丝带。")。	**成人可以** 模仿并尝试幼儿的想法;鼓励幼儿尝试彼此的想法(例如,成人可以说:"哈娜正在非常快地摇晃她的丝带!让我们试试哈娜的办法。")。

当幼儿开始对活动失去兴趣时,让他们知道他们还可以再尝试一种移动丝带的方法,然后就到清理时间了。让他们知道接下来要进行的是一日常规中的哪个环节。

户外活动时间

把毯子带到户外,为幼儿创设一个可以舒服地看书、玩积木或进行其他操作活动的区域。在阳光明媚的天气中,要把毯子放在树荫下,这会让幼儿在阴凉的地方探索材料。

过渡时间

继续轻柔地提醒幼儿即将要到来的过渡环节。

允许幼儿携带一件先前用过的玩具或材料来进行过渡,这样会让过渡更容易。例如,如果现在是换尿布时间,幼儿之前一直在玩罐子和图形积木,在给幼儿换尿布时就要允许他们携带一块图形。

注意:如果教育机构的政策让幼儿无法携带换尿布时用过的玩具返回游戏空间,你可以提供一些有趣的能让幼儿在换尿布时握着的材料,然后在返回游戏空间前将它们收起来。

一日生活的其他时间

入园时间

为幼儿提供他们之前使用过的玩具或图书。家中的物品会让幼儿更容易对父母说再见,过渡到集体环境中。

休息时间

重复在整周中起作用的策略来安抚幼儿,让他们进入休息或睡眠。当照护者温暖地回应所有幼儿的个人喜好时,幼儿发展出了连续感,建立了信任。一些幼儿可能更喜欢俯卧睡,而另一些幼儿可能更喜欢仰卧睡。允许幼儿以自己感到舒适的姿势睡觉,这会让他们轻松入睡。支持所有幼儿独特的需求。

清理时间

鼓励幼儿进行他们力所能及的清理活动。在幼儿决定把物品拿到一边以及怎样完成目标时,描述他们的行为和选择。聚焦于幼儿的长项和成绩,而不是关注他们不能完成的事（例如，成人可以说："你把布娃娃放回了它们的放置槽中。"）。

离园时间

与家长分享本周以来积极的故事。与家长分享他们的孩子参与过的活动以及孩子与照护者及其他孩子之间的关系。

观　察

在与幼儿互动的过程中，仔细观察他们的行为，并对幼儿的兴趣和交流能力进行具体的逸事记录，这将帮助幼儿顺利度过一个周末后的返校过渡期。

后续活动

将丝带悬挂在户外的树上。

待集体活动中完成的艺术作品变干以后，将它们挂在幼儿视线的高度上。

第 1 周总结

本周你已经

☐ 开始与幼儿建立信任关系。

☐ 向幼儿介绍环境。

☐ 收集关于幼儿交流方式的信息。

☐ 支持幼儿加入集体生活的常规中。

☐ 开发关于每名幼儿的兴趣和偏好的初始框架。

☐ 向幼儿介绍手势语。

儿童一直聚焦于

☐ 用各种感官探索新环境。

☐ 加入集体生活的常规中。

☐ 学习新的手势语和歌曲。

你已经通过以下方式强化了和家长的关系

☐ 向家长分享关于孩子在学校中喜欢做的事。

☐ 分享与孩子一起唱过的歌曲,这样家长在家也可以唱这些歌。

☐ 分享教室中使用过的手势语。

反思你与儿童的互动

☐ 回顾"总结:支持性的成人-儿童互动"(见附录1),并反思你们在本周的互动。

☐ 确定两种本周使用过的、你觉得好用的与学步儿互动的策略。

☐ 选择一种你想在下一周重点使用的策略。

总结:支持性的成人-儿童互动

建立能够促进照顾连续性的政策

☐ 围绕一名主要照护者固定每名儿童的一日生活。

☐ 为共享同一个照护者团队的儿童创建几个小组。

☐ 让幼儿和照护者年年在一起。

☐ 围绕儿童的需要来安排照护者的日程。

☐ 当照护者缺席和返回时要告诉儿童和家长。

☐ 让主要照护者记录他们对儿童的观察。

为儿童营造信任的氛围

☐ 以温暖的、不催促的方式触摸儿童、抱着儿童、对儿童说话以及和他们一起玩耍。

☐ 从与儿童的互动中获得乐趣。

☐ 对儿童的需要和引人注目的信号做出支持性的回应。

☐ 给儿童时间,让他们以自己的方式来进行互动、做出反应。

☐ 支持儿童与同伴、其他成人的关系。

与儿童建立伙伴关系

☐ 在儿童的身体高度上进行互动。

☐ 尊重儿童的喜好和个性倾向。

☐ 跟随儿童的引导。

☐ 观察并倾听儿童（包括使用简单的手势语）。

☐ 用有来有往的方式进行交流和谈话。

☐ 进行评论和认可（包括重复、重述儿童的咿呀学语和单词）。

☐ 从儿童的视角来看他们的行为。

☐ 当儿童必须做某件事时，给他们选择。

支持儿童的意图

☐ 聚焦儿童的长处和兴趣。

☐ 参与儿童的探索活动。

☐ 鼓励并认可儿童在探索过程中和游戏中的选择。

☐ 帮助儿童完成他们想要着手做的事。

☐ 给儿童时间来解决他们在探索活动和游戏活动中遇到的问题。

☐ 支持学步儿解决社交冲突①。

1. 冷静地接近，阻止任何伤害性行为。

2. 认可幼儿的情感。

3. 收集信息。

4. 重述问题。

5. 请幼儿提供解决方法，并共同选择其中一种方法。

6. 认可幼儿为解决问题而进行的努力。提供后续的支持。

---

① 关于儿童的冲突解决，详见《你不能参加我的生日聚会——学前儿童的冲突解决》一书。——编辑注

第 4 章　第 2 周

概　览

在第 2 周，学步儿仍需要适应新的环境。尽管他们将开始把你看作生活中熟悉的人，但是在与家人分别时，他们仍可能会出现分离焦虑。认可幼儿的情感，例如，在入园时说："你真的很伤心，奶奶就要离开了，说再见真的很难。"让幼儿知道他们的情感是被认可的，想念家人是可以的，你尊重他们就像尊重其他人一样。年幼的学步儿将逐步将你看作让他们感到安全的人，有时他们会冒险跑去探索新的活动、新的经验，但是你可以通过扫视或身体接触来检视他们。还有一点很重要，要继续与家长建立关系，因为他们也在逐步适应把孩子留在新环境中。

本周目标

- 继续强化与家庭的关系。
- 作为新的照护者，要继续加强幼儿对你的信任。
- 支持幼儿想要尝试新经验的努力。
- 通过重复引起幼儿兴趣的活动来让幼儿参与活动。

心中要牢记的事项

这个年龄的幼儿要经历不同的分离焦虑和面对陌生人的焦虑。入园可能在这一天很顺利，但是到下一天就会很困难。在入园时间，一定要认可幼儿和家长双方的情感。为幼儿提供安慰物、最喜欢的玩具或最喜欢的歌曲，这能够帮助幼儿更容易从家向学校过渡。

尽量减少环境中的刺激也非常重要。学步儿将逐步适应集体活动的新鲜感、活动水平以及周围其他人发出的噪声，这些刺激可能比他们在家中习惯接受的刺激程度更高。背景音乐、刺眼的灯光、普通的墙壁以及摆放杂乱的架子会让学步儿感到被淹没、不安定，干扰他们的学习。

活动室中需要添加的材料

- 在你介绍手势语时，通过添加手势语照片的方式来支持幼儿使用手势语。这些照片（以及怎样做手势的描述，用于给照护者一些提示）可以设置在进餐区域，在这里手势语使用最频繁。本周你将要添加手势语"吃"。
- 添加《五只小猴子跳到床上》《头、肩膀、膝盖、脚》歌曲卡。
- 在能够轻松回收的户外环境中添加材料。材料包括图书、球、木环、可以摇晃的器材、塑料制动物、盘子、积木。

需要与家长交换的信息

继续与家长分享关于孩子在做什么、喜欢什么等信息。了解这些会让家长感到安心。这些信息交换也会让家长想出一些可以在家和孩子一起尝试的事。让家长知道，你尊重他们的想法和投入。也可以问问家长孩子在家喜欢做什么。这些想法也可能帮助你让幼儿的入园或睡觉、进餐时的过渡更加轻松，幼儿对这些环节可能会更加敏感，更难以参与。

建立一个借阅图书馆，为家长提供能够借走再归还的资源。图书馆可能包括教育机构课程的信息、描述当地家庭支持服务的材料，以及与学步儿发展和健康有关、学步儿发展方面的热门话题的阅读资源，如幼儿的睡眠规律、"挑剔的"吃饭习惯、出牙、上厕所训练、断奶，以及一般性的学步儿健康问题。为借阅图书馆选择一个容易被发现、容易进入的地点，这样家长会经常去借图书，即便是在匆忙的接送孩子时间。

在整个第2周，拍摄幼儿参与游戏以及完全独立进行工作（如洗手、午餐时自己吃饭）的照片。这些照片对记录幼儿的发展非常有用，也能够与家长分享、制作照片书、张贴在教室的区域内以提醒幼儿他们之前完成了哪些工作。

第 1 天

选择时间

KDIs：1. 主动性；6. 和成人的关系；22. 探索物品。

COR：A. 主动性和计划性；E. 与成人建立关系。

允许幼儿自由探索游戏空间及材料。提示幼儿他们之前两周感兴趣的物品，支持幼儿找到之前用过的材料。在经过一个周末之后重新开始参与活动即使能够快速适应集体环境的幼儿也需要额外的时间重新适应。

每一发展阶段的鹰架学习		
早期	中期	晚期
儿童可以 靠近你，但是开始在视线范围内寻找引起他们兴趣的物品；选择之前用过的材料。	儿童可以 寻找之前用过的材料，尝试用新方式来使用这些材料；靠近成人；指向他们想要去游戏的地方，或拉着成人的手去到那里。	儿童可以 寻找之前用过的材料，并尝试使用新材料；找到不同的方式来使用之前用过的物品；暗示想要使用的材料，或者用单词或单词加手势来表明他们想要去哪里游戏。
成人可以 在幼儿选择、使用材料时，描述幼儿的行为并认可他们的选择；重新安排幼儿尚未探索的材料，让这些材料更容易被注意到。	成人可以 评论幼儿去到之前玩过的区域或使用之前用过的材料（例如，成人可以说："你已经决定再去玩具区玩了。你上周就在那儿玩过了。我想知道今天你要玩什么。"）。	成人可以 评论幼儿选择游戏的地点以及选择材料和使用材料的方式；认可并澄清幼儿的意图（包括用语言非语言方式表达的），用确认和澄清来进行回应（例如，成人可以说："你正指向娃娃家。那是你想要去玩的地方吗？让我们一起过去吧，看看你将要使用什么材料。"）。

身体护理常规

KDIs：5. 依恋；16. 倾听和回应。

COR：E. 与成人建立关系；M. 倾听与理解。

在过渡到身体护理常规时，描述幼儿可能在触摸、体验的物品：换尿布台的湿软，湿抹布的潮湿，或幼儿洗手时的冷水。形容词丰富了幼儿的词汇量，并提供了幼儿正在体验的环境与意义。

进餐时间

KDIs：6. 和成人的关系。　　　　　　COR：E. 与成人建立关系；K. 自我照顾和健康行为。

使自己处于幼儿的身体高度并参与幼儿的活动，参与幼儿的进餐时间。吃一点幼儿正在吃的食物能够为幼儿提供示范，鼓励幼儿尝试新的食物。当一个信任的成人在自己身体的高度加入午餐时，幼儿更可能投入地吃午餐，并学习健康地吃饭。

有材料的大组活动时间（主要照护者1）

KDIs：1. 主动性；11. 参与大组活动；22. 探索物品；37. 探索艺术材料。

COR：A. 主动性和计划性；G. 集体；X. 视觉艺术。

活动：探索艺术材料。

材料：纸张、可清洗的无毒颜料、绘画罩衣、画刷。

当你给幼儿穿上绘画罩衣或脱掉他们的衣服（只留下尿布），让他们为绘画做好准备时，让他们知道他们将要进行一些新的探索。把纸铺在地板上或桌子上，在纸上加一些颜料，然后把画刷提供给幼儿。接受幼儿可能选择用手或脚在纸上移动。允许幼儿探索颜料的质地，并在纸上四处涂抹颜料。

每一发展阶段的鹰架学习		
早期	中期	晚期
儿童可以 主要关注颜料的质地，用手指或脚趾感受颜料；用一根手指尝试性地触摸颜料，或双手蘸取颜料摩擦；先观察别人怎样探索新材料，自己不触摸颜料。	**儿童可以** 用双手（或在纸上）涂抹颜料；用双手把颜料涂在手臂上；用一只手或一根手指探索颜料。	**儿童可以** 探索颜料时，以不同的方式来使用双手；一只手握着画刷，另一只手在纸上涂抹颜料；一只手握着画刷，在另一只手上涂抹颜料；每只手都握着画刷。
成人可以 描述幼儿正在做的事以及他们的情感，叙述他们的反应（例如，成人可以说："你正在手指间挤压颜料。"或者："你脸上表情非常迷茫。是对新材料不熟悉吗？"）；为犹豫是否要去触摸颜料的幼儿提供画刷或其他工具。	**成人可以** 描述幼儿是怎样使用颜料的，评论他们对新发现的反应（例如，成人可以说："你正在用双手摩擦颜料。我想知道这是什么感觉。"）；向不愿意用手触摸颜料的幼儿提供画刷或其他工具。	**成人可以** 评论幼儿的行为；以与幼儿相同的方式来探索颜料；给不愿意用手触摸颜料的幼儿提供画刷或其他工具。

当幼儿开始对活动失去兴趣时，将他们引导到水池边，让他们洗手，或者提供湿毛巾，他们可以用毛巾来清理手上和桌子上的颜料。在帮助幼儿清理时，让幼儿知道接下来将要发生什么。

有材料的大组活动时间（主要照护者2）

KDIs：1. 主动性；10. 和他人玩耍；11. 参与大组活动；36. 模仿和假装。

COR：A. 主动性和计划性；F. 与其他幼儿建立关系；AA. 假装游戏。

活动：探索娃娃家。

材料：圆锅、平底锅、厨房用具（如金属勺、木勺、打蛋器、刮刀、意大利面抓取器、勺子）、空的食物盒。

在通常进行集体活动的空间开始活动，以游戏的方式把幼儿带到娃娃家。让幼儿知道他们即将探索娃娃家中的材料。为每名幼儿提供一个锅、两到三种上述厨房用具。允许幼儿用自己的方式来使用材料。一些幼儿可能需要更多时间来使用材料，一些幼儿则可能随时退出或重新参与活动。

每一发展阶段的鹰架学习		
早期	中期	晚期
儿童可以 喜欢用双手和嘴巴探索材料；观察年龄稍大的幼儿如何探索材料。	**儿童可以** 混合使用各种材料进行假装或发出噪声；观察游戏中的其他幼儿，靠近让自己感到好奇的玩具或其他幼儿。	**儿童可以** 用材料进行假装游戏（如搅拌、把材料倒进锅里、咬东西）；通过把厨房用具递给成人或直接进行语言指示（如"吃这个，它做好了"）邀请成人进入游戏。

每一发展阶段的鹰架学习		
早期	中期	晚期
成人可以	成人可以	成人可以
描述幼儿选择的材料以及他们使用材料的方式；评论幼儿可能看到的其他幼儿的行为（例如，成人可以说："你正在用手旋转打蛋器，并把它放进了嘴里。"或者："你看到以赛亚在平底锅上敲打勺子，发出了有趣的声音！"）。	叙述幼儿的行为，评论他们对其他人和事物的兴趣（例如，成人可以说："你看到亨利在锅里搅动他的勺子。现在，你以相同的方式使用你的勺子。"）。	加入幼儿的游戏，以与幼儿相同的方式来使用材料；扮演幼儿建议的角色，并请幼儿提供更多细节（例如，成人可以说："哦，这块曲奇饼干看起来很好吃！它是哪种曲奇？"或者："你觉得还需要做些什么？"）。

当幼儿开始对活动失去兴趣时，让他们知道要开始进行清理了，提醒他们接下来将要发生的事。例如，你可以说："看起来有的小朋友开始想要睡觉了。现在该把盘子放回架子上，这样我们就可以开始换尿布并准备午睡了。"

律动和音乐的大组活动时间

KDIs：21. 享受语言；39. 倾听音乐；40. 回应音乐；41. 声音；42. 音调。

COR：Y. 音乐；Z. 律动。

活动：《五只小猴子跳到床上》。

材料：《五只小猴子跳到床上》歌曲卡。

让幼儿知道你今天将要唱一首新歌。在唱歌之前，让幼儿知道他们将要唱一首包括几个简单律动动作的歌曲。例如，你可以伸出五根手指，通过上下移动手指来代表猴子跳到了床上；或者用左右摇摆自己的头来表示没有更多猴子跳到床上。在使用这些动作之前要先进行尝试，同时说出歌词。记住：要让动作简单，这样幼儿能够模仿；动作也要容易修改，以匹配幼儿的发展水平。

在练习过动作之后，增加歌词。在幼儿学习歌词和动作时，通过每次都使用相同数量的猴子来让歌曲变得简单；或者开始的时候让猴子的数量少一点，比如两只或三只。在幼儿对你的演唱做出回应时，观察他们的反应，模仿他们的面部表情和身体动作。如果幼儿表现出兴趣，并通过保持眼神接触，说"还要"或拍手等行为做出回应时，重复演唱歌曲。记住，幼儿可能通过伴唱或咿咿呀呀来参与演唱，但是他们也可能随时退出或重新参与活动。

每一发展阶段的鹰架学习		
早 期	中 期	晚 期
儿童可以 观察或靠近正在唱歌的成人；通过合着音乐蹦跳、摇摆或尝试伴唱来做出回应；成人停止演唱后，通过拍手或蹦跳表示想要再听一遍。	*儿童可以* 靠近正在唱歌的成人或转向成人；通过舞蹈、摇摆或发出语词伴唱来对歌曲做出回应；在远距离处观察。	*儿童可以* 以自己的节奏参与活动；伴随成人唱几个单词，并找到移动身体的不同方式，例如蹦跳或同时挥舞手臂和腿；模仿成人的简单律动。
成人可以 通过做出相应的面部表情、描述幼儿的动作来对幼儿的反应进行反馈（例如，成人可以说："歌曲结束时你还在蹦跳、拍手。看起来你想要我再唱一遍。"）；当幼儿继续表现出兴趣时，重复演唱几遍。	*成人可以* 允许幼儿按自己的节奏、以自己的方式来参与活动；整合律动动作，通过保持眼神接触、微笑来让幼儿参与活动，并评论幼儿选择的参与方式。	*成人可以* 描述幼儿律动的方式，尝试他们的律动动作；模仿幼儿的律动，认可他们的想法，吸引幼儿关注其他幼儿的律动方式。

让幼儿知道你将再次演唱一遍歌曲，然后告诉他们接下来是哪个环节。让幼儿知道你将把歌曲添加到歌曲书中。

户外活动时间

使用上一周用过的丝带，把丝带挂在能轻松被幼儿看到的建筑上或树上。评论幼儿对飘动的丝带的反应。指出丝带在风中飘动的方式。环视四周，评论风中飘动的其他物品，如树上的叶子、草、孩子的头发或衣服。

过渡时间

在经过一个周末之后，幼儿需要对重返集体照顾环境进行适应。一定要认可幼儿在过渡期间的情感，特别是当幼儿看起来不想要过渡到下一个环节的时候。指向一日常规图上的照片，轻柔地提醒幼儿接下来将要发生什么。

一日生活的其他时间

入园时间

邀请家长尽可能多待一段时间。在经历过一个周末后，与幼儿说再见可能对幼儿和家长来说都是很困难的，即使前几周的分离似乎都很轻松舒适。

休息时间

轻柔地接触幼儿，唱一些安抚情绪的歌曲，帮助幼儿镇定下来，放松身体。

清理时间

在幼儿使用完材料之后，支持他们自己清理材料。仔细观察幼儿以确定他们是否已经用完材料，还是只是离开区域去找其他材料来补充现在的游戏。在整个游戏过程中，帮助幼儿找到他们要找的材料，并把材料放回原处，以形成一个完整循环——"找到-使用-归还"。

观 察

在与幼儿互动的过程中，仔细观察他们的行为，并为下面的关键发展指标和观察评价指标记录具体的、客观的逸事。

KDIs：1. 主动性；5. 依恋；28. 定位物品；37. 探索艺术材料。

COR：A. 主动性和计划性；E. 与成人建立关系；X. 视觉艺术。

后续活动

把《五只小猴子跳到床上》歌曲卡添加到歌曲书中。

待幼儿在活动中制作的艺术作品变干以后，将它们挂在幼儿视线的高度上，这样他们就能看到并触摸到自己的作品。

第 2 天

选择时间

KDIs：1. 主动性；35. 原因和结果。　　COR：A. 主动性和计划性。

你将注意到，在整个选择时间，幼儿通常会继续选择相同或相似的材料，会重复相同的行为来确认相同的结果、声音或动作每次都会出现，这种现象会持续数天或数周。评论幼儿喜欢一再使用的材料。描述幼儿做出的选择，并提醒他们之前是如何使用材料的。

每一发展阶段的鹰架学习		
早期	**中期**	**晚期**
儿童可以 寻找吸引他们兴趣的材料，并用不同的方式来使用这些材料；关注以某种方式使用材料的结果，并重复动作来再次获得相同的结果。	*儿童可以* 探索之前使用过的材料，并尝试新材料；使用身体语言和一两个单词来表达兴奋的感觉，或在尝试新想法时描述自己的行为和（或）结果。	*儿童可以* 期待行为的结果，寻找机会去尝试自己的想法；找到其他材料，尝试用新方法来创造相似的结果；使用短句子或短语来描述自己的意图以及行为的结果。
成人可以 描述幼儿使用材料的方式，评论他们行为的结果；以能够让幼儿重复行为并产生相似结果的方式来使用材料（例如，成人可以说："你用手击球时，球滚走了。现在我准备把它滚回到你身边，这样你就能够再次击球了。"）。	*成人可以* 模仿幼儿的热情，叙述他们的行为；在幼儿使用材料的方式与行为结果之间做出联系；指出相似行为带来的相似结果，并提供其他想法来产生相同的结果（例如，成人可以说："你把积木堆起来，然后用大球把它们推倒。我想知道你是否能够用小球把一个积木塔推倒。"）。	*成人可以* 评论幼儿的行为和行为的结果；鼓励幼儿描述他们觉得将会发生什么，或已经发生了什么（例如，成人可以说："你是怎么让它发生的？"或者："当你把球扔进斜槽时，你觉得将会发生什么？"）；在幼儿旁边游戏，以与幼儿相同的方式来使用材料。

身体护理时间

KDIs：8. 情感。　　　　　　　**COR**：D. 情感。

在过渡到身体护理常规时认可幼儿的情绪。幼儿可能会对过渡到新的活动感到失望，或者对毛巾的温度、换尿布时躺下的姿势或湿抹布的触感感到不舒服。认可幼儿的情感，这就向幼儿表达了你对他们情感的理解和认可。此外，解释身体护理过程也是有帮助的，这样可以让幼儿期待接下来发生的事。

进餐时间

KDIs：3. 自我照顾；12. 活动部分身体。　　　**COR**：K. 自我照顾和健康行为；J. 小肌肉运动技能。

在可能的情况下，提供"家庭式的"小吃。午餐让幼儿有机会从吃大众菜发展到自我服务，并与其他幼儿和成人进行互动。这将支持幼儿在午餐时发展社交经验，并提供给幼儿练习用勺子吃饭、自己吃饭的机会。一定要选择轻量的、容易提起的食物，并为学步儿提供容易抓握的餐具，食物的大小也要适合学步儿。

平稳过渡的原则

☐ 减少同一过渡环节中幼儿的数量。

☐ 不要一次性过渡整个小组。让准备好的幼儿开始下一环节，同时其他幼儿完成先前的活动。

☐ 减少等待的时间，方法是一有人完成活动就开始下一项活动，或者在开始阶段让两个活动重叠。

☐ 提供连续而又灵活的常规。

☐ 给过渡一段时间。

☐ 从幼儿身上获取活动开始和结束的线索。

□ 需要时,在过渡时提供给幼儿一些选择,例如,你可以说:"你可以走到室内或像小兔子一样跳进来。"

□ 提供简短的、可预测的过渡活动(例如,使用简单的律动动作和音乐活动来吸引幼儿的注意)。

□ 为幼儿预测接下来要发生什么(例如,给出提示,使用图片式的一日常规图)。

有材料的大组活动时间(主要照护者1)

KDIs:2. 解决问题;12. 活动部分身体;29. 装满和倒空;30. 拆卸和装配。

COR:B. 使用材料解决问题;J. 小肌肉运动技能。

活动:衣夹与咖啡罐。

材料:带有塑料盖子的咖啡罐(或其他大容器)(每名幼儿一个,成人也要有一个),在盖子的顶部开一个洞,把它放在一边作为备用材料;木制的衣夹,包括钉式的和弹簧式的。

在准备材料时,把衣夹夹在每个罐子的边缘,在罐子内外都放一些衣夹。

让幼儿知道今天他们将要进行一些新的探索。向他们展示两种衣夹,一种可以直接打开,一种必须挤压一下才能打开。为每名幼儿提供一个罐子和几个衣夹。允许所有幼儿以自己的方式使用材料。

每一发展阶段的鹰架学习		
早 期	中 期	晚 期
儿童可以 把衣夹从罐子的边缘取下来，把罐子里的夹子倒出来，把衣夹放回罐子里。	*儿童可以* 把衣夹从罐子边缘取下来，然后尝试装回去；尝试把衣夹在罐子边缘排成一排或挤压衣夹的铰链以打开衣夹；喜欢用衣夹装满罐子，然后将衣夹倒出。	*儿童可以* 把衣夹从罐子边缘取下来，然后尝试装回去；尝试几次后获得成功，或感到受挫、请求帮助；拿下盖子然后再盖上，通过盖子上的洞把衣夹装回罐子。
成人可以 描述幼儿的行为，认可他们把衣夹从罐子边缘取下来的尝试；把夹子放回罐子边缘，以便让幼儿可以再次把夹子取下来；为幼儿提供盖子，支持他们想要把衣夹放进狭小的洞口的尝试；在幼儿盖上和拿掉盖子时提供帮助。	*成人可以* 认可幼儿的情感，描述他们的成功（例如，成人可以说："把那些衣夹放回边缘还挺难的。"或者："你把三个衣夹放到罐子的边缘上了！"）；用有洞的盖子盖上罐子，然后交给那些喜欢把衣夹填进洞里再倒出来的幼儿。	*成人可以* 描述幼儿的行为，认可他们的情感；描述幼儿的成功，鼓励他们重复之前起作用的策略（例如，成人可以说："当你挤压弹簧时，衣夹就打开了。当你的手指靠近衣夹的中间部位时，衣夹打不开，并且你看起来很沮丧。"）；如果幼儿注意到其他幼儿如何使用盖子并对此感兴趣，为他们提供盖子。

当幼儿开始对活动失去兴趣时，把不再使用的材料收集起来，并让他们知道接下来将要进入哪个环节。对于还感兴趣的幼儿，可以让他们继续探索，同时帮助其他幼儿过渡到下一个环节。如果幼儿能够握着一两个衣夹过渡到一日常规的下一个环节，那么过渡会更容易。

有材料的大组活动时间（主要照护者2）

KDIs：22. 探索物品；23. 客体永久性；24. 探索相同和不同。

COR：X. 视觉艺术；BB. 观察与分类。

活动：探索织物。

材料：3—5种不同质地（如毛线、丝绸、缎子、灯芯绒、天鹅绒、粗麻布、亚麻布、羊毛、毛毡、蕾丝)的织物片,织物片6—8英寸长,2—5英寸宽。

让幼儿知道,今天他们将要探索不同的材料与质地。把织物放在幼儿能够到或通过移动能够到的位置。用诸如"粗糙""光滑""滑溜溜""柔软""毛茸茸"等词语来描述不同材料。这有助于幼儿建立词库,也为幼儿的感官体验提供了使用背景和含义。

每一发展阶段的鹰架学习		
早 期	中 期	晚 期
儿童可以 用双手探索材料，拿着材料在游戏空间四处走，挥舞材料，摇晃材料，或用材料跳舞；通过用手指、脸颊或胳膊摩擦材料来探索材料的质地。	*儿童可以* 用双手探索材料，在脸上、胳膊上或肚子上摩擦材料；试图学说成人说的材料名称以及形容词。	*儿童可以* 用双手探索材料，在脸上、胳膊上或肚子上摩擦材料；重复成人说的材料名称以及形容词；在游戏空间中找到材料，并注意到这些材料质地的相似或不同。
成人可以 像幼儿那样使用材料；评论幼儿正在感受的质地，描述他们手中材料的相似与不同；模仿幼儿探索材料质地的方式。	*成人可以* 说出材料的名称及描述材料的形容词，如"柔软""毛茸茸""光滑""粗糙"；在质地相同的材料之间建立联系，如幼儿的衣服、游戏空间中的物品或安慰物。	*成人可以* 认可幼儿对新材料的想法，询问他们是否能在自己身上、成人身上或教室中其他材料上找到相同的质地；鼓励幼儿找到不同质地的物品并探索这些物品，以发现不同。

当幼儿开始对活动失去兴趣时，开始清理材料。允许幼儿携带一块织物片过渡到下一环节，以帮助幼儿逐步过渡到下一项常规。

律动和音乐的大组活动时间

KDIs：34. 速度；41. 声音。　　　　**COR**：J. 小肌肉运动技能；Z. 律动。

活动：摇晃器。

材料：沙锤或摇晃器（可以通过在塑料蛋、空塑料香料罐或其他容器中填充豆粒大小的石子、珠子、大米或干豆子来制作摇晃器，最后用胶带封住口来确保安全）。

（与幼儿一起在教室中使用这些摇晃器之前，你可能需要先对不同的容器和不容的内容物进行试验，以预估内容物的容量以及不同混合物所发出声音的尖锐程度。）

为每名幼儿提供一个沙锤或一种摇晃器。要确保有足够的乐器，每名幼儿每只手上都要有一个，并且你自己也要至少有一个。展示如何摇晃沙锤或摇晃器来发出声音。

一定要记住，尖锐的、很大的声音可能让一些幼儿感到惊吓或忧虑。如果幼儿看起来受到了惊吓，认可他们的反应，让他们离声音远一点。如果幼儿仍然看起来很沮丧或不安，可能需要由成人带去其他区域。

每一发展阶段的鹰架学习		
早 期	中 期	晚 期
儿童可以	儿童可以	儿童可以
站着摇动摇晃器并蹦跳；没有目的、或快或慢地摇动摇晃器。	站着、走着、跑着摇动摇晃器或一边摇摆身体一边摇动摇晃器，并使用单个词语来描述自己所做的事，如"摇"或"快"；观察别人或快或慢地摇动摇晃器，进行同样的尝试。	站着、走着摇动摇晃器，或一边移动身体一边摇动摇晃器；尝试用不同方式、或快或慢地来摇动摇晃器，并使用两三个字组成词来描述自己的动作，如"快摇"。
成人可以	成人可以	成人可以
指出摇晃方式的不同带来的速度和声音上的不同（例如，成人可以说："当你把摇晃器放到嘴里时，它发出了轻柔的声音。当你非常快速地摇动摇晃器时，它发出了很大的声音。"）。	评论幼儿选择的移动方式，并模仿他们的运动；描述他们看到的其他幼儿用摇晃器做的事，并补充词语，如"快""慢""向上摇""向下摇"。	评论幼儿正在做的事，重复他们用来形容自己所做事情的词语；模仿幼儿使用摇晃器的方式，并用他们的语言来描述他们的移动和结果；鼓励幼儿尝试别人的主意（例如，成人可以说："莱恩正在慢慢地摇动他的摇晃器。让我们也试着慢慢摇动吧。"）。

当幼儿开始对活动失去兴趣时，把不用的材料收集起来。为了帮助幼儿更平稳地过渡，可以允许幼儿拿着一两件摇晃器一起来到下一个环节。

户外活动时间

把沙锤或摇晃器带到户外，这样幼儿可以继续使用它们。这也将让对噪声感到不安的幼儿可以离使用摇晃器的幼儿远一点。如果在室内集体活动时间你选择的是只能发出轻柔声音的摇晃器，那么你可以在户外引入声音更大的摇晃器——教育本身是需要幼儿接触各种不同声音的。

过渡时间

在过渡到下一个环节之前,让幼儿知道接下来即将发生什么。在你满足一名幼儿的需要的同时,给其他幼儿一些材料进行探索,让他们有事可做,并在离开前让他们知道你将要去哪里(例如,你可以说:"我准备去给本换尿布。我将很快回来,然后给克洛伊换尿布。在我给本换尿布时,你们可以玩这些积木。")。

一日生活的其他时间

入园时间

对于在入园时看起来很不安的幼儿,为他们提供一件从家中带来的安慰物,如安慰奶嘴、一块小毯子或小毛绒玩具。如果他们想要偎依在安慰物上,允许幼儿花时间来与安慰物相处,这段时间可能很长,也可能很短。当他们把安慰物放下并走开,或者把安慰物交给你时,你会知道他们已经感到安全,准备好进入活动了。要知道,在过渡期间或刚开始进行探索时,一些幼儿可能需要携带他们的安慰物。

休息时间

认可并支持幼儿个体的偏好。考虑部分幼儿可能想要仰卧,有的想要被抱着、摇晃着或坐着睡觉,还有的可能需要空间和时间但却不需要身体接触。满足个体的需要有助于建立信任感,帮助幼儿更轻松地开启休息时间。

清理时间

支持"找到-使用-归还"循环,温柔地引导幼儿来到正在使用的物品应该回到的位置。这将在清理过程中帮助幼儿,也会帮助幼儿在下次想要使用时找到相同的材料。

离园时间

询问家长孩子最近在家发生的发展里程碑。你可以问："安贝儿最近在家对什么感兴趣？""你注意到安贝儿在家做了什么新的事情吗？"这些问题帮助你从家长那里收集信息。帮助家长聚焦于孩子"能"做的事情，而不是还不能做的事情。

观　察

在与幼儿互动的过程中，仔细观察他们的行为，并为下面的关键发展指标和观察评价指标记录具体的、客观的逸事。

KDIs：8. 情感；15. 稳定的节拍；23. 客体永久性。

COR：D. 情感；Z. 律动。

后续活动

在教室里通常进行繁忙的或嘈杂的游戏的空间中，如在其他乐器附近或在积木区中，添加沙锤或摇晃器。

户外游戏

户外活动时间让学步儿扩展了他们的探索，并在户外环境下进行游戏。在室内的选择时间，幼儿做出到户外玩什么的选择。幼儿发现户外环境中充满各种感官经验，可以用来建构新的知识。在户外活动时间，当学步儿体验距离近的物品——如蜘蛛、蠕虫、草时，或者体验距离远的物品——如树梢、隔壁的房子、云时，他们开始获得距离感。他们很少有机会细致比较蚂蚁、蚱蜢、鸟、松鼠、蒲公英。他们可以自由移动、扔东西、在水中和雪中玩。他们收集各种树叶、小树枝、石头、核桃、种夹。在阳光下，他们吸收着身体需要的维生素 D，让骨骼和牙齿更加强壮。

总之，在各个季节，在户外花费一些时间都会积极影响即便是非常年幼的儿童的进餐、睡眠、感受的方式。在户外要衣着得体，因为他们需要每天在户外花很多时间，甚至在各种极端天气中。

对学步儿来说，游戏空间包含了大自然的各种特征，比如山和卵石；包含了各种可以进入内部、爬行通过以及在上面获得平衡的物品；包含了沙子和水；包含了可以摇晃、骑行、推拉的玩具；包含了球、豆袋、粉笔以及绘画材料等各种物品。在户外活动时间，有时照护者和学步儿会围绕障碍物或在附近的公园、花园或当地商店散步。

在户外活动期间，学步儿独立或与其他人一起进行观察、探索、游戏，按照自己的节奏、根据自己的兴趣和发展水平活动。根据不同的个性，一些幼儿会小心地靠近户外的声音、结构、风景、感官体验；同时另一些幼儿充满能量地开始户外游戏，对所有新事物和新经验感到好奇。

第 3 天

选择时间

KDIs：1. 主动性；2. 解决问题。 COR：A. 主动性和计划性；B. 使用材料解决问题。

即使是年幼的学步儿在游戏和探索过程中也会遇到材料问题。记住，对非常年幼的儿童来说，"材料"也可能是他们的身体。这包括弄明白怎样攀爬、怎样在物体周围移动、怎样在不同的情况下（如旋转时、弯腰时或快速移动时）保持平衡。由于幼儿仍然在发展他们的大肌肉运动技能和小肌肉运动技能，所以重点探索自己身体而不需要额外材料的经验就可以帮助他们在空间中找到方向，以及进行自我探索的能力。学习怎样移动自己的身体以及怎样控制自己的运动的机会也会提升他们携带物品移动的能力。蹲下来、认可幼儿的情绪、在幼儿需要时提供帮助，这些都能够支持幼儿战胜困难。记住，困难是学习的一部分。鼓励幼儿继续努力，在他们即将受挫时提供帮助。

每一发展阶段的鹰架学习		
早期	中期	晚期
儿童可以 开始使用物品做出具体的、有目的的行为，如拿下盒子上的盖子然后尝试把它放回去，或者把套杯拆开再尝试组合起来；当无法把物品恢复成原始模样时，表现出挫折感。	*儿童可以* 进行两到三次用材料解决问题的尝试；如果不能让事情像期待的那样起作用，表现出挫折感；通过身体语言或一两个词语来请求帮助。	*儿童可以* 多次尝试用材料来解决问题；用短语或短句表述问题；用语言请求成人帮助。
成人可以 使自己处于幼儿的身体高度；描述幼儿的行为，当幼儿无法取得想要的结果时，认可他们的挫折感；提供可完成的任务。	*成人可以* 使自己处于幼儿的身体高度并认可他们的情绪；描述幼儿想要解决问题的努力，提醒幼儿使用之前起作用的想法；温柔地提出建议，帮助幼儿减少挫折感，并支持他们努力解决问题。	*成人可以* 使自己处于幼儿的身体高度并认可他们的情绪；评论幼儿的行为和结果；通过提出问题来鼓励幼儿尝试用其他方式解决问题（例如，成人可以说："我想知道如果你把它转一下，试试看会发生什么。"）。

身体护理时间

KDIs：11. 参与大组活动；22. 探索物品。

COR：G. 集体；BB. 观察与分类。

在过渡到身体护理常规以及换尿布的过程中，允许幼儿随身携带一些物品。握着感兴趣的物品能让幼儿保持注意力，让他们可以继续探索，同时换尿布的必要工作也能得以完成。与幼儿谈论他们正在使用的材料以及他们怎样使用这些材料。

进餐时间

KDIs：11. 参与大组活动；17. 非语言沟通。

COR：G. 集体；M. 倾听与理解。

介绍手势语"吃"。在准备午餐时，问问幼儿他们是否准备好要开始"吃"东西了，同时做出手势语，做法是：把食指与大拇指捏在一起，然后轻轻拍拍嘴巴。在幼儿吃饭时，你可以通过指出他们吃了什么同时做出相应的手势来强化这个手势语。

有材料的大组活动时间（主要照护者1）

KDIs：22.探索物品；23.客体永久性；24.探索相同和不同。

COR：BB.观察与分类；X.视觉艺术。

活动：探索织物。

材料：3—5种不同质地（如毛线、丝绸、缎子、灯芯绒、天鹅绒、粗麻布、亚麻布、羊毛、毛毡、蕾丝）的织物片，织物片6—8英寸长，2—5英寸宽。

让幼儿知道，今天他们将要探索不同的材料与质地。把织物放在幼儿能够到或通过移动能够到的位置。用诸如"粗糙""光滑""滑溜溜""柔软""毛茸茸"等词语来描述不同材料。这有助于幼儿建立词库，也为幼儿的感官体验提供了使用背景和含义。

每一发展阶段的鹰架学习		
早 期	中 期	晚 期
儿童可以 用双手探索材料，拿着材料在游戏空间四处走，挥舞材料，摇晃材料，或用材料跳舞；通过用手指、脸颊或胳膊摩擦材料来探索材料的质地。	*儿童可以* 用双手探索材料，在脸上、胳膊上或肚子上摩擦材料；试图学说成人说的材料名称以及形容词。	*儿童可以* 用双手探索材料，在脸上、胳膊上或肚子上摩擦材料；重复成人说的材料名称以及形容词；在游戏空间中找到材料，并注意到这些材料质地的相似或不同。
成人可以 像幼儿那样使用材料；评论幼儿正在感受的质地，描述他们手中材料的相似与不同；模仿幼儿探索材料质地的方式。	*成人可以* 说出材料的名称及描述材料的形容词，如"柔软""毛茸茸""光滑""粗糙"；在质地相同的材料之间建立联系，如幼儿的衣服、游戏空间中的物品或安慰物。	*成人可以* 认可幼儿对新材料的想法，询问他们是否能在自己身上、成人身上或教室中其他材料上找到相同的质地；鼓励幼儿找到不同质地的物品并探索这些物品，以发现不同。

当幼儿开始对活动失去兴趣时，开始清理材料。允许幼儿携带一块织物片过渡到下一环节，以帮助幼儿逐步过渡到下一项常规。

有材料的大组活动时间（主要照护者2）

KDIs：2. 解决问题；12. 活动部分身体；29. 装满和倒空；30. 拆卸和装配。

COR：B. 使用材料解决问题；J. 小肌肉运动技能。

活动：衣夹与咖啡罐。

材料：带有塑料盖子的咖啡罐（或其他大容器）（每名幼儿一个，成人也要有一个），在盖子的顶部开一个洞，把它放在一边作为备用材料；木制的衣夹，包括钉式的和弹簧式的。

在准备材料时，把衣夹夹在每个罐子的边缘，在罐子内外都放一些衣夹。

让幼儿知道今天他们将要进行一些新的探索。向他们展示两种衣夹，一种可以直接打开，一种必须挤压一下才能打开。为每名幼儿提供一个罐子和几个衣夹。允许所有幼儿以自己的方式使用材料。

	每一发展阶段的鹰架学习	
早期	中期	晚期
儿童可以 把衣夹从罐子边缘取下来，把罐子里的夹子倒出来，把衣夹放回罐子里。	*儿童可以* 把衣夹从罐子边缘取下来，然后尝试装回去；尝试把衣夹在罐子边缘排成一排或挤压衣夹的铰链以打开衣夹；喜欢用衣夹装满罐子，然后将衣夹倒出。	*儿童可以* 把衣夹从罐子边缘取下来，然后尝试装回去；尝试几次后获得成功，或感到受挫、请求帮助；拿下盖子然后再盖上，通过盖子上的洞把衣夹装回罐子。
成人可以 描述幼儿的行为，认可他们把衣夹从罐子边缘取下来的尝试；把夹子放回罐子边缘，以便让幼儿可以再次把衣夹取下来；为幼儿提供盖子，支持他们想要把衣夹放进狭小的洞口的尝试；在幼儿盖上和拿掉盖子时提供帮助。	*成人可以* 认可幼儿的情感，描述他们的成功（例如，成人可以说："把那些衣夹放回边缘还挺难的。"或者："你把三个衣夹放到罐子的边缘上！"）；用有洞的盖子盖上罐子，然后交给那些喜欢把衣夹填进洞里再倒出来的幼儿。	*成人可以* 描述幼儿的行为，认可他们的情感；描述幼儿的成功，鼓励他们重复之前起作用的策略（例如，成人可以说："当你挤压弹簧时，衣夹就打开了。当你的手指靠近衣夹的中间部位时，衣夹打不开，并且你看起来很沮丧。"）；如果幼儿注意到其他幼儿如何使用盖子并对此感兴趣，为他们提供盖子。

当幼儿开始对活动失去兴趣时，把不再使用的材料收集起来，并让他们知道接下来将要进入哪个环节。对于还感兴趣的幼儿，可以让他们继续探索，同时帮助其他幼儿过渡到下一个环节。如果幼儿能够握着一两个衣夹过渡到一日常规的下一个环节，那么过渡会更容易。

律动和音乐的大组活动时间

KDIs：13. 活动整个身体；26. 一一对应；28. 定位物品。

COR：I. 大肌肉运动技能；T. 几何：形状与空间意识。

活动：图形跳。

材料：用毛毡、地毯块或其他防滑材料制成的大的平滑的图形。

你需要为集体中的每个人准备不止一个图形，包括成人。幼儿还不能完全掌握"每人一个"的概念，所以多提供一些图形将减少压力和潜在的冲突。让图形尽量简单，例如，所有圆形、方形和三角形都用同一种颜色。对年龄稍小的集体，只使用一两种同种颜色的图形。对于年龄稍大的集体，可以有一些蓝色图形、一些红色图形，或者添加一些其他形状的图形，如星星形、心形、橄榄形、长方形、五角形等。

把图形四散放在开放的空间中，然后邀请幼儿找到一个可以在上面走动的图形。请幼儿到新的图形上走动，同时你也模仿这个动作。接受幼儿可能选择一直待在同一个图形上。重复这一过程，几轮之后，（如果你有足够的图形让每名幼儿站在一个图形上）请幼儿找一个特殊的图形作为立脚处，然后你说出图形的名称同时举起手中的图形。

要认识到，幼儿除了可能不熟悉图形的名字，还可能对在图形上移动感到非常兴奋。如果幼儿移到的图形并不是你说出的图形，也不用纠正他们，在跟他们的互动中，简单地说出图形正确的名称就可以。例如，如果你请幼儿找到某个图形但是幼儿移到了一个圆圈上，你可以说："你移动了，现在你站在一个圆圈上。"

每一发展阶段的鹰架学习		
早 期	中 期	晚 期
儿童可以 通过爬行或迈步从一个图形移动到另一个图形；站在图形上、图形之间，或同时站在不止一个图形上。	**儿童可以** 用迈步的方式在图形之间移动；站在一个图形或多个图形上；重复成人命名过的图形的名字，或指向相应的图形。	**儿童可以** 在图形间移动时，用语言来确认图形和颜色；尝试用不同方式移动；受到成人激励时，对移动方式提出建议。

续表

每一发展阶段的鹰架学习		
早 期	中 期	晚 期
成人可以	成人可以	成人可以
描述幼儿所选择的移动方式并使用图形的名称来描述幼儿的位置。	描述幼儿移动的方式；命名幼儿所在图形的名字，并认可幼儿确认图形的尝试（例如，成人可以说：“当我说'正方形'时，你指向了正方形。"）。	描述幼儿的想法，并认可他们对图形的确认；尝试幼儿建议的移动方式。

当幼儿开始对活动失去兴趣时，让他们知道他们将再进行一次跳跃或迈步。收集所有的图形，然后请幼儿用跳跃或其他方式过渡到下一个环节。

户外活动时间

为了扩展集体活动经验，把图形拿到户外，让幼儿在上面跳跃、在图形之间移动，还可以使用他们自己的方式活动。通过模仿幼儿的移动方式、命名正在使用的图形来支持幼儿的学习。如果户外空间允许，把图形放远一点，以扩展幼儿的活动或不同类型的活动。

过渡时间

告诉幼儿接下来会发生什么，同时指向一日常规图片序列，并描述幼儿的面部表情和反应。例如，你可以说："你在微笑、拍手。你看起来很兴奋，我们就要吃午饭了。"

一日生活的其他时间

入园时间

如果幼儿难以与送自己入园的家长分离,为他们提供一个你之前观察到他们最喜欢的玩具。

休息时间

如同大多数的过渡时间一样,要给幼儿时间逐步过渡到休息时间——要让幼儿准备好。在幼儿开始困倦、你已经换完尿布或完成其他工作时,拿出垫子或儿童床。一些幼儿可能已经准备好,立马可以躺下,而另一些可能需要坐一会儿,再四处看看。允许休息时间逐步开始和结束会减少与幼儿之间的权力斗争,这也将确保幼儿获得他们的身体所需要的休息。

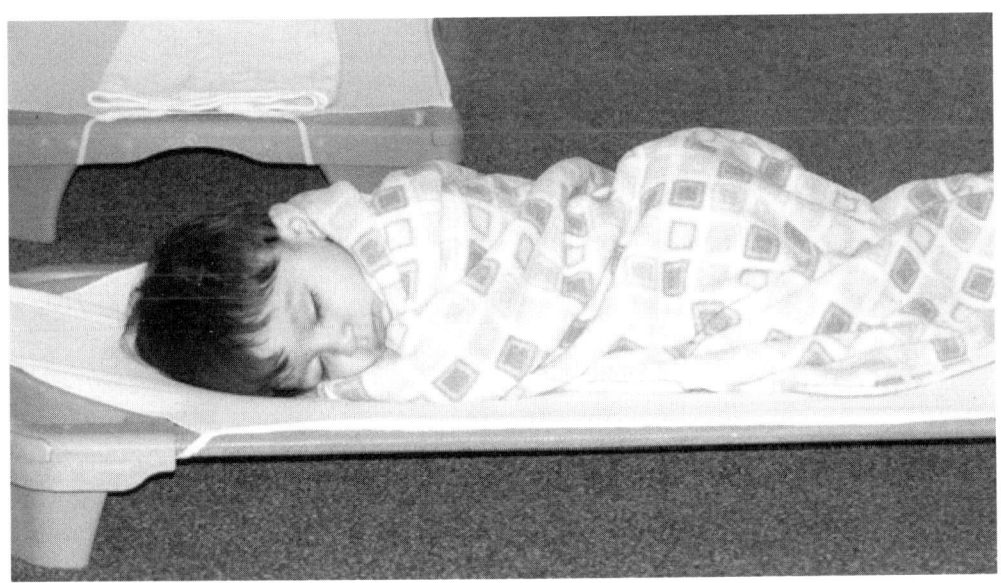

清理时间

当你在游戏空间捡拾材料时,描述你的行为和你正在拿起的物品。为幼儿提供对应的篮子或容器,用于放置他们正拿着或使用的材料。尽管幼儿还不能完全理解"清理"的概念,但是他们确实喜欢把容器填满,并模仿成人的行为。当幼儿把物品放回所属的容器时,可以通过描述幼儿正在做的事来认可他们的努力。

观　察

在与幼儿互动的过程中,仔细观察他们的行为,并为下面的关键发展指标和观察评价指标记录具体的、客观的逸事。

KDIs:2. 解决问题;25. 探索更多。

COR:B. 使用材料解决问题;T. 几何:形状与空间意识。

后续活动

添加"吃"的手势语,在手势语墙上添加关于这个手势语的描述。

在有类似材料的区域,比如玩具区,添加衣夹和罐子。

第 4 天

选择时间

KDIs：1. 主动性；2. 解决问题；5. 依恋；12. 活动部分身体；13. 活动整个身体；22. 探索物品。

COR：A. 主动性和计划性；B. 使用材料解决问题。

在你与幼儿互动、游戏的过程中，仔细观察幼儿的选择和个人能力。通过评论幼儿的兴趣、幼儿正在发展的技能或尝试新技能的努力来适度支持并扩展幼儿正在生成的技能。使自己处于幼儿的身体高度，当幼儿探索自己好奇的行为和物品时，让他们保持安定，让他们安心。

每一发展阶段的鹰架学习		
早 期	中 期	晚 期
儿童可以 对于自己的移动能力、寻找想要的物品的能力、表达自己需要的能力、让事情发生（例如，撞倒积木、把两块积木放在一起敲击或推玩具卡车让它动起来）的能力越来越自信。	*儿童可以* 寻找机会重复使用最近学会的技能；观察其他人的行为；冒险尝试从一件家具移动到另一件，对家具之间更大的间距越来越适应。	*儿童可以* 对尝试新材料和新经验的能力更加自信；观察其他幼儿并模仿他们移动的方式及与材料互动的方式。
成人可以 向幼儿指出他们正在做的事（如，成人可能说："你推了卡车，然后它滚动到了新的地点。"）；把稳定的家具或物品放得靠近一点，帮助幼儿在房间中从一个地点向另一个地点"巡游"。	*成人可以* 向幼儿介绍新的、安全的冒险活动，为他们提供能够在上面攀爬或能够穿过去的物体；为幼儿提供一些挑战，如更复杂的拼图、图形分类器以及可以拆开并组合的物品。	*成人可以* 向幼儿介绍更多具有挑战性的项目（如可以用来跳跃的材料、需要扭动才能打开的容器、更复杂的拼图）。

身体护理时间

KDIs：5. 依恋；21. 享受语言；41. 声音；42. 音调。

COR：E. 与成人建立关系；Y. 音乐。

在换尿布及其他身体护理常规时间，与幼儿一起演唱熟悉的歌曲。为了支持个人间的联系，与幼儿进行眼神接触，并轻柔地抚摸他们的手、脚、肚子以及脸颊。使用孩子气的或游戏性的声音演唱，记住不要唱得太快，这样他们能够听清楚歌词，并享受旋律。

进餐时间

KDIs：3. 自我照顾。

COR：K. 自我照顾和健康行为。

在午餐时间结束之时，为幼儿提供一个小桶，用于放置他们的垃圾。确保小桶靠近进餐的区域，并且桌子和小桶之间没有障碍物。年纪稍小的幼儿开始时可能只会把一两件物品放进小桶里，而不会把所有他们用过的物品都放进去。此外，幼儿可能需要一些能够帮助他们携带大件物品的东西，比如托盘或盛菜碗。对幼儿来说，这可能是一个漫长的过程，因为他们刚开始学习在走路的同时保持平衡。即使这意味着清理时间更长，要花费很多时间，在你规划一天的活动时也要允许这种情况出现。同时要记住，幼儿喜欢帮忙，当他们积极参与清理活动时，这将带来更少的等待，也将导致更少的冲突。

有材料的大组活动时间（主要照护者1）

KDIs：12. 活动部分身体；22. 探索物品；24. 探索相同和不同；41. 声音。

COR：J. 小肌肉运动技能；CC. 实验、预测和得出结论。

活动：探索感官瓶。

材料：填充不同物品的透明塑料瓶，用热胶或超级胶、胶带密封住。

发出声音的物品：五金零件（如钉子、螺丝、螺母、螺母的垫圈）、干豆子或玉米、珠子、弹珠、小贝壳、石头、服装上的珠子串、大米、牙签。

发光的物品：亮片（有水或无水）、箔纸、金属丝带或五彩纸屑、金属纸、闪亮小圆片、旧珠宝。

重物：沙子、石头、干豆子。

轻物：棉球或多彩绒球、纱线、丝带、干米或干意面（燕麦）、盐、玉米棒、碎纸或厕纸、牙签、松针、玻璃纸、包装纸、织物、草、花瓣。

液体：彩色的水、水和油、发胶、洗发水或洗洁精、胶水、黏性物质（淀粉浆或胶水）。

其他：各种壳、植物凝胶晶体、落叶（干的）、雪或冰块。

为每名幼儿提供几个（3—5个）瓶子进行探索。通过模仿幼儿的选择、描述他们正在做的事、叙述他们的行为结果来支持幼儿的学习。要让幼儿有机会尝试几种瓶子，选择最感兴趣的瓶子重复进行探索。

每一发展阶段的鹰架学习		
早 期	中 期	晚 期
儿童可以 逐步意识到瓶子中的物品以及他们对瓶子做的动作产生的影响（如让瓶子发出噪声、滚动瓶子、推倒瓶子）；一只手握着瓶子或携带瓶子在房间中移动、滚动瓶子。	**儿童可以** 观察他们摇晃、滚动、推倒的瓶子中的物品；滚动瓶子并在瓶子后面追逐，或观察其他人怎样使用瓶子。	**儿童可以** 移动瓶子时注意到瓶中物品的变化，并用单词来命名或描述瓶中物品。
成人可以 像幼儿那样使用瓶子，并谈论正在发生的事（例如，成人可以说："你摇晃你的瓶子，瓶子里出现了很多泡泡。我准备也要摇晃我的瓶子。"）。	**成人可以** 评论幼儿使用瓶子的方式，当瓶子移动时描述瓶中物品的变化（例如，成人可以说："你滚动瓶子时，金属螺丝撞击着瓶壁发出叮当的声音。"）。	**成人可以** 模仿幼儿使用的单词并添加新词（名词、动词、形容词）来描述材料以及幼儿用瓶子做的事（例如，成人可以说："摇晃瓶子会让亮片旋转起来。"）；提出问题，帮助幼儿做出预测并探索其他瓶子（例如，成人可以说："你注意到当你摇晃瓶子时，豆子会发出声音。我想知道当你摇晃其他瓶子时，会发出什么样的声音。"）。

当幼儿开始对活动失去兴趣时，把不再使用的材料收集起来。对于想要继续探索材料的幼儿，允许他们随身带着瓶子过渡到下一个环节。

有材料的大组活动时间（主要照护者2）

KDIs：1. 主动性；2. 解决问题；6. 和成人的关系；30. 拆卸和装配。　　**COR**：A. 主动性和计划性；B. 使用材料解决问题。

活动：拆卸和装配。

材料：带盖子的小硬纸板盒；带盖子的小塑料盒（带搭扣或不带搭扣）；带盖子的燕麦片罐或网球罐；带盖子的小塑料瓶（一些是用螺丝扭上的，一些是用按扣合上的）。

如果可能，尝试同样颜色的罐子和盖子——这可能有助于避免罐子与它们的盖子分离，也让幼儿聚焦于怎样让盖子与罐子匹配。

向幼儿展示 2—3 个罐子以及没有匹配在一起的盖子，然后解释你需要他们的帮助来把盖子与罐子匹配起来。允许幼儿尝试把盖子和罐子匹配起来。分发其他带有相应盖子的罐子。确保每名幼儿都有 2—4 个罐子可以玩。要接受幼儿可能用其他方法来使用这些材料，如找到方法来堆叠罐子，或把小罐子放进大罐子里。

每一发展阶段的鹰架学习		
早 期	中 期	晚 期
儿童可以 尝试一两次，把盖子盖到罐子上；当无法把盖子盖到罐子上时，用手势请求帮助或感到受挫；找到把小罐子放进大罐子里的方法。	*儿童可以* 尝试几次，把盖子盖到罐子上；尝试一个罐子，如果不成功，把这个罐子放下，然后尝试不同的罐子；用一两个词来表明自己需要帮助。	*儿童可以* 多次尝试打开、关上罐子；用三四个词语表达自己的成就或需要帮助。
成人可以 认可幼儿的情感，描述他们把盖子盖到罐子上的努力，并提供更容易操作的罐子和盖子，如压力较小且不需要扭动的小硬纸盒；为幼儿提供帮助，成人握着盒子的同时由幼儿操作盖子，让盖子与盒子匹配。	*成人可以* 描述幼儿的努力，对幼儿要求帮助的请求给予回应，提供不要求扭动、压力更小的容易操作的盒子，如小硬纸盒、网球盒。	*成人可以* 描述幼儿的行为和口语表达；提供稍微复杂一点的容器，如带有搭扣或能扭上、扭下的盖子的塑料桶。

当幼儿开始对活动失去兴趣时，收集不再使用的材料，并让幼儿知道接下来将要发生什么。如果幼儿喜欢，允许他们随身携带小盒子或瓶子过渡到一日常规的下一个环节。

律动和音乐的大组活动时间

KDIs：12. 活动部分身体；15. 稳定的节拍；16. 倾听和回应；21. 享受语言。　　COR：Y. 音乐；Z. 律动。

活动：《头、肩膀、膝盖、脚》。

材料：《头、肩膀、膝盖、脚》歌曲卡。

让幼儿知道今天他们将要唱一首新歌。

只唱歌曲前两行，以此来简化歌曲。在添加歌词前，练习确认身体的每个部位，并唱出这些部位："看着我并模仿！"（触摸头部。）"看着我并模仿。"（触摸肩膀。）在幼儿练习了每个动作之后，添加歌词。记住，要唱得慢一点，这样幼儿才能听清楚歌词并看到、感受到相应的身体部位。增加选择，请幼儿选择不同的身体部位然后在歌曲中唱出来，例如"头、肩膀、膝盖、眼睛……"，只改变一个部位会让歌曲足够简单，方便幼儿记住并跟随演唱。在用新的身体部位序列来演唱之前，先练习确认每个身体部位。

每一发展阶段的鹰架学习		
早期	中期	晚期
儿童可以 观察你的演唱并找到移动身体的不同方式；尝试模仿你的动作，并观察其他人怎样做动作。	**儿童可以** 倾听你演唱歌曲，并用一两个词加入歌唱；可能模仿你的动作，在你说出单词时可能触摸一两个身体部位或触摸这些身体部位附近的部位。	**儿童可以** 倾听你的演唱并用三四个单词或短语加入整首歌曲；可能模仿三四个你的动作；在你唱完之后，可能要求再唱更多遍，或者重复歌曲中的一些单词来促使你再唱一遍。
成人可以 在介绍身体部位时，触摸相应的部位，例如在演唱时触摸你自己的头部或幼儿的头部。	**成人可以** 演唱得慢一点，并评论他们想要演唱并伴随歌曲律动的努力。	**成人可以** 重复演唱一遍歌曲，评论他们的贡献。

当幼儿开始失去兴趣时，让他们知道你将再次演唱一遍歌曲；或者让幼儿知道接下来将要发生什么，在过渡到下一环节时继续演唱歌曲。

户外活动时间

在走向户外的过程中，如果幼儿还在忙于其他材料，可以允许他们携带正在使用的材料，到户外继续玩。

过渡时间

在过渡时间，演唱一首集体活动时间演唱过的、孩子们喜欢的歌曲，或孩子在家喜欢和家人一起演唱的歌曲。这将帮助幼儿减少等待时间，让幼儿参与活动。

一日生活的其他时间

入园时间

当幼儿到达幼儿园时，要使自己处于幼儿的身体高度表示欢迎，帮助他们适应学校环境。使自己处于幼儿的身体高度可以让安抚性的身体接触更加轻松，也会使得你和幼儿之间的差异变得更小。

休息时间

当你准备好进入休息时间后，为一名或几名幼儿阅读图书。把幼儿抱坐在你的腿上，或让他们紧挨着你，用轻柔的、能让孩子平静的声音来帮助他们放松。

清理时间

在你进行清理时，向幼儿展示容器上和架子上的标签，来帮助幼儿了解材料归属于哪里。要使用具体的标签，如照片或实物，这样幼儿能够轻松把物品与容器、容器在架子上的位置进行匹配。

离园时间

与家长分享孩子在学校喜欢演唱的歌曲。向家长分享歌词和律动（如果有）是有帮助的，这样家长可以在家和孩子一起演唱歌曲。把歌词粘贴在家长卡上，或者，如果你们班有网站，也可以把简短的歌曲演唱视频放在上面。

观 察

在与幼儿互动的过程中，仔细观察他们的行为，并为下面的关键发展指标和观察评价指标记录具体的、客观的逸事。

KDIs：2. 解决问题；12. 活动部分身体。

COR：B. 使用材料解决问题；J. 小肌肉运动技能。

后续活动

把《头、肩膀、膝盖、脚》歌曲卡添加到歌曲书中。

第 5 天

选择时间

KDIs：1. 主动性；5. 依恋；8. 情感；16. 倾听和回应；17. 非语言沟通。 **COR**：A. 主动性和计划性；E. 与成人建立关系；M. 倾听与理解。

在幼儿自由探索材料时，使自己处于幼儿的身体高度，并观察他们怎样使用每种材料。观察一阵后，尝试用幼儿的方式来使用材料。你可以说："我准备在地上拍打，就像你那样。"或者："你捡起了一个凹凸球（bumpy ball），用它蹭手指。我也找到一个凹凸球来探索。"记住要使自己处于幼儿的身体高度，并让游戏与他们的发展水平匹配。

每一发展阶段的鹰架学习		
早 期	中 期	晚 期
儿童可以 在走去探索好奇的物品时，频繁且独立地改变位置。	**儿童可以** 参与活动时间更长，但是也会在选择时间尝试新的事物；对成人的行为做出反应，或者通过给成人一个玩具或使用一两个单词来邀请成人进入游戏。	**儿童可以** 用一个短语或短句等语言方式邀请成人进入他们的游戏；为成人分配任务或告诉成人怎么玩；参与活动时间更长。
成人可以 通过爬行或膝行等方式和孩子一起穿过教室；在探索教室中的新空间时，一直坐在幼儿能够自由退出或随时返回，可以当作熟悉的、安全的堡垒的地板上。	**成人可以** 评论幼儿的选择，加入他们的游戏；用幼儿建议的方式或像幼儿那样使用玩具；评论幼儿的行为（例如，成人可以说："你给我一个洋娃娃？我看到你把娃娃包在了毯子里。我也准备把娃娃卷起来。"）。	**成人可以** 像幼儿那样使用材料或照着幼儿建议的方式来使用材料；小心地为幼儿的游戏引入新材料，或者问一个"如果……怎么办"的问题，来支持幼儿继续探索（例如，成人可能建议幼儿将积木在地毯上排成一排，并说："如果我们增加这些积木，那么这些将要放在哪里？"）。

身体护理时间

KDIs：5. 依恋；16. 倾听和回应；17. 非语言沟通；18. 双向沟通。

COR：E. 与成人建立关系；L. 表达；M. 倾听与理解。

在完成身体护理常规时，要进行一些双向沟通。在你的评论、表述之间要有暂停，以便让幼儿可以用身体语言、面部表情等非语言的方式或一两个词等语言的方式来进行回应。在幼儿跟随你的引导，主动谈论周边环境中或个人感兴趣的事物时，带着真正的兴趣回应幼儿。

午餐时间

KDIs：17. 非语言沟通。

COR：M. 倾听与理解。

强化对手势语"还要""全吃完了"的使用。对幼儿想要用非语言的方式进行交流的努力做出回应，认可他们的尝试并进行恰当的回应，例如回给幼儿一个微笑或模仿他们的动作。

交流、语言与读写

对婴儿和学步儿来说，交流、语言与读写是相互交错的。读写能力的生成取决于语言，而语言的发展受到幼儿想要交流的需要的驱动。对婴儿说话、大声朗读以及唱歌可以刺激他们对语言的理解和使用。

尽管一般来说，幼儿是在大约18个月的时候开始说话的，但是早在那之前，他们就能够理解成人所说的话（Bardige，2009）。幼儿听到的直接说给他们的语言越多，他们能够理解的词语就越多，当他们开始说话时，也就能够自己使用这些词语。

有材料的大组活动时间（主要照护者1）

KDIs：1. 主动性；2. 解决问题；6. 和成人的关系；30. 拆卸和装配。

COR：A. 主动性和计划性；B. 使用材料解决问题。

活动：拆卸和装配。

材料：带盖子的小硬纸板盒；带盖子的小塑料盒（带搭扣或不带搭扣）；带盖子的燕麦片罐或网球罐；带盖子的小塑料瓶（一些是用螺丝扭上的，一些是用按扣合上的）。

如果可能，尝试同样颜色的罐子和盖子——这可能有助于避免罐子与它们的盖子分离，也让幼儿聚焦于怎样让盖子与罐子匹配。

向幼儿展示2—3个罐子以及没有匹配在一起的盖子，然后解释你需要他们的帮助来把盖子与罐子匹配起来。允许幼儿尝试把盖子和罐子匹配起来。分发其他带有相应盖子的罐子。确保每名幼儿都有2—4个罐子可以玩。要接受幼儿可能用其他方法来使用这些材料，如找到方法来堆叠罐子，或把小罐子放进大罐子里。

每一发展阶段的鹰架学习		
早期	中期	晚期
儿童可以	*儿童可以*	*儿童可以*
尝试一两次，把盖子盖到罐子上；当无法把盖子盖到罐子上时，用手势请求帮助或感到受挫；找到把小罐子放进大罐子里的方法。	尝试几次，把盖子盖到罐子上；尝试一个罐子，如果不成功，把这个罐子放下，然后尝试不同的罐子；用一两个词来表明自己需要帮助。	多次尝试打开、关上罐子；用三四个词语表达自己的成就或需要帮助。
成人可以	*成人可以*	*成人可以*
认可幼儿的情感，描述他们把盖子盖到罐子上的努力，并提供更容易操作的罐子和盖子，如压力较小且不需要扭动的小硬纸盒；为幼儿提供帮助，成人握着盒子的同时由幼儿操作盖子，让盖子与盒子匹配。	描述幼儿的努力，对幼儿要求帮助的请求给予回应，提供不要求扭动、压力更小的容易操作的盒子，如小硬纸盒、网球盒。	描述幼儿的行为和口语表达；提供稍微复杂一点的容器，如带有搭扣或能扭上、扭下的盖子的塑料桶。

当幼儿开始对活动失去兴趣时，收集不再使用的材料，并让幼儿知道接下来将要发生什么。如果幼儿喜欢，允许他们随身携带小盒子或瓶子过渡到一日常规的下一个环节。

有材料的大组活动时间（主要照护者2）

KDIs：12. 活动部分身体；22. 探索物品；24. 探索相同和不同；41. 声音。

COR：J. 小肌肉运动技能；CC. 实验、预测和得出结论。

活动：探索感官瓶。

材料：填充不同物品的透明塑料瓶，用热胶或超级胶、胶带密封住。

*发出声音的物品：*五金零件（如钉子、螺丝、螺母、螺母的垫圈）、干豆子或玉米、珠子、弹珠、小贝壳、石头、服装上的珠子串、大米、牙签。

*发光的物品：*亮片（有水或无水）、箔纸、金属丝带或五彩纸屑、金属纸、闪亮小圆片、旧珠宝。

*重物：*沙子、石头、干豆子。

*轻物：*棉球或多彩绒球、纱线、丝带、干米或干意面（燕麦）、盐、玉米棒、碎纸或厕纸、牙签、松针、玻璃纸、包装纸、织物、草、花瓣。

*液体：*彩色的水、水和油、发胶、洗发水或洗洁精、胶水、黏性物质（淀粉浆或胶水）。

*其他：*各种壳、植物凝胶晶体、落叶（干的）、雪或冰块。

为每名幼儿提供几个（3—5个）瓶子进行探索。通过模仿幼儿的选择、描述他们正在做的事、叙述他们的行为结果来支持幼儿的学习。要让幼儿有机会尝试几种瓶子，选择最感兴趣的瓶子重复进行探索。

每一发展阶段的鹰架学习		
早 期	中 期	晚 期
儿童可以 逐步意识到瓶子中的物品以及他们对瓶子做的动作产生的影响（如让瓶子发出噪声、滚动瓶子、推倒瓶子）；一只手握着瓶子或携带瓶子在房间中移动、滚动瓶子。	*儿童可以* 观察他们摇晃、滚动、推倒的瓶子中的物品；滚动瓶子并在瓶子后面追逐，或观察其他人怎样使用瓶子。	*儿童可以* 移动瓶子时注意到瓶中物品的变化，并用单词来命名或描述瓶中物品。
成人可以 像幼儿那样使用瓶子，并谈论正在发生的事（例如，成人可以说："你摇晃你的瓶子，瓶子里出现了很多泡泡。我准备也要摇晃我的瓶子。"）。	*成人可以* 评论幼儿使用瓶子的方式，当瓶子移动时描述瓶中物品的变化（例如，成人可以说："你滚动瓶子时，金属螺丝撞击着瓶壁发出叮当的声音。"）。	*成人可以* 模仿幼儿使用的单词并添加新词（名词、动词、形容词）来描述材料以及幼儿用瓶子做的事（例如，成人可以说："摇晃瓶子会让亮片旋转起来。"）；提出问题，帮助幼儿做出预测并探索其他瓶子（例如，成人可以说："你注意到当你摇晃瓶子时，豆子会发出声音。我想知道当你摇晃其他瓶子时，会发出什么样的声音。"）。

当幼儿开始对活动失去兴趣时，把不再使用的材料收集起来。对于想要继续探索材料的幼儿，允许他们随身带着瓶子过渡到下一个环节。

律动和音乐的大组活动时间

KDIs：13. 活动整个身体；14. 携物活动。　　　　　COR：I. 大肌肉运动技能。

活动：弹力带。

材料：医用弹力绷带（如 Ace 牌布织绷带），切成 4 英尺长，两头系在一起，做成一个圆环。

为每名幼儿提供一个圆环进行探索。告诉他们这些弹力带可以拉伸，并展示如何拉伸。让幼儿知道他们可以用自己喜欢的任何方式来探索、拉伸弹力带。

每一发展阶段的鹰架学习		
早 期	中 期	晚 期
儿童可以 把手放在弹力带上并观察其他人。	**儿童可以** 把弹力带卷在身上，用手和脚以不同方式来使用弹力带。	**儿童可以** 用身体的不同部位、多种方式来拉伸弹力带；用短语或短句等语言方式来表达自己的想法和选择。
成人可以 评论幼儿的行为以及他们在周围看到了什么；尝试幼儿的想法，描述幼儿的行为和他们感受的方式。	**成人可以** 模仿幼儿的律动，邀请幼儿尝试同伴建议的新的律动方式；说出自己做出的律动以及使用的身体部位。	**成人可以** 模仿幼儿的律动，鼓励他们描述自己的动作。

当幼儿开始对活动失去兴趣时，让他们知道他们有时间再选择一种方式来拉弹力带。把所有弹力带收集起来，告诉他们还有机会在户外使用这些弹力带。提醒幼儿接下来将要进行的常规活动是什么。

户外活动时间

为了延伸集体活动时间，把弹力带带到户外，并给幼儿更多时间和空间，让他们使用弹力带用不同方式拉伸自己的身体。

为各种幼儿提供更大的弹力带环（8—10 英尺长，两头系在一起），让幼儿在成人的支持下使用。

过渡时间

提醒幼儿即将进行过渡，让幼儿知道即将发生什么。例如，你可以说："我准备抱起你,把你带到换尿布台那儿。"或者:"我要去帮助一些小朋友走到零食桌那里。我马上回来帮助你。"

一日生活的其他时间

入园时间

对于在入园时因与家长分离而感到不安的幼儿,可以为他们唱他们最喜欢的歌曲或读他们最喜欢的图书,要允许幼儿选择歌曲或图书。

接孩子时间

与家长分享关于孩子如何过渡到集体生活的积极故事。让家长了解他们的孩子喜欢的活动以及他们正在与主要照护者之间建立联系。

观　察

在与幼儿互动的过程中,仔细观察他们的行为,并为下面的关键发展指标和观察评价指标记录具体的、客观的逸事。

KDIs:17. 非语言沟通;19. 表达;30. 拆卸和装配。

COR:L. 表达。

后续活动

把集体活动中使用的感官瓶放在教室里。要确保这些瓶子能被幼儿看到并容易被幼儿拿到。

与家长分享制作感官瓶的想法。给他们一些可以使用的材料的建议,并提醒他们安全地封住盖子。

写下你想要记住的本周以来幼儿个体的常规和表现出的兴趣,可用于下周活动中。

组织本周以来的逸事记录,把内容输入在线软件或其他用来记录幼儿发展的工具中。

给每名幼儿的家长发送一份关于孩子的记录,要凸显幼儿的兴趣以及本周的经历。

第 2 周总结

本周你已经

☐ 继续强化与家长的关系。

☐ 作为新照护者,强化幼儿对你的信任。

☐ 支持幼儿使用新技能的尝试。

☐ 通过重复幼儿感兴趣的活动来让幼儿参与活动。

☐ 与幼儿分享手势语的手形。

☐ 认可幼儿在过渡时间的情感。

☐ 为以下学前儿童观察评价系统(COR)条目收集逸事:

    A. 主动性和计划性;

    B. 使用材料解决问题;

    E. 与成人建立关系;

    J. 小肌肉运动技能;

    L. 表达;

    T. 几何:形状与空间意识;

    X. 视觉艺术。

儿童一直聚焦于

☐ 用各种感官探索新环境。

☐ 发展自助技能。

☐ 在入园时间与家长分离,在离园时间与家长重聚。

你已经通过以下方式强化了和家长的关系

☐ 创建家长图书馆，让家长可以借走并归还一些教学资源。

☐ 与家长互相交换孩子发展的里程碑式事件。

☐ 分享孩子如何过渡到集体生活的积极故事。

反思你与儿童的互动

☐ 回顾"总结：支持性的成人–儿童互动"（见附录1），并反思整周来你们的互动。

☐ 确定两种本周使用过的、你觉得好用的与学步儿互动的策略。

☐ 选择一种你想在下周重点使用的策略。

第5章 第3周

概 览

　　本周重点是加强与幼儿的关系，帮助幼儿在新环境中建立连续的常规。在新环境中，通常幼儿的睡眠、进餐以及游戏规律都不同于在家中的典型常规。在集体环境中生活了几周之后，幼儿将开始适应他们的新环境，将逐步适应本能的进餐、睡眠节奏。你可能需要让家长对他们的孩子追随自己本能节奏的活动感到安心，这些规律仍然将不同于他们在家的常规，因为在家会有额外的刺激和消遣。例如，相对在家的睡眠时间，在儿童中心睡得更久的幼儿只是在对他们想要比在家睡得更多的生物需求做出回应，因为他们在儿童中心会更兴奋，需要更多能量。一些幼儿发展出一种在家的常规，同时发展出另一种在儿童中心环境中的常规。由于幼儿在逐渐长大，幼儿的常规将随着时间而改变。

本周目标

- 当幼儿发起与你——他们最熟悉的照护者的联系时，支持并认可幼儿。
- 收集并记录关于幼儿兴趣的信息。
- 收集并记录关于幼儿发展的信息。
- 开发资源和机会，来增加与家庭的联系和支持。

- 继续拍摄幼儿参与活动的照片,并将照片张贴在教室的四周。你也可以把照片收入教师自制的图书中,并与家长分享。

心中要牢记的事项

每名幼儿的性格将继续影响他们的探索、情绪以及互动。一些幼儿仍然需要热身时间来加入集体活动,适应额外的活动、光线及声音。其他幼儿可能已经对新环境感到安全,并表现出对探索教室新区域、尝试新技能的兴趣。必要时,认可每名幼儿个人的节奏并据此提供食宿。对于看起来感到沮丧或想要退缩的幼儿,记得要减少对他们的刺激。观察幼儿的非语言线索。年幼的学步儿经常表现出拒绝他人或紧紧黏住熟悉的照护者,或在感到刺激过多时开始大哭。为了支持犹豫着是否开始探索的幼儿,记录下他们感兴趣的(或他们观察其他幼儿使用的)材料,并在可能的情况下让材料靠近他们。

性格的维度

尽管关于性格的类型及分类的依据不同研究者有不同的看法,但大多数人都同意所有的性格类型都应该包括如下四个维度。

- 情感,指的是幼儿的主导感情是积极的、快乐的,还是消极的、忧虑的。
- 抑制,指的是幼儿是带着开放、信任、好奇,还是带着回避、不适、恐惧接近、适应新的环境和新的人。
- 活跃度,指的是幼儿典型的运动水平是高的、在运动中是充满能量的,还是低的、在运动中是无精打采的。
- 社会性,指的是幼儿对人做出回应、发起互动,还是忽视他人、拒绝他人(Rothbart & Bates,2006)。

在早期发展中,性格发挥了重要作用(Teglasi & Epstein,1998)。它影响了照护者对幼儿进行回应的方式以及幼儿选择、解释经验的方式。很重要的一点是,要认识到性格在一个连续的反馈环中发挥着作用;性格差异决定了幼儿如何应对世界,也决定了世界如何对幼儿做出反应。

> 尽管性格主要是由基因和生物因素决定的，但这并不意味着照顾质量不重要。相反，就像心理学家罗斯·汤普森（Ross Thompson，2009）所说："幼儿与家长、照护者以及其他人的互动创造了一种关系环境，在这种环境中，大脑的发展逐步展开，性格的个人倾向性逐步表达。"（p.36）成人需要对幼儿的个性保持敏感并给予回应，尊重幼儿正在生成的能力，探讨幼儿的情感以及如何管理他们的情感，并灵活处理因幼儿需求的改变而改变的环境。

活动室中需要添加的材料

当你继续观察幼儿并记录下他们如何与你、与环境进行互动时，要关注幼儿最经常使用的材料，并添加相似的材料。

- 考虑把材料放在容易接近的位置。例如，如果你注意到学步儿通常从架子上的篮子里取球，可以考虑增加不同尺寸的球，并把篮子放置在架子附近的地板上，在那里球更容易被看到和取到。移动材料会让材料更容易被注意到，更能吸引幼儿，但是要避免过于经常进行过多改变，因为那样可能充满压力，并远离幼儿赖以成长的可预测性。
- 在歌曲盒中添加《公交车上的轮子》《小蜘蛛伊西》歌曲卡。
- 添加表示手势语"喝"的照片或图画，包括表示手势语的词语、对手形的简单描述，以帮助成人展示或使用手势语。

需要与家长交换的信息

在你继续与家长建立关系并交换幼儿每日生活的信息时，考虑为家长策划一个活动，来进一步鼓励他们参与幼儿的集体生活并与幼儿的集体生活建立联系。在孩子入园前，家长可能已经访问过教育机构，但是除了入园时间和离园时间之外——这些时间通常很忙并且一片混乱，他们可能还没有机会了解教师或其他家长。设计一些活动，活动要随意且容易让家长参与，并且要让加家长有机会了解其他家庭。想法可以包括邀请家长来教室吃早餐、午餐或零食；一个晚间家庭百味餐（potluck）；一次在儿童中心大空间中的下午茶。也可以考虑对家长来说更好的其他时间。

把这些不同的活动安排在全年，让家长提前知晓，这将让家长可以提前计划，并有助于满足家长个人的行程。如上这些活动不仅可以减少家长对孩子所接受的照顾质量的疑虑，而且有助于为未来与家长交换信息奠定基础，到时你可以与家长分享孩子发展的信息，并一起为支持幼儿的持续成长和学习设定目标。家长也会很感激有这样的机会来认识、了解其他家庭，他们可以互相分享信息（例如，关于保姆、儿科医生或二手商店），为一起游戏进行规划，或只是在育儿的过程中提供其他情感支持。

开放与家长交流途径的其他方式包括在家长每天都能轻松看到的教室内或教室外创建家长信息板。信息板上的信息可以包括教室中的照片、即将到来的教室活动、社区举办的家庭活动以及一般性的信息提醒，如教师的缺席、中心关闭的日期或随着季节的变化家长需要带来的户外游戏物品（如雪服、太阳帽、雨靴等）。

第 1 天

选择时间

KDIs：7. 和同伴的关系；10. 和他人玩耍。

COR：F. 与其他幼儿建立关系。

随着幼儿对周围环境感到更加舒适，他们会更加留心观察环境中的其他幼儿，他们的好奇心也会增强。帮助学步儿注意到周围的人，记录幼儿怎样互相观察并通过身体的、非语言的或语言的方式来互动。

每一发展阶段的鹰架学习		
早 期	中 期	晚 期
儿童可以 观察正在游戏的其他幼儿；用身体与其他幼儿互动，触摸其他幼儿，为附近的幼儿提供玩具，或伸手去抓其他幼儿正在使用的物品。	**儿童可以** 在其他幼儿附近玩耍并做出评论，或用一两个词问候其他幼儿。	**儿童可以** 注意到其他幼儿在哪里玩，并选择在他们附近玩耍；用语言的方式与其他幼儿互动，用一两个词评论其他幼儿，说出其他幼儿在游戏中的任务或角色。
成人可以 描述幼儿对其他幼儿的观察、他们想要互动的努力，以及他们对其他正在互动的幼儿的反应（例如，成人可以说："你注意到霍顿也在积木区玩。他正在堆泡沫积木。"或者："他给了你一块积木。你也喜欢用积木进行搭建吗？"）。	**成人可以** 叙述幼儿的行为、对其他幼儿的观察以及评论；支持幼儿之间的互动，解释幼儿的手势或词句（例如，成人可以说："里奥递出一个玩具小汽车，并说'小汽车'。我想他是想要把汽车给你，你们一起玩。"）。	**成人可以** 叙述幼儿的行为、对其他幼儿的观察以及评论；支持幼儿之间的互动，解释幼儿的手势和词句；鼓励有类似兴趣的幼儿在一起工作或在需要时互相帮助（例如，成人可以说："萨曼莎，迪恩想要让积木保持平衡。你有办法帮助他堆积木、不让积木倒塌吗？"）。

身体护理常规

KDIs：18. 双向沟通；19. 表达。　　**COR**：L. 表达；M. 倾听和理解。

让幼儿参与双向沟通。当他们回应你时，模仿幼儿想要说话、想要进行口语交流的尝试。重复学步儿的词语和短语，同时模仿他们的声调和表情。年幼的儿童可能更适应使用一两个词来谈论身边环境中的事物，如他们正在握着的物品或他们看到的周围的事物。年龄稍大一点的幼儿可能开始使用3—4个词语或短语来谈论周围环境中或环境外的事物。他们可能谈论家庭成员、玩具或引起其兴趣的一日常规中的某个环节，如进餐时间或户外活动时间。

进餐时间

KDIs：16. 倾听和回应；22. 探索物品。　　**COR**：BB. 观察与分类。

随着学步儿的成长，他们在进餐时间可以尝试的食物的味道和质地越来越多样。为幼儿提供描述性语言，告诉他们，他们的手上、嘴里正在品尝和感受的是什么。描述幼儿正在吃或喝的食物或饮品的质地、温度以及吃饭工具（如瓶子、勺子、高椅子、矮椅子）的质地、形状，这可以帮助幼儿理解并感受在家吃到的食物与在集体生活中吃到的事物之间的区别。在幼儿正在尝试的新食物与他们之前吃过的食物之间建立联系。例如，你可以说："这根黄瓜很脆，有很多汁。你昨天在点心时间吃的苹果也是脆的、多汁的。"

有材料的大组活动时间（主要照护者1）

KDIs：1. 主动性；12. 活动部分身体；37. 探索艺术材料。

COR：A. 主动性和计划性；J. 小肌肉运动技能。

活动：探索橡皮泥。

材料：无毒橡皮泥（数量足够，要确保每名幼儿都有一个可以探索的橡皮泥球）；塑料制或木制的小锤子或木制的榔头（要确保每名幼儿都有一个）。

为每名幼儿提供一个橡皮泥球，并允许幼儿用手进行探索。这个年龄的一些学步儿仍然喜欢用嘴巴来探索材料，他们可能用嘴巴尝试橡皮泥，所以一定要确保橡皮泥是无毒的。用手探索橡皮泥让学步儿有机会按压、挤压橡皮泥，这能够强化他们的双手肌肉，而双手肌肉运动技能是学步儿在以后进行诸如书写、使用钳子、扣纽扣之类的活动所需要的。此外，探索橡皮泥为学步儿提供了释放压力和紧张感的经验，这有助于让学步儿感到安慰、镇定。教师可以通过模仿幼儿的想法，示范挤压、拉扯、压平橡皮泥来支持幼儿的探索。

在幼儿探索了几分钟橡皮泥之后，为每名幼儿提供一把锤子（或榔头），用于继续探索橡皮泥。可以说："我注意到你在用拳头砸橡皮泥，这里有一些砸橡皮泥的工具。"以此来引入锤子或榔头。

每一发展阶段的鹰架学习		
早期	中期	晚期
儿童可以 拿起橡皮泥，用嘴品尝，用锤子或榔头击打；用手势让成人知道自己对橡皮泥做了什么。	儿童可以 握着、挤压和击打橡皮泥；用一个词（如"锤子""橡皮泥""看"）来描述自己的行为或获得成人的注意。	儿童可以 挤压橡皮泥，在手里揉橡皮泥，拉扯橡皮泥；使用锤子或榔头击打橡皮泥时注意到产生的压印或变化；用3—4个词语或短句来评论自己的所见。
成人可以 评论幼儿的行为，对他们想要交流想法和行为的努力给予回应（例如，成人可以说："你向我展示了你的锤子。我看到你在用锤子敲击。"）。	成人可以 认可幼儿想要交流的努力，请求他们重复自己的行为（例如，成人可以说："你看起来非常兴奋！你向我展示了你怎样使用锤子！"）。	成人可以 评论幼儿敲击橡皮泥产生的结果，然后尝试他们的想法（例如，成人可以说："我看到你正在用榔头敲击橡皮泥，让橡皮泥凸凹不平。我准备用我的橡皮泥试验你的想法。"）。

当幼儿开始对活动失去兴趣时，让幼儿知道，他们可以用橡皮泥尝试更多想法，然后是清理时间。收集所有材料，然后为幼儿提供纸巾或抹布，请幼儿帮助清理桌面。在完成清理时，让幼儿知道接下来将是哪个环节。

有材料的大组活动时间（主要照护者2）

KDIs：1. 主动性；22. 探索物品；24. 探索相同和不同。

COR：A. 主动性和计划性；BB. 观察与分类；CC. 实验、预测和得出结论；DD. 自然和物质世界。

活动：探索自然材料。

材料：用种子做的串铃、摇晃器或沙锤，大的贝壳，光滑的松果，中等大小的石头，干燥的葫芦，大的羽毛，中等大小的南瓜，一桶冰柱，大块树皮，大核桃，干燥的牛油果核。

在选择材料时要考虑本班孩子的发展水平和能力。在把材料提供给孩子前，检查是否有尖角和破损部分。

为幼儿提供各种来自大自然的有趣物品。记住，这个年龄段的幼儿非常可能用嘴巴品尝材料，所以一定要确保材料在用嘴巴和牙齿探索时是安全的。允许幼儿以自己的方式选择、操控材料。

宝 物 篮

宝物篮（treasure baskets）是由埃莉诺·戈德施米德（Elinor Goldschmied, 1989）首先提出的，主要用于使开始学习独立坐或独自移动的年龄稍大的婴儿和年幼的学步儿来参与活动。宝物篮是一个开放的容器（如一个盒子、一个金属制或木制的碗），能够容纳各种可以用来玩的自然物品或家庭中的物品。为宝物篮选择的物品应该在重量、尺寸、质地、颜色、味道、温度以及声音等方面都不同。相比典型的塑料材料，这些不同类型的材料能让幼儿投入活动的时间更长。

每一发展阶段的鹰架学习		
早期	中期	晚期
儿童可以 主动移向他们最好奇的物品；拿起几件物品，但最后回到自己最感兴趣的一件物品。	儿童可以 探索材料，并通过手势和面部表情来对材料的质地做出反应；用单个词语命名一些物品；通过把物品递给成人或用单个词语询问（如："这？"）来寻求物品的名称。	儿童可以 探索物品，并找到不同的方式使用它们，如把材料放在一起拍打或把材料分成几堆；用3—4个词语来命名材料或描述材料，或者请成人来命名材料。
成人可以 叙述幼儿的选择，并描述他们所选择的材料（如，成人可以说："你正在握着一片非常大的叶子。你用手指摩擦着叶子光滑的表面。"）。	成人可以 评论幼儿的反应并提供材料的名称；为幼儿提供新材料，他们可能选择也可能不选择探索新材料。	成人可以 评论幼儿使用材料的方式，并模仿他们做出的选择；提供材料的名称并用各种形容词来描述幼儿正在使用的材料；随机为幼儿提供新材料，他们可能探索新材料也可能不探索；指出新材料与幼儿刚开始探索的材料之间的相同和不同。

当幼儿开始对活动失去兴趣时，把所有不再使用的材料收起来。让幼儿知道接下来将要发生什么，并允许幼儿携带一种安全的材料（如没有尖角的材料）进入下一个环节。

律动和音乐的大组活动时间

KDIs：15. 稳定的节拍；21. 享受语言；39. 倾听音乐；40. 回应音乐；42. 音调。

COR：Y. 音乐；Z. 律动。

活动：《小蜘蛛伊西》。

材料：《小蜘蛛伊西》歌曲卡。

邀请幼儿来到教室中某个开放的空间，这个空间可能是幼儿每天进行大胆活动的地方。让幼儿知道他们将要演唱一首包含几个律动动作的歌曲。在歌曲中加入几个慢速、简单且对称的律动动作，如扭曲手指表示蜘蛛上上下下地爬。幼儿还在学习用不同的方式来使用身体的另一边，所以动作对称对幼儿来说更容易模仿和加入。接受幼儿的参与水平，以及他们选择移动身体的方式。先练习几遍没有歌词的动作，再开始从慢速到中速地演唱《小蜘蛛伊西》，并合拍地示范动作。

每一发展阶段的鹰架学习		
早期	中期	晚期
儿童可以	儿童可以	儿童可以
站着，配合成人的演唱蹦跳；用手势表示"还要"或说出"还要"，以此来要求成人重复歌曲；试图模仿成人伴随歌曲的律动。	说或唱一两个歌曲中的单词，并模仿1—2个律动动作；通过手势或说"还要"来要求再听一遍歌曲。	说或唱3—4个词语，并模仿律动动作；尝试用其他方式来进行律动或用语言提出其他律动方式。
成人可以	成人可以	成人可以
在幼儿的要求下重复歌曲，并认可幼儿想要模仿律动的尝试（例如，成人可以说："你正在把你的手举起来，就像歌曲中的小蜘蛛往上爬。"）。	评论幼儿用语言和身体参与活动的方式；模仿幼儿的律动，尝试修改幼儿的动作并描述他们的行为（例如，成人可以说："在你向上举手的同时，你也在扭曲手指。我也准备扭曲我的手指，就像蜘蛛往上爬。"）。	评论幼儿用语言和身体参与活动的方式，请幼儿想出其他主意并尝试。

让幼儿知道你将再次演唱一遍歌曲。或者，让幼儿知道接下来将要进行的是哪项常规，并在你帮助他们过渡到一日常规的下一个环节时继续演唱歌曲。

户外活动时间

把一块毯子、一些书以及一小篮子有趣的可供探索的材料带到户外，如感官瓶、打蛋器、球、积木。幼儿可能自由探索操场，但是也可能不时地回来观察其他人或探索篮子中的材料。允许幼儿把教室内其他区域的材料带到户外并使用。

过渡时间

记得要允许幼儿在全天的过渡时间携带一件玩具或一个安慰物。这将有助于减轻幼儿的压力，同时体验到变化以及必要的等待。

一日生活的其他时间

入园时间

询问父母孩子在家最喜欢什么样的活动或互动。找出使他们的孩子大笑的事以及孩子喜欢一遍又一遍重复做的事。在你与幼儿互动的过程中，这些信息将有助于让他们信任你，并在你的班级中感到舒适。询问家长的想法也会加强你与家庭的关系，并让他们在自己孩子的集体生活经验中扮演重要角色。

休息时间

允许幼儿逐步过渡到自己的小床或自己的垫子上。为幼儿提供一个毛绒玩具或木偶。幼儿可能喜欢与动物玩具或木偶蜷缩在一起，或一起玩耍，这能让他们平静下来，开始休息。

清理时间

要保证游戏性！清理时间很容易充满压力，因为清理让人感觉要花费很长时间，并且幼儿可能没有兴趣帮忙。当教师用闹着玩的口气让幼儿做游戏时，幼儿会很兴奋地参与游戏。假装悄悄地走到一个玩具旁边，或者寻找某种颜色的物品，这些游戏性的活动让幼儿积极参与清理活动。在思考游戏性的清理方式时，考虑幼儿的兴趣。例如，如果幼儿对卡车和火车感兴趣，你可以组织一辆"清理小火车"在教室中四处走,在中途停下来几次,收集所有的玩具,然后说:"火车火车①!该上车了!"

离园时间

给每个家庭发送凸显孩子的兴趣、表现孩子在学校参与活动的照片。家长可能也会看到他们的孩子独立完成任务的照片,如洗手、收拾自己的盘子、独立吃饭。你可以打印出照片,然后把照片送给家长;或者如果家长有电子邮箱,可以通过电子邮件发送这些照片。通过电子邮箱或安全的网站来分享数字照片可以支持有两处住所、为了工作需要旅行或服兵役的家庭。

观 察

在与幼儿互动的过程中,仔细观察他们的行为,并为下面的关键发展指标和观察评价指标记录具体的、客观的逸事。

KDIs:10. 和他人玩耍;11. 参与大组活动;42. 音调。

COR:F. 与其他幼儿建立关系;G. 集体;Y. 音乐。

后续活动

在歌曲书中添加《小蜘蛛伊西》歌曲卡。

---

① 此处英文为"choo choo",儿语"火车"的意思。——译者注

第 2 天

选择时间

KDIs：4. 区分自我与他人；7. 和同伴的关系；10. 和他人玩耍；24. 探索相同和不同。

COR：F. 与其他幼儿建立关系。

继续支持幼儿观察彼此并与他人互动。描述周围其他幼儿正在做什么，指出其他幼儿选用的材料以及他们使用这些材料的方式的相同与不同。

每一发展阶段的鹰架学习		
早期	中期	晚期
儿童可以 在周围环境中移动，并关注或注意到其他人；喜欢待在其他幼儿的附近，或寻找更多的个人空间。	**儿童可以** 在其他幼儿附近玩耍，并观察别的幼儿怎样使用材料；寻找与其他幼儿相似的材料，并尝试类似的行为。	**儿童可以** 在其他幼儿附近玩耍；用几个词或一个短句来评论其他幼儿；找到与年龄稍大的幼儿正在使用的材料相似的物品。
成人可以 描述幼儿正在做的事及其与其他幼儿正在做的事的相同点或不同点（例如，成人可以说："你在看着凯蒂用勺子敲碗，发出了很大的声音。我往凯蒂那里移动了一点，你已经捡起了一个打蛋器来探索。"）。	**成人可以** 叙述幼儿正在看的以及正在做的，并评论相同点与不同点（例如，成人可以说："你看到约什正在滚一个球。你走过去，找到一个跟约什差不多的球。现在，你正在拍球。"）。	**成人可以** 评论幼儿的兴趣与他们选择的材料之间的相同点与不同点；叙述并评论幼儿正在做的事（例如，成人可以说："你们两个都决定在娃娃家做饭。你们中的一个拿了小平底锅，一个拿了大平底锅。我想知道你们分别想要做什么。"）。

身体护理时间

KDIs：11. 参与大组活动；22. 探索物品。

COR：G. 集体；BB. 观察与分类。

在进行身体护理常规之前，继续轻柔地提醒幼儿。当你进入幼儿的物理空间擦拭他们的鼻子、把他们抱起来时，一定要让幼儿知道你即将要做什么。在身体护理常规中，要允许幼儿携带一件他们正在使用或真正喜欢的物品。

午餐时间

KDIs：17. 非语言沟通。　　　　　　　COR：M. 倾听与理解。

引入手势语"喝"。在幼儿喝瓶装奶或用杯子喝东西时，你可以说："你真的很渴，现在你在喝东西。"同时做出"喝"的手势语：握紧拳头，伸出大拇指和小指，让大拇指触碰嘴唇，并向上倾斜整只手。

有材料的大组活动时间（主要照护者1）

KDIs：1. 主动性；22. 探索物品；24. 探索相同和不同。　　　COR：A. 主动性和计划性；BB. 观察与分类；CC. 实验、预测和得出结论；DD. 自然和物质世界。

活动：探索自然材料。

材料：用种子做的串铃、摇晃器或沙锤，大的贝壳，光滑的松果，中等大小的石头，干燥的葫芦，大的羽毛，中等大小的南瓜，一大桶冰柱，大块树皮，大核桃，干燥的牛油果核。

在选择材料时要考虑本班孩子的发展水平和能力。在把材料提供给孩子前，检查是否有尖角和破损部分。

为幼儿提供各种来自大自然的有趣物品。记住，这个年龄段的幼儿非常可能用嘴巴品尝材料，所以一定要确保材料在用嘴巴和牙齿探索时是安全的。允许幼儿以自己的方式选择、操控材料。

每一发展阶段的鹰架学习		
早 期	中 期	晚 期
儿童可以	儿童可以	儿童可以
主动移向他们最好奇的物品；拿起几件物品，但最后回到自己最感兴趣的一件物品。	探索材料，并通过手势和面部表情来对材料的质地做出反应；用单个词语命名一些物品；通过把物品递给成人或用单个词语询问（如："这？"）来寻求物品的名称。	探索物品，并找到不同的使用方式，如把材料放在一起拍打或把材料分成几堆；用3—4个词语来命名材料或描述材料，或者请成人来命名材料。
成人可以	成人可以	成人可以
叙述幼儿的选择，并描述他们所选择的材料（如，成人可以说："你正在握着一片非常大的叶子。你用手指摩擦着叶子光滑的表面。"）。	评论幼儿的反应并提供材料的名称；为幼儿提供新材料，他们可能选择也可能不选择探索新材料。	评论幼儿使用材料的方式，并模仿他们做出的选择；提供材料的名称并用各种形容词来描述幼儿正在使用的材料；随机为幼儿提供新材料，他们可能探索新材料也可能不探索；指出新材料与幼儿刚开始探索的材料之间的相同和不同。

当幼儿开始对活动失去兴趣时，把所有不再使用的材料收起来。让幼儿知道接下来将要发生什么，并允许幼儿携带一种安全的材料（如没有尖角的材料）进入下一个环节。

有材料的大组活动时间（主要照护者2）

KDIs：1. 主动性；12. 活动部分身体；37. 探索艺术材料。

COR：A. 主动性和计划性；J. 小肌肉运动技能。

活动：探索橡皮泥。

材料：无毒橡皮泥（数量足够，要确保每名幼儿都有一个可以探索的橡皮泥球）；塑料制或木制的小锤子或木制的榔头（要确保每名幼儿都有一个）。

为每名幼儿提供一个橡皮泥球，并允许幼儿用手进行探索。这个年龄的一些学步儿仍然喜欢用嘴巴来探索材料，他们可能用嘴巴尝试橡皮泥，所以一定要确保橡皮泥是无毒的。用手探索橡皮泥让学步儿有机会按压、挤压橡皮泥，这能够强化他们的双手肌肉，而双手肌肉运动技能是学步儿在以后进行诸如书写、使用钳子、扣纽扣之类的活动所需要的。此外，探索橡皮泥为学步儿提供了释放压力和紧张感的经验，这有助于让学步儿感到安慰、镇定。教师可以通过模仿幼儿的想法，示范挤压、拉扯、压平橡皮泥来支持幼儿的探索。

在幼儿探索了几分钟橡皮泥之后，为每名幼儿提供一把锤子（或榔头），用于继续探索橡皮泥。可以说："我注意到你在用拳头砸橡皮泥，这里有一些砸橡皮泥的工具。"以此来引入锤子或榔头。

每一发展阶段的鹰架学习

早期	中期	晚期
儿童可以	**儿童可以**	**儿童可以**
拿起橡皮泥，用嘴品尝，用锤子或榔头击打；用手势让成人知道自己对橡皮泥做了什么。	握着、挤压和击打橡皮泥；用一两个词（如"锤子""橡皮泥""看"）来描述自己的行为或获得成人的注意。	挤压橡皮泥，在手里揉橡皮泥，拉扯橡皮泥；使用锤子或榔头击打橡皮泥时注意到产生的压印或变化；用3—4个词语或短语来评论自己的所见。
成人可以	**成人可以**	**成人可以**
评论幼儿的行为，对他们想要交流想法和行为的努力给予回应（例如，成人可以说："你向我展示了你的锤子。我看到你在用锤子敲击。"）。	认可幼儿想要交流的努力，请求他们重复自己的行为（例如，成人可以说："你看起来非常兴奋！你向我展示了你怎样使用锤子！"）。	评论幼儿敲击橡皮泥产生的结果，然后尝试他们的想法（例如，成人可以说："我看到你正在用榔头敲击橡皮泥，让橡皮泥凸凹不平。我准备用我的橡皮泥试验你的想法。"）。

当幼儿开始对活动失去兴趣时，让幼儿知道，他们可以用橡皮泥尝试更多想法，然后是清理时间。收集所有材料，然后为幼儿提供纸巾或抹布，请幼儿帮助清理桌面。在完成清理时，让幼儿知道接下来将是哪个环节。

律动和音乐的大组活动时间

KDIs：21. 享受语言。　　　　　　　　**COR**：N. 语音意识。

活动：《三只小猪》。

材料：无。

讲述《三只小猪》的故事。在讲故事时，增加幼儿表达自己想法或动作的机会。例如，你可以问："小猪们制造出了什么样的声音？""狼是怎样敲门的？""你能像小猪那样跑开吗？"在讲故事期间，幼儿可能会四处走动而不是安静坐着，要接受这一点。缩短故事，只讲到两只小猪，或三只小猪中的两只一起建了一座房子就可以了。

每一发展阶段的鹰架学习		
早　期	中　期	晚　期
儿童可以 倾听故事，模仿故事中的声音，观察其他人，对故事中令人兴奋的部分做出反应；面部表情、身体语言都与成人讲故事的语调、其他幼儿的行为和声音相匹配。	*儿童可以* 观察其他人，模仿故事中的声音，说一些来自故事中的单个词语；重复其他人的想法；先观察，再尝试用不同的方式（语言的、身体的方式）加入故事。	*儿童可以* 提供想法；用单个词语来猜测接下来故事中将要发生什么；尝试其他人的想法。
成人可以 评论幼儿的行为、身体语言和声音（例如，成人可以说："马库斯发出狼的声音时，你脸上出现了惊讶的表情。"）。	*成人可以* 评论并模仿幼儿的声音和行为，让幼儿彼此了解对方的想法；重复故事中的某些部分，让幼儿在观察其他人之后加入故事。	*成人可以* 询问幼儿接下来会发生什么，以及会出现什么样的声音；模仿幼儿的想法。

在故事结束后，请幼儿发出动物的声音或做出它们的动作，从而过渡到下一个环节。通过发出故事中动物的声音或做出其动作来示范如何过渡。

户外活动时间

把可以在宽阔空间扔、滚或踢的各种大小的球都拿到户外。球可以小到网球那么小,也可以大到瑜伽球那么大。

过渡时间

记住,要以幼儿的节奏来过渡。即使是必需的工作(如换尿布或衣服、擦鼻子),也要放慢节奏,以能让幼儿感到舒适并能极大减轻压力的节奏来过渡。

一日生活的其他时间

入园时间

如果幼儿在与家长分离或参与活动方面有困难,为他们提供他们最喜欢或玩过的最熟悉的玩具。

提醒家长有家长图书馆(在第2周建立的),并描述他们可以借到的一些资源。如果可能,在可以借到的资源与家长关心的问题和兴趣之间建立联系。

休息时间

尽管从家长那里收集孩子在家的常规信息是有价值的,但是要记住,幼儿在家与在学校的常规常常很不同。有时候幼儿在学校中更容易入睡,因为他们会消耗很多能量。相反,有时候幼儿在学校可能很难入睡,因为学校通常比家里有更多的人、声音和诱惑。提醒家长这些区别可以帮助他们减轻对孩子在家和在学校之间改变常规的焦虑。

清理时间

在你清理空间的时候,向幼儿描述一下你正在做的事以及接下来将要做什么。考虑使用手势语"全做完了"来解释选择时间已经结束,让幼儿知道接下来是什么时间。例如,你可以边做出"全做完了"的手势,边说:"我们探索完水。现在是时候准备午餐了。"

离园时间

与家长分享怎样在家与孩子玩橡皮泥。如果你能自己制作橡皮泥,可以把制作方法教给家长,这样他们在家也可以制作。在家清理橡皮泥可能不容易,所以建议家长在地板上铺上塑料布或在户外让孩子在曲奇托盘上来玩橡皮泥,以避免橡皮泥弄得家里到处都是。

观 察

在与幼儿互动的过程中,仔细观察他们的行为,并为下面的关键发展指标和观察评价指标记录具体的、客观的逸事。

KDIs:7. 和同伴的关系;21. 享受语言;24. 探索相同和不同;36. 模仿和假装。

COR:F. 与其他幼儿建立关系;N. 语音意识;AA. 假装游戏。

后续活动

用自然材料制作一串悬挂物,悬挂在换尿布台上方或点心桌附近。把集体活动中没有用过的物品也放进去,那些物品可能让幼儿噎住或有尖锐的角。这串悬挂物将让幼儿接触没有潜在危险的自然材料。

在教室中儿童高度的某区域提供橡皮泥,这个区域要容易清洗,如艺术区或沙水桌附近。

语言发展的阶段

阶段 1：哭、咕咕发声

☐ 从发声器官的变化过渡到产生交流的需要。

☐ 新生儿时期，使用眼神接触和姿势来交流（在 4 个月前，新生儿会看向成人看的方向）。

☐ 咕咕发声（开始于 6—8 周）。

☐ 婴儿期（早到 3 个月大），开始具有相互交流的技能。

☐ 识别熟悉的声音和来自子宫的天然节奏。

阶段 2：咿呀学语（6—12 个月）

☐ 使用简短的各种声音串，同时伴随独特的语调模式（音节）。

☐ 使用各种声音。

☐ 识别音节组合。

☐ 尝试用舌头、牙齿、嘴唇发出声音。

☐ 一些幼儿已经不再咿咿呀呀，开始使用词语。

☐ 咿咿呀呀和单词混合使用。

阶段 3：第一批词（大约 1 岁）

☐ 使用单个的、可识别的单词。

☐ 聚焦于具体的声音模式或单词。

☐ 开始使用短语[但是短语对幼儿来说是一个单词，例如"全走了"（all gone）]。

☐ 意外地或有目的地进行会产生各种声音以及声音混合的练习。

☐ 使用"假装词"（pretend words）——假造单词来代表任何意思。

☐ 使用第一批真正的单词（在 9—12 个月之间）。

阶段 4：第一批句子（大约一岁半）

☐ 把孤立的词语联系在一起，形成电报句。

□ 使用两到三个单词组成的词语串［如："我去你房子"（"I go you house"）］。

□ 倾向于不使用冠词、介词、连接词。

□ 使用形容词加名词（如"大球"），或动词加名词（如"要牛奶"）。

此外，通常幼儿每天会听到100000个单词。从24个月到5岁，幼儿掌握了发声系统中的大多数内容，学会了数8个单词，能够掌控大多数语法结构。(Adapted from O'Grady, 2005)

——选自《延伸》（*Extensions*）第26卷3号第10页

第 3 天

选择时间

KDIs：13. 活动整个身体。　　　　　　COR：I. 大肌肉运动技能。

在学步儿期，儿童会急切地想要以新的方式来移动和探索自己的身体，他们正争取跨过重要的大肌肉发展里程碑。通过观察其他儿童并获得移动和探索自己身体的机会，学步儿学会了走、跑、跳、平衡、围绕物体确定位置，以及协调动作。在选择时间，观察幼儿怎样移动和探索自己的身体，怎样努力发展自己的大肌肉运动技能。当幼儿尝试新的动作和姿势时，认可幼儿的尝试和成就。

每一发展阶段的鹰架学习

早期	中期	晚期
儿童可以 开始走路，一次可以连续走更多步，并越来越稳定；爬上低矮的台阶、家具或攀爬梯。	**儿童可以** 走得更稳；能够携物行走；冒更大的风险攀爬。	**儿童可以** 开始跑，能轻松地围绕物体确定位置；从低矮的台阶或积木上跳下来。
成人可以 为学步儿提供更大空间和更多机会来练习行走；移走所有可能绊倒的幼儿障碍；通过移走小毯子或使用与地毯同等厚度的小毯子来减少在不同平面之间的过渡。	**成人可以** 为幼儿提供简单的挑战，如提供小的攀爬结构或大枕头、中型泡沫积木，让幼儿在这些物品上面攀爬或爬过这些物品；让幼儿远离不安全的攀爬物品（例如，如果幼儿开始在太高或不稳定的物品上攀爬，认可幼儿的兴趣和攀爬能力，然后轻柔地引导幼儿来到攀爬架上或其他安全的物品或结构上。）。	**成人可以** 在幼儿能够安全地、不干扰游戏或不影响其他幼儿地走、爬、跳时，提供一些简单的挑战和空间；在地毯上增设包裹边角的积木或大型泡沫积木，以支持幼儿在室内攀爬、跳跃。

身体护理时间

KDIs：22. 探索物品。　　　　　　**COR**：DD. 自然和物质世界。

让幼儿注意用自然材料制作、悬挂在换尿布区的上方或点心桌附近的悬挂物。在幼儿观察悬挂物时，指向、命名并描述悬挂物中的每个元素。暂停并允许幼儿增加一些想法，或用一个简单的单词或短语来发起关于这些元素的对话。延伸对话，提醒幼儿他们之前在哪里看到过这些材料，以及他们怎样使用这些材料。命名并描述悬挂物中在集体活动时还没有探索过的新材料。

进餐时间

KDIs：17. 非语言沟通。　　　　　　**COR**：L. 表达；M. 倾听与理解。

通过定期使用"吃""还要""喝""全吃完了"等手势语并指向展示怎样做手势的照片或图画来强化这些手势语。认可幼儿想要用手势语进行回应的尝试，即便他们的动作并不准确。

有材料的大组活动时间（主要照护者1）

KDIs：22. 探索物品；23. 客体永久性；34. 速度；35. 原因和结果。　　**COR**：CC. 实验、预测和得出结论。

活动：会滚的物品。

材料：

- 不同尺寸的球（2英寸、3英寸、4英寸），球应该足够大，以免让幼儿噎住；也要足够小，以便幼儿能够握住。

- 不同长度和直径的筒状物，如剪短的、可以让幼儿滚动的纸巾筒或包装纸筒，以及幼儿可以在其中滚球的大筒。

[你可以从五金店买来4英寸的排水管或8英寸的成型管，或者从地毯店买来管子（地毯通常可以卷成4英寸的硬管，然后可以切成更短的管子）。]

要确保每名幼儿都有足够的筒状物和球,这样他们可以用不同的方式来探索材料。

让幼儿知道他们即将探索可以滚动的物品。你可以通过在地板上滚球或滚动一个筒,或者把球放在筒的内部进行滚动,来为幼儿示范怎样滚动。

每一发展阶段的鹰架学习		
早 期	中 期	晚 期
儿童可以 追逐或跟随照护者滚动的材料;当观察到行为的结果时,表现兴奋。	**儿童可以** 模仿其他人的想法;用一两个词来描述观察的结果或对结果感到兴奋。	**儿童可以** 尝试让球移动得更快、向另一个方向移动或用身体不同部位移动的不同想法和方法;用三四个单词或短语来描述自己正在做的事或行为的结果。
成人可以 滚动物品,并描述物品的移动;评论幼儿对正在滚动的物品的反应;描述幼儿用身体跟随物品移动的方式。	**成人可以** 描述幼儿的行为、结果以及反应;使用位置词,如"穿过"(through)筒子、"横穿"(across)地板、在桌子"下面"(under);解释幼儿的口语表达,尝试幼儿让球滚动的方法。	**成人可以** 对幼儿的评论做出反应,并模仿幼儿让球移动的方式;介绍与速度有关的单词,如"快""更快"以及"慢""更慢"。

当幼儿开始对活动失去兴趣时，把不再使用的材料收起来。允许幼儿随身携带小球或小筒进入下一个环节。

有材料的大组活动时间（主要照护者 2）

KDIs：22. 探索物品；36. 模仿和假装；41. 声音。

COR：N. 语音意识；AA. 假装游戏。

活动：盒子和动物。

材料：不同尺寸的鞋盒（或其他类似大小的盒子）；塑料制（或木制、布制等）动物（2—5英寸高）。

为每名幼儿提供4—6种动物和1—2个盒子。让他们知道盒子里有动物，他们可以用自己的方式来玩这些动物。

每一发展阶段的鹰架学习		
早 期	中 期	晚 期
儿童可以 拿出盒子里的动物，又把它们放回去；看着动物，操作动物，或为熟悉的动物配上声音。	*儿童可以* 拿出盒子里的动物；把动物排成一排，然后把它们放回盒子；说出动物的名字或发出动物的叫声。	*儿童可以* 让动物移动，假装和动物游戏；发出动物的叫声，并用三四个词或一个短语来描述动物正在做的事。
成人可以 描述幼儿的行为（使用短语，如"拿出""放回去"）；模仿幼儿发出的声音；提供幼儿不熟悉的动物的名字和叫声。	*成人可以* 和幼儿一起把动物排成一排；模仿幼儿发出的叫声，并添加描述性的语言和动物的名字。	*成人可以* 和幼儿一起假装与动物游戏，以与幼儿相同的方式来移动动物；使用关于移动的词语，如"跳跃""滑行""滚动""奔跑""蹦跳"。

当幼儿开始对活动失去兴趣时，把他们不再使用的材料收起来，并让幼儿知道接下来将要进入哪个环节。允许幼儿携带一两个动物进入下一个环节。

律动和音乐的大组活动时间

KDIs：14. 携物活动；15. 稳定的节拍。　　COR：Y. 音乐；Z. 律动。

活动：铃铛。

材料：铃铛（雪橇铃、手腕铃或手铃），每名幼儿至少有一个。

为每名幼儿提供至少一个铃铛，允许幼儿自由探索铃铛。记住，一些幼儿可能会受到铃铛声的惊吓，或在铃声很大时做出反应。一些幼儿可能会离开集体活动，在远处进行观察。

每一发展阶段的鹰架学习		
早期	中期	晚期
儿童可以 摇动铃铛，观察其他人，并通过面部表情或身体语言来对铃声做出反应。	**儿童可以** 用不同方式移动，以让铃铛响起来，并对其他幼儿制造出的声音做出反应；观察其他人，并尝试他们的想法。	**儿童可以** 用不同方式来移动，并用2—4个单词来描述自己的行为。
成人可以 评论幼儿的行为、面部表情以及对铃声的反应；和幼儿一起探索铃铛，并模仿幼儿的动作。	**成人可以** 评论幼儿的移动方式；尝试幼儿用铃铛制造出不同声音的想法；模仿幼儿对铃声的反应（如摇摆）；指出其他幼儿正在做的事；建议幼儿尝试同伴的想法。	**成人可以** 描述幼儿正在移动的方式，模仿他们的行为；用词语来描述铃铛发出的声音，如"丁零"（ring）、"叮当"（jingle）、"砰"（ping），记录幼儿的铃声是"大的"还是"轻柔的"。

当幼儿开始对活动失去兴趣时，让他们知道他们有时间再用一种方式来摇晃铃铛，然后就是清理时间。提醒幼儿将要进入哪个环节。

户外活动时间

作为大组活动的延伸，把铃铛带到户外，这样幼儿可以在开放的空间中自由探索铃铛。这也会让受到噪声惊吓的幼儿去寻找远离铃铛的空间。

过渡时间

过渡时间的气氛应该是平稳的、游戏性的、没有压力的。提前做好计划,这样你会知道必须做什么以及什么时候做。在过渡时间,当你继续通过闹着玩、唱歌、做鬼脸等方式来与幼儿互动时,要确保他们能够看到你,并在可能时通过轻柔的身体接触来安慰他们。

一日生活的其他时间

入园时间

尽可能创建持续的入园常规。尽管送孩子的家长以及入园时间可能不同,还是要做好计划,让同一名教师负责每天的入园时间。为幼儿提供常用的玩具、歌曲或图书,来帮助幼儿克服与家人的分离。

休息时间

即使幼儿已经适应了环境,休息时间仍可能充满挑战。在你抱着幼儿、拍着他们的背或摇晃他们入睡时,可以提供给他们安慰物或他们喜欢偎依着的物品。

清理时间

有时,对幼儿和教师来说,清理会让人感觉充满挑战,特别是当许多物品分散在许多区域时。不要聚焦于整个教室或某个区域,可通过聚焦某种玩具或某类玩具来让工作简单一点。例如,你可以说:"我正在寻找绿色的熊。谁可以帮我把所有的熊收集起来?"或者:"我看到了你脚边的汽车。你可以怎样把汽车放进小桶里?"

观　察

在与幼儿互动的过程中，仔细观察他们的行为，并为下面的关键发展指标和观察评价指标记录具体的、客观的逸事。

KDIs：13. 活动整个身体；35. 原因和结果。

COR：I. 大肌肉运动技能；CC. 实验、预测和得出结论。

后续活动

把铃铛添加到教室中其他乐器附近或积木区。如果有幼儿会被铃铛的声音吵得不安，把铃铛放在户外而不要放在教室中。

第 4 天

选择时间

KDIs：12. 活动部分身体。　　　　　　**COR**：J. 小肌肉运动技能。

在选择时间，当幼儿开始发展小肌肉运动技能时，观察幼儿怎样移动自己的胳膊和手。记住，小肌肉控制能力的发展是从胳膊到手再到手指。尽管幼儿可能使用手指去抓握、指向某个方向、操作物品，他们仍在发展他们的小肌肉运动技能。

每一发展阶段的鹰架学习		
早　期	中　期	晚　期
儿童可以 捡起更多种类的物品，这些物品可能大小不同，并且开始用一只手捡起两种物品；用手指捡起小块的食物，指向物品，并试图打开简单的盒子，如鞋盒。	*儿童可以* 对手和手指的控制力增强；寻找新的挑战。	*儿童可以* 对手和手指的控制力增强；寻找新的途径来发挥手逐步增强的灵活性。
成人可以 描述幼儿怎样使用手和手指来捡东西、握物品以及使用物品（例如，成人可以说："你用手指捡起了麦片，然后放进了你的嘴里。"）。	*成人可以* 为幼儿提供材料来锻炼他们的小肌肉运动技能，如带有小钮的拼图、粗蜡笔或马克笔、带有尼龙搭扣的鞋或衣服，或可以扭下盖子的容器；评论幼儿用新方式使用小肌肉运动技能的尝试（例如，成人可以说："你用手指尖解开鞋上的尼龙扣。"）。	*成人可以* 为幼儿提供材料，锻炼他们的小肌肉运动技能，如小的连接积木、较细的文具、带搭扣的表演服装或可以扭下盖子的容器；评论幼儿操作材料的方式（例如，成人可以说："你进行了很多调整、很多尝试，你发现了一种解开背心的方法。"）。

身体护理时间

KDIs：21. 享受语言；42. 音调。　　　　**COR**：Y. 音乐。

边唱幼儿熟悉的歌曲边过渡到身体护理常规。考虑唱集体活动中唱过的歌曲，如《老唐纳有一座农场》或《五只小猴子跳到床上》。随身携带歌曲书进入幼儿的身体护理时间，或在身体护理区放置一份塑封的歌曲卡（容易清洗），以便让幼儿选择歌曲来演唱。

进餐时间

KDIs：3. 自我照顾；12. 活动部分身体。

COR：J. 小肌肉运动技能；K. 自我照顾和健康行为。

让幼儿有机会发展自我照顾技能，如自己用勺子或叉子吃饭，或开始用没有盖子的杯子来喝东西（对年龄稍大的学步儿来说）。当幼儿从饭碗中舀食物时，为幼儿提供多种吃饭用具的选择，如勺子和夹子。这让幼儿有机会练习新技能，同时强化他们的协调能力。

有材料的大组活动时间（主要照护者1）

KDIs：22. 探索物品；36. 模仿和假装；41. 声音。

COR：N. 语音意识；AA. 假装游戏。

活动：盒子和动物。

材料：不同尺寸的鞋盒（或其他类似大小的盒子）；塑料制（或木制、布制等）动物（2—5英寸高）。

为每名幼儿提供4—6种动物和1—2个盒子。让他们知道盒子里有动物，他们可以用自己的方式来玩这些动物。

每一发展阶段的鹰架学习		
早期	中期	晚期
儿童可以 拿出盒子里的动物，又把它们放回去；看着动物，操作动物，或为熟悉的动物配上声音。	*儿童可以* 拿出盒子里的动物；把动物排成一排，然后把它们放回盒子；说出动物的名字或发出动物的叫声。	*儿童可以* 让动物移动，假装和动物游戏；发出动物的叫声，并用三四个词或一个短语来描述动物正在做的事。
成人可以 描述幼儿的行为（使用短语，如"拿出""放回去"）；模仿幼儿发出的声音；提供幼儿不熟悉的动物的名字和叫声。	*成人可以* 和幼儿一起把动物排成一排，模仿幼儿发出的叫声，并添加描述性的语言和动物的名字。	*成人可以* 和幼儿一起假装与动物游戏，以与幼儿相同的方式来移动动物；使用关于移动的词语，如"跳跃""滑行""滚动""奔跑""蹦跳"。

当幼儿开始对活动失去兴趣时，把他们不再使用的材料收起来，并让幼儿知道接下来将要进入哪个环节。允许幼儿携带一两个动物进入下一个环节。

有材料的大组活动时间（主要照护者2）

KDIs：22. 探索物品；23. 客体永久性；34. 速度；35. 原因和结果。

COR：CC. 实验、预测和得出结论。

活动：会滚的物品。

材料：

- 不同尺寸的球（2英寸、3英寸、4英寸）。球应该足够大，以免让幼儿噎住；也要足够小，以便幼儿能够握住。
- 不同长度和直径的筒状物，如剪短的、可以让幼儿滚动的纸巾筒或包装纸筒，以及幼儿可以在其中滚球的大筒。

你可以从五金店买来4英寸的排水管或8英寸的成型管，或者从地毯店买来塑料管（地毯通常可以卷成4英寸放入硬管），然后可以切成更短的管子。

要确保每名幼儿都有足够的筒状物和球，这样他们可以用不同的方式来探索材料。

让幼儿知道他们即将探索可以滚动的物品。你可以通过在地板上滚球或滚动一个筒，或者把球放在筒的内部进行滚动，来为幼儿示范怎样滚动。

每一发展阶段的鹰架学习		
早 期	中 期	晚 期
儿童可以 追逐或跟随照护者滚动的材料；当观察到行为的结果时，表现兴奋。	*儿童可以* 模仿其他人的想法；用一两个词来描述观察的结果或对结果感到兴奋。	*儿童可以* 尝试让球移动得更快、向另一个方向移动或用身体不同部位移动的不同想法和方法；用三四个单词或一个短语来描述自己正在做的事或行为的结果。
成人可以 滚动物品，并描述物品的移动；评论幼儿对正在滚动的物品的反应；描述幼儿用身体跟随物品移动的方式。	*成人可以* 描述幼儿的行为、结果以及反应；使用位置词，如"穿过"（through）筒子、"横穿"（across）地板、在桌子"下面"（under）；解释幼儿的口语表达，尝试幼儿让球滚动的方法。	*成人可以* 对幼儿的评论做出反应，并模仿幼儿让球移动的方式；介绍与速度有关的单词，如"快""更快"以及"慢""更慢"。

当幼儿开始对活动失去兴趣时,把不再使用的材料收起来。允许幼儿随身携带小球或小筒进入下一个环节。

律动和音乐的大组活动时间

KDIs:12. 活动部分身体;15. 稳定的节拍;21. 享受语言;39. 倾听音乐;40. 回应音乐;41. 声音;42. 音调。

COR:Y. 音乐;Z. 律动。

活动:《公交车上的轮子》(加动作)。

材料:《公交车上的轮子》歌曲卡。

邀请幼儿来到教室中某个开放的空间,这个空间可能是幼儿每天进行大组活动的地方。让幼儿知道他们将要演唱一首包含很多动作的歌曲。引入一些幼儿能够轻松模仿的动作,记住,这个年龄的幼儿动作控制能力有限。歌曲《公交车上的轮子》的动作可以包括:跳上跳下(像公交车上的人一样)、在身前绕手臂(像轮子一样)或者从一边向另一边挥舞手臂(像擦玻璃)。一次练习一节动作。待幼儿熟悉了这些动作,加上歌词并演唱。在唱过几节之后,询问幼儿的想法。他们可能会建议使用其他歌词(如把"人们"改为"木偶"),或者建议唱新的小节。整合幼儿的想法可以帮助幼儿熟悉歌曲,并使活动内容仍在他们的知识范围内。要重复演唱一些小节,而不要唱太多不同的小节。演唱的小节数量控制在五以内,这样幼儿能够更好地回忆歌词和动作。

每一发展阶段的鹰架学习		
早 期	中 期	晚 期
儿童可以 随着成人的演唱蹦跳或摇摆;尝试模仿成人的一两个动作;通过手势或说"还要"来表示他们想要重复听歌曲。	**儿童可以** 重复一些动作(如在你唱"公交车上的人们上上下下"时跳上跳下);说出或唱出一两个词;尝试用不同的方式进行律动。	**儿童可以** 重复动作;说出或唱出一些歌曲中的词语;在受到鼓励时,提供用其他方式进行律动的想法。

续表

每一发展阶段的鹰架学习		
早期	中期	晚期
成人可以	成人可以	成人可以
认可幼儿模仿你的动作的尝试；尊重幼儿要你重复演唱多遍的要求，重复歌曲可以让幼儿熟悉歌词与动作。	评论幼儿律动的方式，并尝试他们的想法（例如，成人可以说："你正在像这样一圈又一圈地挥动自己的手臂。我也要尝试一下你的想法。"）。	评论幼儿不同的律动方式并模仿他们的想法；把幼儿介绍给彼此，让他们获取更多配合歌曲进行律动的想法。

让幼儿知道他们已经唱到最后一个小节，或在过渡到下一个环节的过程中考虑继续演唱歌曲。

户外活动时间

把在选择时间已经使用过的一些玩具拿到户外，放在阴凉处的毯子上。幼儿将会很喜欢重复他们之前用相同材料尝试过的同类动作。幼儿可能会把毯子上的材料拿到操场的其他地方。要确保带出去的材料能安全地在户外使用，并能轻松清洗或消毒。

过渡时间

对于感到累了、饿了或等待过久的幼儿来说，即便常规性的过渡也充满压力。一定要认可幼儿的情绪。这不仅能让幼儿知道他们的情绪是被认可的，而且有助于发展幼儿对你的信任感。

一日生活的其他时间

休息时间

在准备过渡到休息时间时，让幼儿关注照片上的常规。这会让幼儿知道一天中的哪些环节已结束，哪个环节（休息时间）即将开始。使用照片展示常规可以帮助幼儿了解他们所期待的、最喜欢的常规。

清理时间

在全天中，记得当幼儿不再使用材料时要随时清理。在清理的过程中一定要继续与幼儿进行互动。

观　察

在与幼儿互动的过程中，仔细观察他们的行为，并为下面的关键发展指标和观察评价指标记录具体的、客观的逸事。

KDIs：12. 活动部分身体；32. 预见事件；41. 声音。

COR：J. 小肌肉运动技能；K. 自我照顾和健康行为；HH. 历史。

后续活动

把《公交车上的轮子》歌曲卡添加到歌曲书中。

第 5 天

选择时间

KDIs：5. 依恋；7. 和同伴的关系；8. 情感；9. 同理心。

COR：D. 情感。

在一天中，幼儿会通过哭、面部表情、身体语言以及口语来表达他们的情感。在幼儿探索环境时，要仔细观察他们的情感表达，这有助于提高理解幼儿交流方式的能力。反过来，幼儿也将获得交流自己需求的自信。此外，表达你的情感并做出恰当的反应也能够帮助幼儿理解他们的情感是正常的。你的情感和反应是一种示范，为幼儿提供了用词语和恰当方式来表达自己的案例。

每一发展阶段的鹰架学习		
早期	中期	晚期
儿童可以 观察用强烈方式表达情感（如大哭、跺脚）的其他幼儿；开始使用一种或几种声音、字节来为物品贴标签，并交流自己的需求；继续使用手势语、身体语言以及面部表情来表达情感和需要。	**儿童可以** 通过大笑、大哭、喊叫或用动作、单个的词（如"我的""不""妈妈"）来表达自己。	**儿童可以** 通过大笑或哭泣以及身体表达来表现自己的情感状态；用几个词语来描述正在发生的事或用单个词语来命名情感，如"生气""伤心""好"。
成人可以 对幼儿的表达做出反应，描述幼儿的交流方式（例如，成人可以说："你正在微笑，然后大笑。看起来你真的很喜欢这本书。"）。	**成人可以** 叙述幼儿表达自己情感的背景，认可他们的情绪，描述他们的面部表情，命名幼儿正在体验的情感（例如，如果幼儿在走路时绊倒或摔倒并开始哭，你可以说："哦，你正在走路，然后失去了平衡。多让人伤心啊！"）。	**成人可以** 用简短的句子认可幼儿的情感（例如，成人可以说："你很伤心，因为凯蒂离开了。"）。

身体护理时间

KDIs：3. 自我照顾。　　　　　　　**COR**：K. 自我照顾和健康行为。

在身体护理时间，允许幼儿帮忙，可以给他们洗澡布或毛巾，让他们帮忙擦鼻子、脸以及手。学步儿也喜欢在饭后或活动后擦拭桌子，或者用牙刷刷牙。年龄稍大一点的学步儿想要帮忙为年幼的学步儿递手纸或抹布。

进餐时间

KDIs：16. 倾听和回应；17. 非语言沟通；18. 双向沟通；19. 表达。　　**COR**：C. 反思。

在幼儿吃饭时，可以请他们谈论一下这一天中已经发生的事件。你可以指向他们制作的作品、听到的故事或歌曲、看到的人或去过的地方。谈论幼儿使用过的东西以及在选择时间做过的事，在过程中要暂停一下，以便让幼儿处理你的语言并贡献自己的想法，这有助于帮助学步儿建立必要的做计划和回忆事件的能力。幼儿可能通过点头、指向某物或使用简单的单词或词组来参与讨论。认可幼儿的努力，丰富他们的想法。例如，如果幼儿指向积木区，你可以说："你正指着积木区。我想知道你是否还记得你在工作时间使用了消防车。你在地毯上推着消防车，并让消防车发出了呜呜呜的声音。"

有材料的大组活动时间（主要照护者1）

KDIs：12. 活动部分身体；22. 探索物品。　　**COR**：J. 小肌肉运动技能；BB. 观察与分类；CC. 实验、预测和得出结论。

活动：探索管子。

材料：不同大小、长度和宽度的硬纸板质、塑料质或硅酮质的管子。管子应该容易抓握，长度不要高于学步儿的身高，一些管子要能够轻松套进另一些管子里。

为每名幼儿提供3—4根管子进行探索。要提供能进行分离或互相套住的管子。在幼儿开始探索管子的时候，可以提供一些额外的管子来支持幼儿的游戏——把管子排成一排、把一根管子套进另一根管子里，或拍打管子发出声音。

每一发展阶段的鹰架学习		
早 期	中 期	晚 期
儿童可以 每只手中握着一根管子，并用不同的方式使用管子，如互相拍击管子，或者在地板上拍击管子。	**儿童可以** 把小管子放进大管子内部；两只手一起拍击管子；一次握着几根管子；模仿其他人的做法。	**儿童可以** 把几根管子环环相套（小的管子放进中等大小管子的内部，再放进更大管子的内部）；找到其他方法来使用管子。
成人可以 描述并模仿幼儿的动作（例如，成人可以说："你在地板上拍击两根管子。我准备尝试一下你的方法，在地板上拍我的管子。"）。	**成人可以** 评论幼儿使用管子的方法，描述他们怎样使用两根管子，并模仿幼儿的方法；鼓励幼儿互相观察并彼此模仿。	**成人可以** 使用测量语言（如"小""更小""大""更大""最大"）来描述幼儿如何使用不同大小的管子；模仿幼儿探索管子的方法。

当幼儿开始对活动失去兴趣时，把不再使用的管子收起来。允许幼儿携带一两根小管子过渡到下一个环节。

有材料的大组活动时间（主要照护者2）

KDIs：12. 活动部分身体；22. 探索物品；35. 原因和结果；41. 声音。

COR：J. 小肌肉运动技能；CC. 实验、预测和得出结论。

活动：探索声音。

材料：摇晃器、金属制物品（如钹、量杯或量勺、打蛋器、勺子、长柄勺、钳子）、铃铛、带盖子（可以用来拍击或敲击）的罐子、木勺、沙锤（参考"制作沙锤的材料"部分的内容，自制沙锤）。

活动开始，让幼儿知道他们即将探索一些能发出声音的物品。请幼儿自己选择材料进行探索。对于年幼的学步儿，你可以举起两种物品，他们把目光停留在哪一个上面，就表示更喜欢哪一种材料。对于年龄稍大一点的学步儿，为每人提供一套包含三四件物品的材料。向学步儿示范怎样用一件或两件物品制造出声音，然后邀请他们探索如何用其他材料制造出声音。

制作沙锤的材料

- 选择一个带盖子的空容器，如一个塑料蛋，一个小的香料容器，一个小水瓶，一个黄油盒子，一个小的、扁平的罐头盒。
- 选择填充材料，如沙子、大米、砂石、燕麦、干豆子或盐粒。
- 用胶和（或）胶带把盖子安全地固定在容器上。

每一发展阶段的鹰架学习

早期	中期	晚期
儿童可以 观察其他人并模仿他们的行为；尝试用不同的物品制造声音；注意到自己手里的物品制造出的声音，并重复动作以再次发出声音。	**儿童可以** 尝试用几种方式制造声音；用一两个词语来描述声音和相应的动作。	**儿童可以** 用多个物品一起来制造声音；用三四个单词或一个短语来描述自己的选择和对应的结果。
成人可以 模仿幼儿的动作，描述他们制造出的声音以及他们是怎样制造出声音的；叙述幼儿对别人动作的观察。	**成人可以** 评论幼儿的动作，并说明其他幼儿正在做的事；尝试幼儿的想法，并描述幼儿正在制造的声音。	**成人可以** 模仿幼儿的想法，并用"更轻柔""更大声""安静的""吵闹的""低声的""尖锐的"等词语来描述声音，以此来增加幼儿的词汇量；询问幼儿想怎样使用能发出声音的物品。

当幼儿开始对活动失去兴趣时，把不再使用的材料收起来。允许对活动还有兴趣的幼儿继续探索材料，同时你可以帮助其他幼儿。如果幼儿需要，允许幼儿携带一件物品过渡到下一个环节。

律动和音乐的大组活动时间

KDIs：13. 活动整个身体。　　　　　**COR**：I. 大肌肉运动技能。

活动：障碍跑道。

材料：根据本班幼儿的发展水平以及你能获取的材料，从下面的材料中选择3—4种来创建一条简单的障碍跑道，让幼儿通过。

可以在上面攀爬的物品：枕头、沙发垫、豆袋、包裹着地毯的大块积木、大块泡沫积木、双面斜坡、轮胎。

可以在下面爬行的物品：桌子、椅子、攀爬架、照护者的腿。

可以爬行通过的物品：通道、用毯子或围巾制作的帐篷、两头可以打开的硬纸板大盒子（装家具或器械的）、直立的呼啦圈（照护者举着）。

可以从上面跨过去的物品：低矮的积木、木制厚板子（2英寸×4英寸）、放在地面上的绳子、泳池浮棒。

可以走进去或走在上面的物品：图形、有纹理的垫子、放在地面上的呼啦圈、木制的踏脚石、气泡垫。

可以围绕着走的物品：固定的物品、照护者、电缆塔或圆锥体。

每一发展阶段的鹰架学习		
早期	中期	晚期
儿童可以 通过行走、爬行或攀爬穿过障碍跑道；重复通过障碍跑道的一部分。	**儿童可以** 通过越来越快、越来越协调地攀爬、爬行和行走来通过障碍跑道；用一两个词语来描述自己正在做什么或自己是怎样移动的。	**儿童可以** 通过跑、爬行和攀爬来通过障碍跑道；尝试更复杂的动作，如跳过物品，而不是踩过物品，或从物品上爬过去，而不是在物品下面爬行；提醒其他幼儿他们应该做什么来完成任务；用三四个词语来描述自己的动作或正在进行的任务。
成人可以 评论幼儿如何通过障碍跑道；如果幼儿很难在部分障碍物上面、下面或四周移动，给予他们鼓励。	**成人可以** 评论幼儿的行为，并解释幼儿想要去描述自己行为的努力；站在障碍物旁边，请幼儿告诉自己该去做什么（例如，成人可以说："我应该进呼啦圈里面还是在它周围？"）。	**成人可以** 认可幼儿的行为、想法以及口语表达（例如，成人可以说："你一边从一个圈跳到另一个圈，一边说'跳、跳、跳'。"）。

当幼儿开始对活动失去兴趣时，让他们知道他们还有时间再在障碍跑道上尝试一种想法。然后开始进入清理时间，让幼儿知道接下来是一日常规中的哪个环节。

户外活动时间

将障碍跑道移到户外，或用户外的材料建一条障碍跑道。幼儿可以围绕一棵树运动，可以在某个通道下爬来爬去，可以穿过某个通道。对年幼的儿童，你可以用粉笔在混凝土地面上画一个圆圈（如直径12英寸），幼儿可以在上面踩、跳，这可以帮助幼儿发展控制能力和平衡能力，并且不需要一块高出地面的平面。年龄稍大一点的幼儿可以挑战站在某件物品上保持平衡。

过渡时间

在过渡时间,为幼儿描述正在发生的事以及即将要发生的事。

一日生活的其他时间

入园时间

提醒家长即将到来的家长活动,这是你之前计划好的。

休息时间

一边摇晃幼儿或拍打幼儿的背,一边讲一个安静的、能安抚情绪的故事,帮助幼儿进入睡眠。也可以给学步儿讲一个熟悉的故事,或简单讲讲他们的一天。平静的、能安抚人心的声音有助于幼儿放松下来,进入睡眠。

离园时间

与家长分享照护者在教室中使用过的手势语。为家长提供一份怎样做手势语的照片、图画以及文字描述,这样他们可以在家使用同样的手势语。此外,给家长一些例子,让他们知道什么时候可以使用手势语。与家长分享怎样才能让孩子对手部动作做出反应或让他们尝试模仿手部动作。

观 察

在与幼儿互动的过程中,仔细观察他们的行为,并为下面的关键发展指标和观察评价指标记录具体的、客观的逸事。

KDIs:8. 情感;13. 活动整个身体;16. 倾听和回应。

COR：C. 反思；D. 情感；I. 大肌肉运动技能。

后续活动

记录下本周每个幼儿的常规以及你想要为下周工作而记录的兴趣。

组织本周以来的逸事记录，把它们输入在线评估项目或其他用来保存幼儿发展记录的工具。

给每名幼儿的家庭发送一份个人记录，记录要突出幼儿的兴趣以及本周以来的经验。

第 3 周总结

本周你已经

☐ 继续强化与家庭的关系。

☐ 与幼儿分享新的手势语。

☐ 认可幼儿在过渡时间的情绪。

☐ 在幼儿主动与你进行互动时，支持并认可他们。

☐ 收集并记录关于幼儿兴趣与发展的信息。

☐ 开发资源、提供机会，以加强与家庭的联系，为家庭提供支持。

☐ 为以下学前儿童观察评价系统（COR）条目收集逸事：

    C. 反思；

    D. 情感；

    F. 与其他幼儿建立关系；

    G. 集体；

    I. 大肌肉运动技能；

    J. 小肌肉运动技能；

    K. 自我照顾和健康行为；

    N. 语音意识；

Y. 音乐；

CC. 实验、预测和得出结论；

HH. 历史。

儿童一直聚焦于

☐ 表达对其他幼儿的兴趣。

☐ 用两种方式——语言的和非语言的方式进行交流。

☐ 探索自己的大肌肉运动技能。

☐ 探索自己的小肌肉运动技能。

你已经通过以下方式强化了和家长的关系

☐ 计划让家长参与教育机构生活的活动。

☐ 创建家长信息板，用于分享重要的信息。

☐ 与家长分享使用橡皮泥的想法。

☐ 与家长分享照护者在教室中使用过的手势语。

反思你与儿童的互动

☐ 回顾"总结：支持性的成人-儿童互动"（见附录1），并反思整周以来你们的互动。

☐ 确定两种本周使用过的、你觉得好用的与学步儿互动的策略。

☐ 选择一种你想在下周重点使用的策略。

第6章 第4周

概　览

经过几周对幼儿个性的逐步了解，以及对他们每个人的常规和交流方式的了解之后，现在你将能够对教室中整体的常规进行一些调整，以容纳更多灵活的、不固定的集体活动时间、教师计划时间，进行更多的逸事记录，以及关于幼儿发展信息的记录。本书第1章的导言部分将能够引导你以幼儿的常规和需要为中心创建顺利、平稳的教室常规。

你可能观察到幼儿正在探索新的想法、接近新的人，或对其他幼儿表现出更多兴趣。教师可以通过认可幼儿的努力以及对幼儿保持关注来支持他们，这样，在幼儿需要时你可以快速地给他们一个拥抱，或者给予帮助。你将继续成为幼儿的"安全堡垒"。所以，当你离开游戏空间去准备点心、换尿布或满足你自己的个人需要时，要记住这一点：让幼儿知道你准备去哪里，你将很快回来。在你走开之前，给幼儿一些有趣的东西，或让其他照护者参与照看。把你和其他照护者（包括常来的代班老师）的塑封照片放在教室中，这样幼儿能够握着或带着照片在教室中活动，这将帮助幼儿熟悉日常出现在教室中的其他成人。当你们来到户外时，幼儿能够握着或随身携带着你的照片。

在有学步儿的教室中，你可以开始观察他们用单个的词或词组来表达自己意图的能力，记住刚刚发生的事，然后用手势或几个单词来提醒他们，并与幼儿讨论不在他们眼前或他们无法看到的人或物。这些是为幼儿进入计划时间做的准备。计划时间是一段有目的的时间，幼儿可以在此表达他们想要在教室的哪个区域使用什么材料，以及他们想要在选择时间和谁一起玩。在一日活动的这个环节中，你将使用具体策略来支持幼儿当前的发展，同时还要理解，对幼儿来说，这是一日生活的一个新环节。起初，当幼儿适应了"计划"这个概念时，重复使用某些策略可能非常有用，可以帮助幼儿建立熟悉感和常规感。随着幼儿对计划过程的熟悉，可以使用更多样的策略并每天都可以调整策略。

在进入选择时间之前，让有制订计划经验的年龄稍大的学步儿表明他们在选择时间想要做什么。计划时间的活动可以在地板上完成，或者在桌边完成，但无论在哪里，计划时间的活动都应该在一个固定的地点完成，并在选择时间的活动之前进行，这样幼儿就可以立刻开始制订他们的计划。计划的地点与集体活动时间操作材料的地点最好相同，并且幼儿最好与固定的照护者一起完成活动。

本周目标

- 观察并支持幼儿表达自己对其他幼儿的兴趣。
- 调整教室常规，支持个人常规的改变。
- 支持幼儿寻找新材料或新经验，进一步探索环境。
- 继续建立教室，继续丰富家长资源。
- 向年龄稍大的学步儿介绍"计划"的概念。
- 继续拍摄幼儿参与活动的照片，把照片张贴在教室四周，收入教师自制书中，并与家长分享。

心中要牢记的事项

随着幼儿在新环境中越来越舒适，对与你的关系感到越来越安全，你很可能将会见证他们对陌生人的焦虑，特别是当新教师或新家长进入教室时。在前几周，要尽量减少教师缺席以及其他工作人员变动的情况。如果出现这些情况，一定要通知家长，这样他们可以在送孩子入园时花更多时间，帮助幼儿适应这些变化，并为向代课教师传递相关信息做好准备。

尽管幼儿对环境越来越适应，但是仍要密切关注幼儿对一些刺激，比如噪声、光线和快速移动的厌恶。当你注意到这些厌恶并尽量减少可能引起厌恶的刺激，幼儿将会感到安全，并更愿意进行探索，尝试新的经验和新的肌肉运动，如走、跑、攀爬或跳跃。要安抚敏感的或犹豫不决的幼儿，要额外花一些时间让他们感到安全。不要强迫幼儿尝试让他们感到不舒服的东西，但是可以进行鼓励，并让他们知道，无论何时，只要他们需要帮助，你都在。

活动室中需要添加的材料

- 在浏览日常观察和记录的过程中，当幼儿的新技能开始出现时，你可能开始注意到儿童的发展。通过添加一些材料而改变环境来支持幼儿的发展，让他们获得并拓展新技能。例如，你可能注意到，一名开始时在你的照看下能扶着家具移动的幼儿现在开始迈步了。一定要安排好家具，家具之间要保持几小步的距离，让幼儿可以抓着家具和其他物品在家具之间移动。
- 幼儿在熟悉的、像家的且与个人经验相关的环境中感到最舒适。添加代表幼儿的家庭生活、家庭文化以及社区文化的材料。可以考虑添加用幼儿家庭语言写成的纸板书，来自幼儿家庭的空食物盒子或其他容器，来自幼儿文化的织物和材料，以及幼儿在家用来吃饭的各种类型的盘子或罐子、平底锅等。询问家长他们是否能够教你一首幼儿在家听过、能够在午睡时安抚幼儿情绪或在常规中吸引幼儿兴趣的简单的摇篮曲或其他歌曲。
- 在歌曲盒中添加《乌龟歌》歌曲卡。
- 张贴手势语"清理"的图画或照片以及对这个手势语的描述。
- 为家长建立资源库，把幼儿的图书加入图书馆，这样家长可以把书借回家与幼儿一起阅读。对于幼儿喜欢在教室中阅读的图书，考虑多增加几本。在你的教室中，一定要包括各种不同类型的图书，要包括（但不限于）纸板书、图画书、摇篮曲、布书以及教师自制的图书。

婴儿和学步儿的第一本书

教师、作家、编辑玛丽·加隆果（Mary Jalongo，2004）提供了如下提示，用于帮助婴儿和学步儿选择他们喜欢的图画书。

1. 选择主题或话题对年幼儿童非常具有吸引力的图书，如学习自己独立做事或能让他们感到被爱、获得情绪安抚的图书。年幼的儿童喜欢表现与家人关系的故事、玩玩具的故事，以及与宠物有关的故事。换句话说，在幼儿的日常生活中很重要的事情是吸引幼儿兴趣的图书主题。

2. 寻找有效的、充满想象力的语言。故事文本应该简短到每页只有几个词。年幼的儿童喜欢韵律和节奏。成人也喜欢朗读充满旋律的文本，这一点很重要，因为幼儿将会想要让成人一再地读这本书。

3. 如果是一本故事书，故事线应该简单、直接（不要突然转移话题）。叙述应该先简要设置背景，然后推动故事进行，最后快速地得出一个令人满意的结论。

即使是刚刚了解图书的幼儿，也能够理解，故事结束了。

除了获取重要的语言和读写技能，阅读图画书也能够帮助幼儿之间及幼儿与照护者之间建立紧密的关系——照护者选择适合幼儿的图书，然后，幼儿在照护者腿上或非常靠近照护者进行阅读，照护者通过书上的图画和故事中的文字来与幼儿进行互动（Jalongo，2004）。当阅读与愉快的情绪及成人无差别的关注有关时，幼儿将会非常喜欢阅读。

最后，即使照护者非常重视图书在早期读写能力发展中的重要价值，有时候，成人还是会担心年幼的幼儿在探索图书时用嘴啃书或撕书。所以，有人认为成人不能为这个年龄段的儿童提供任何图书，或为他们提供任何会被破坏的物品。然而，也有其他观点。例如，婴儿可以在看书的时候咀嚼其他东西，他们也可以探索布书，这种书就是被设计用来满足充满好奇的嘴巴的，并且布书容易清洗。对于学步儿，成人可以示范拿书、看书的正确方式。

需要与家长交换的信息

随着幼儿的成长以及他们对看护机构越来越适应，你将注意到他们进餐、休息以及游戏常规的轻微变化。他们可能开始吃得更多，并且看起来非常热切地想要探索新事物。一定要阶段性地问一问家长，他们是否注意到幼儿在家中的常规发生了什么变化。询问家长他们注意到的新的里程碑式的发展，如新动作或语言表达。在家长提到幼儿出现一些重要的里程碑式变化，如独立迈出第一步或第一次叫"爸爸""妈妈"之前，即便你已经在学校中观察到这一点，你也要学会等待，要让家长成为"第一个"庆祝这些重要事件的人。照护者可以通过分享观察记录来支持家长，但是家长应成为做出改变幼儿照顾常规的决定的人。为了在教室中添加与文化和个人有关的材料，照护者将需要从家长那里收集关于幼儿的喜好、兴趣和文化等的信息。通过家访你已经获得了一些信息，并且通过一些非正式的方式你也能够了解到一些关于幼儿及其家庭的信息，但是你可能还需要给家长发送一条记录或一份调查（包括在线调查），以收集额外的信息。关于调查问题的例子，参见附录3和附录4，这些调查有助于发现更多幼儿家庭生活的信息，这样你可以在教育机构中更好地支持幼儿。

通知家长图书馆中增加了哪些幼儿图书，提醒他们借阅和归还图书的流程。

第 1 天

选择时间

KDIs：19. 表达；21. 享受语言。   COR：L. 表达；M. 倾听与理解。

幼儿喜欢通过谈话、唱歌、咿呀学语、模仿、发出声音甚至几个音节来探索自己的声音。在幼儿操作材料时，倾听他们的语言，对他们想要探索自己声音、用语言的方式表达自己想法的尝试做出回应。对幼儿的语言表达做出回应，并描述他们在全天的行为，以帮助幼儿听到新的声音、词语，并理解发出声音或词语是交流需要与想法的一种途径。

每一发展阶段的鹰架学习		
早 期	中 期	晚 期
儿童可以 开始发出音节，说出几个词；模仿（成人的）交流模式、声调变化，并且在说话时配合改变面部表情。	**儿童可以** 总词汇量和使用物品名、人名以及动作名的能力提高；用一两个词来暗示自己的需要和渴望。	**儿童可以** 词汇量增加，包括代词（如"我""他""她""你""它""那个"）、介词（如"在……之后""在……后面""在……里面""去……"），并会使用主语加动词的结构（如"我阅读""妈妈睡觉""狗叫"）；会用3个或更多单词构成短语表达、交流自己的需要和想法。

续表

每一发展阶段的鹰架学习		
早期	中期	晚期
成人可以 当成人注意到他们在持续使用一种发音代表一件物品时，认可幼儿想要交流的内容；用全名代表物品（例如，当幼儿指向或拿着一个球并说"七"时，成人可以说："你是对的，这是一个球。"）；为教室中的物品和行为贴标签，以支持幼儿理解所有物品都有一个与之相关的词或名字。	**成人可以** 对幼儿用语言进行交流的尝试做出恰当的回应；通过使用平常用的词语以及代表额外物品、行为及周围人的词语来增加幼儿的词汇量。	**成人可以** 认可幼儿的语言交流并做出适当反应；通过示范使用完整句并进行对幼儿来说有趣且与他们相关的交流来增加幼儿的词汇量。

身体护理时间

KDIs：21. 享受语言。　　　　　　　**COR**：M. 倾听与理解。

幼儿喜欢故事，但是在身体护理常规过程中不能阅读图书。相反，在换尿布或进行其他身体护理常规时，可以为幼儿讲一个熟悉的故事。尽管幼儿看不到故事书中的图画，但是他们的心理能力已经能够跟随一条简单的故事线。即使是那些还不能跟随故事线发展或事件发生顺序的年龄较小的幼儿，也将通过倾听你的语气、语调变化和熟悉的词语，并通过和你进行眼神接触，获得非常多的收益。

进餐时间

KDIs：22. 探索物品；24. 探索相同和不同。　　　　　　　**COR**：BB. 观察与分类。

在幼儿喝水和吃东西时，描述他们正在尝试的食物的口味、质地。将这次的经验与之前的类似感官体验相对比（例如，成人可以说："你正在吃香蕉。香蕉是甜的。"或者："香蕉吃起来很软，是糊状的，就像你昨天吃的酸奶一样。"）。这将帮助幼儿意识到他们正在体验的是什么，并建立他们的词库，也能够帮助他们接受新经验，因为这将新经验与之前的积极体验联系在一起。

有材料的大组活动时间（主要照护者1）

KDIs：12. 活动部分身体；22. 探索物品；35. 原因和结果；41. 声音。

COR：J. 小肌肉运动技能；CC. 实验、预测和得出结论。

活动：探索声音。

材料：摇晃器、金属制物品（如铗、量杯或量勺、打蛋器、勺子、长柄勺、钳子）、铃铛、带盖子（可以用来拍击或敲击）的罐子、木勺、沙锤（参考"制作沙锤的材料"部分的内容，自制沙锤）。

活动开始，让幼儿知道他们即将探索一些能发出声音的物品。请幼儿自己选择材料进行探索。对于年幼的学步儿，你可以举起两种物品，他们把目光停留在哪一个上面，就表示更喜欢哪一种材料。对于年龄稍大一点的学步儿，为每人提供一套包含三四件物品的材料。向学步儿示范怎样用一件或两件物品制造出声音，然后邀请他们探索如何用其他材料制造出声音。

每一发展阶段的鹰架学习

早期	中期	晚期
儿童可以 观察其他人并模仿他们的行为；尝试用不同的物品制造声音；注意到自己手里的物品制造出的声音，并重复动作以再次发出声音。	**儿童可以** 尝试用几种方式制造声音；用一两个词语来描述声音和相应的动作。	**儿童可以** 用多个物品一起来制造声音；用三四个单词或一个短语来描述自己的选择和对应的结果。
成人可以 模仿幼儿的动作，描述他们制造出的声音以及他们是怎样制造出声音的；叙述幼儿对别人动作的观察。	**成人可以** 评论幼儿的动作，并说明其他幼儿正在做的事；尝试幼儿的想法，并描述幼儿正在制造的声音。	**成人可以** 模仿幼儿的想法，并用"更轻柔""更大声""安静的""吵闹的""低声的""尖锐的"等词语来描述声音，以此来增加幼儿的词汇量；询问幼儿想怎样使用能发出声音的物品。

当幼儿开始对活动失去兴趣时，把不再使用的材料收起来。允许对活动还有兴趣的幼儿继续探索材料，同时你可以帮助其他幼儿。如果幼儿需要，允许幼儿携带一件物品过渡到下一个环节。

有材料的大组活动时间（主要照护者2）

KDIs：12. 活动部分身体；22. 探索物品。

COR：J. 小肌肉运动技能；BB. 观察与分类；CC. 实验、预测和得出结论。

活动：探索管子。

材料：不同大小、长度和宽度的硬纸板质、塑料质或硅酮质的管子。管子应该容易抓握，长度不要高于学步儿的身高，一些管子要能够轻松套进另一些管子里。

为每名幼儿提供3—4根管子进行探索。要提供能进行分离或互相套住的管子。在幼儿开始探索管子的时候，可以提供一些额外的管子来支持幼儿的游戏——把管子排成一排、把一根管子套进另一根管子里，或拍打管子发出声音。

每一发展阶段的鹰架学习		
早期	中期	晚期
儿童可以 每只手中握着一根管子，并用不同的方式使用管子，如互相拍击管子，或者在地板上拍击管子。	**儿童可以** 把小管子放进大管子内部；两只手一起拍击管子；一次握着几根管子；模仿其他人的做法。	**儿童可以** 把几根管子环环相套（小的管子放进中等大小管子的内部，再放进更大管子的内部）；找到其他方法来使用管子。
成人可以 描述并模仿幼儿的动作（例如，成人可以说："你在地板上拍击两根管子。我准备尝试一下你的方法，在地板上拍击我的管子。"）。	**成人可以** 评论幼儿使用管子的方法，描述他们怎样使用两根管子，并模仿幼儿的方法；鼓励幼儿互相观察并彼此模仿。	**成人可以** 使用测量语言（如"小""更小""大""更大""最大"）来描述幼儿如何使用不同大小的管子；模仿幼儿探索管子的方法。

当幼儿开始对活动失去兴趣时，把不再使用的管子收起来。允许幼儿携带一两根小管子过渡到下一个环节。

律动和音乐的大组活动时间

KDIs：12. 活动部分身体；16. 倾听和回应；17. 非语言沟通。

COR：F. 与其他幼儿建立关系；I. 大肌肉运动技能。

活动：伸展身体，命名身体各个部位。

材料：一个有地毯、毛毯和枕头的柔软、舒适的空间。

将幼儿带到一个足够大的空间，让幼儿知道他们将要进行律动、伸展身体，并命名身体的各个部位。你可以说："我们向上伸展胳膊！"以此来开始活动，并示范把胳膊抬到头顶。继续伸展你的腿和胳膊。当幼儿开始伸展、律动时，他们模仿你；同时你示范如何指向并命名身体的部位，如眼睛、肚子、耳朵、手。示范几个例子之后，询问幼儿想要伸展或移动哪个部位。幼儿可能会用词语、手势或通过简单的身体动作来进行回应。在幼儿体验过用不同方式进行律动之后，示范交叉过身体中线（如交叉你的手臂，用手指触碰反方向的脚趾）。交叉过身体中线的练习可以帮助幼儿协同使用身体的两边，这也是提高协调性、最终帮助幼儿学习阅读以及发展其他认知技能和运动技能的重要方式。

每一发展阶段的鹰架学习

早 期	中 期	晚 期
儿童可以	**儿童可以**	**儿童可以**
伸展身体，并模仿别人的律动；指向某个身体部位，同时命名这一部位。	伸展身体，并一边命名身体部位一边触碰不同的身体部位；命名几个基本的身体部位；通过用身体演示律动来主动表达自己的想法；模仿其他人的想法。	命名几个身体部位；通过身体演示和（或）用语言命名律动的方式来表达自己的想法；尝试其他人的主意。

续表

每一发展阶段的鹰架学习		
早 期	中 期	晚 期
成人可以 评论幼儿怎样律动，并指出幼儿是否在根据部位名称做动作（例如，成人可以说："你听到我说'鼻子'，然后你触摸了自己的鼻子！"）。	成人可以 评论幼儿的动作，并实验他们的想法；请幼儿注意同伴的动作，鼓励幼儿模仿别人。	成人可以 命名幼儿不熟悉的身体部位；认可幼儿对自己想法的表达，尝试他们的建议；通过示范或描述幼儿交叉过中线的律动来鼓励幼儿。

当幼儿开始对活动失去兴趣（表现可能是转身或走开）时，让幼儿知道活动即将结束，并告诉他们下一个环节是什么。

户外活动时间

把毯子带到户外，同时带一些集体活动中用过的能发出声音的材料。当幼儿在户外使用这些材料时，他们有更多的时间来探索产生不同声音的方式。此外，户外空间也更大，因为声音而感到不安的幼儿也能够找到远离声音的游戏空间。

过渡时间

唱一首幼儿喜欢的歌曲或做一个手指游戏，评论幼儿的非语言反应和语言反应。如果幼儿要求你唱某首具体的歌曲（或当他们对你询问他们想法的要求做出回应时），满足他们的要求。

一日生活的其他时间

入园时间

欢迎幼儿和家长在周末之后返回幼儿园，询问家长幼儿的常规或发展是否有任何新的变化。

清理时间

在你把材料放回材料所属的架子上或桶里时，向幼儿解释你正在进行清理，为一日活动的下一个环节做准备。当你说"清理"时，同时做出表示"清理"的手势语：从左手掌心开始，右手指尖划过左手手掌。

计划时间（对于年龄稍大的学步儿）

题目："计划火车"

让幼儿知道，今天他们将要进行一些新的探索：为在选择时间去哪里玩做出计划，方法是乘坐火车在教室中绕一圈。邀请幼儿登上"计划火车"。通过发出火车的轰鸣声来让这项体验变得更有趣。幼儿可能会排成一排或聚集成一堆跟随着你，接受幼儿选择的加入方式。

开始教室之旅，前往教室中最近的区域，并说："第一站，积木区。"一些幼儿会下车，并开始在积木区工作，因为这是幼儿看到的第一个区域。教师描述幼儿做出的选择，例如，你可以说："我看到你选择在积木区工作。你选择了木制的积木。我想知道，你今天可以用这些积木做什么？"

与在积木区工作的每名幼儿讨论过他们的计划之后，邀请没在积木区工作的幼儿重新跳上"计划火车"，前往下一个区域。继续这段旅程，直到所有幼儿都做出计划。

可能很多幼儿会在第一个区域下车，或者在每一站都重新跳上火车。这是幼儿熟悉计划过程的一部分。无论幼儿对这个想法反应如何，一定要和每名幼儿讨论他们的意图和行为，无论他们是否已经用语言或非语言的方式表达自己。随着幼儿做计划的经验越来越多，他们的选择和表达自己兴趣的能力会越来越强。

清理时间

请家长填写家庭文化调查表，收集关于家庭的爱好、兴趣以及文化的信息。考虑创建一个网站，网站要允许家长在线完成调查，或使用手机等移动设备来完成调查。

观　察

在与幼儿互动的过程中，仔细观察他们的行为，并为下面的关键发展指标和观察评价指标记录具体的、客观的逸事。

KDIs：2. 解决问题；12. 活动部分身体；16. 倾听和回应；22. 探索物品。
COR：B. 使用材料解决问题；J. 小肌肉运动技能。

后续活动

在手势语墙上添加手势语"清理"的照片或图画。

学步儿的计划时间

为年龄稍大的学步儿提供机会，进行计划和回顾。"计划"（在做事之前先思考想要去做什么）和"回顾"（做完后记住并反思自己做了什么）是智力过程，需要依赖想象的能力，形成关于材料、活动地点、活动中的人或行为的心理图像的能力。通过高瞻课程关于年龄稍大幼儿的著作我们知道，三到五岁幼儿进行计划和回顾——思考自己未来将要做的事和过去做过的事并描述这些思考——的能力越来越强。当学步儿接近两岁半到三岁时，他们开始发展出相同的能力。他们能够通过简化的手势、动作和关键词等方式交流自己的意图，回顾自己做过的事。

第 2 天

选择时间

KDIs：I. 主动性；5. 依恋。　　　　COR：A. 主动性和计划性；E. 与成人建立关系。

随着幼儿越来越适应教室环境，越来越能够坚持解决问题，他们将开始冒险，并且通常紧密靠近一名信任的照护者。在幼儿需要时，照护者可以提供语言支持和身体安抚，以此保持与幼儿的紧密关系，在这种关系下，幼儿可以尝试各种新技能。即使是最年幼的幼儿也会"冒险"尝试用新的方法来移动自己的身体、用语言的方式表达自己，也会探索不熟悉的材料。

每一发展阶段的鹰架学习		
早　期	中　期	晚　期
儿童可以 围绕家具四处走动，只用一只手扶着家具，放开两只手，然后坚持更长时间地站立或保持平衡；在两个物品之间迈步、行走，物品之间的距离越来越大，他们仍能保持平衡。	*儿童可以* 携物运动；爬到家具上；独立尝试完成任务，并在需要帮助时用语言或非语言的方式表达出来。	*儿童可以* 围绕物品快速地走或跑；探索用新的方式来使用材料；独立完成任务。
成人可以 密切关注幼儿，在他们需要时提供物理支持，并为幼儿描述他们的行为和成就；在幼儿需要时，为他们提供保持平衡的支点；对于幼儿对自己冒险行为的反应给予反馈（例如，如果幼儿在保持平衡时很兴奋，表现出类似的热情并描述他们的反应）。	*成人可以* 提供空间来让幼儿探索大肌肉运动技能，并密切关注幼儿，在幼儿需要帮助时提供帮助；当幼儿要求提供帮助时，鼓励幼儿独立完成部分任务，并提醒幼儿他们之前是怎样完成那些步骤的。	*成人可以* 提供空间来让幼儿探索大肌肉运动技能；当幼儿以与之前相同的方式使用新材料时，描述幼儿做出的选择。

身体护理时间

KDIs：5. 依恋。　　　　　　　　　　**COR**：E. 与成人建立关系。

在身体护理常规过渡的过程中，为幼儿描述正在发生的事，让他们知道接下来将要发生什么。与幼儿进行眼神接触，并用游戏的口吻与幼儿谈话，与他们建立关系，减轻他们对身体护理常规的压力或不适。

进餐时间

KDIs：22. 探索物品；24. 探索相同和不同。　　　**COR**：BB. 观察与分类。

在尝试不同食物或陌生食物时，幼儿可能会犹豫不决。认可他们的犹豫并描述与以往食物的不同（例如，成人可以说："你正在品尝苹果泥。它有点滑，但是里面有小块颗粒。"）。

有材料的大组活动时间（主要照护者1）

KDIs：12. 活动部分身体；37. 探索艺术材料。　　　**COR**：J. 小肌肉运动技能；R. 书写；X. 视觉艺术。

活动：用马克笔或蜡笔涂色。

材料：不同颜色的大号马克笔、不同颜色的大号蜡笔、纸张。

为每名幼儿提供一套马克笔或蜡笔，以及一张纸。幼儿喜欢马克笔，因为用它更容易在纸上画出记号。年幼的幼儿通常会觉得蜡笔有点难用，因为需要用力按才能在纸上画出痕迹。要给幼儿使用马克笔和蜡笔的机会，这将有助于幼儿发展手部肌肉的运动技能，也会让他们在纸上画出满意的记号。在使用马克笔和蜡笔时，学步儿也会清晰地看到因果关系，也就是用书写工具进行操作会在纸上留下可见的记号。同样，他们也可能看到，使用不同的力道会产生不同的结果。

记住，这个年龄的幼儿还在口唇探索期，所以需要密切关注他们的动作。如果幼儿把马克笔或蜡笔放进嘴里,轻柔地提醒幼儿,马克笔和蜡笔都要用在纸上。不要把笔帽放在幼儿能够到的高度,因为可能会卡住幼儿。

在给幼儿马克笔之前,把笔帽摘下来,或者给他们没有笔帽的马克笔(例如,按动式马克笔)。

每一发展阶段的鹰架学习		
早 期	中 期	晚 期
儿童可以 探索马克笔或蜡笔:把笔在两手之间来回传递,每只手中握着一支笔,用笔在纸上点来点去;在纸上画出无意义的记号;尝试使出足够大的力量用蜡笔画出记号,但还不具备这种能力。	*儿童可以* 用马克笔在纸上画出记号;每只手都拿着一支马克笔,在两手之间来回传递笔,或一直用一只手来使用马克笔。	*儿童可以* 用马克笔和蜡笔有目的地在纸上画出记号;展示出连续用一只手进行书写或涂色的倾向,并开始画出类似字母的形状和线条;用语言表达自己绘画的想法。
成人可以 描述幼儿的探索和行为;在幼儿旁边,以与幼儿同样的书写或涂色能力来进行涂色(例如,如果幼儿正在画点或胡乱涂鸦,成人也要在自己的纸上模仿幼儿画点或胡乱涂鸦)。	*成人可以* 命名幼儿所选择的颜色,描述他们在纸上画出的记号;在幼儿旁边,以与幼儿同样的书写或涂色能力来进行涂色;在自己的纸上模仿幼儿正在做的事(例如,画出短线或大片的涂鸦)。	*成人可以* 命名幼儿选择的颜色,认可他们的想法,描述他们是如何使用马克笔和蜡笔的;在幼儿旁边,以与幼儿同样的书写或涂色能力来进行涂色;在自己的纸上模仿幼儿正在做的事(例如,画出线条或不规则的图形)。

当幼儿开始对活动失去兴趣时,让幼儿知道他们有时间在纸上画出更多记号,然后将是清理时间。一定要让幼儿知道接下来要进行的是哪个环节。

有材料的大组活动时间(主要照护者2)

KDIs:12. 活动部分身体;13. 活动整个身体。

COR:I. 大肌肉运动技能;J. 小肌肉运动技能。

活动:豆袋和小桶。

材料：不同大小、不同形状的小桶（数量足够，保证每名幼儿一个；幼儿可能选择分享相同的小桶，但是为每名幼儿提供一个小桶可以尽量减少冲突），豆袋（数量足够，保证每名幼儿至少两个）。

给每名幼儿两个豆袋，示范把豆袋投入小桶里。把小桶放在游戏空间的四周。邀请幼儿往小桶里投豆袋。可以预见，幼儿可能会尝试用豆袋往其他容器里投，而不关注小桶，要接受这些行为。

每一发展阶段的鹰架学习		
早　期	中　期	晚　期
儿童可以	儿童可以	儿童可以
把豆袋投进小桶里；把小桶倒空；观察其他幼儿用豆袋和小桶做什么。	扔豆袋，并在后面追逐；尝试看到的其他幼儿正在做的事。	用不同方式来扔豆袋（向上扔，向下扔，举手过肩扔，下手扔），用语言表达自己投掷的结果；靠近小桶，以提高命中率。
成人可以	成人可以	成人可以
描述幼儿的行为；叙述其他幼儿正在做的事；模仿幼儿使用豆袋和小桶的方法。	描述幼儿的行为；暂停，让幼儿可以重复表示动作的词语（如"扔""落下""追逐""蹦跳"）；叙述幼儿看到的其他幼儿所做的事；模仿幼儿使用豆袋和小桶的方式。	用具体的词语描述幼儿的行为（如幼儿扔的方式，或者豆袋运行的方向）；模仿幼儿的行为；认可幼儿解决问题的努力（例如，靠近小桶，以提高命中率）。

当幼儿开始对活动失去兴趣时，让幼儿知道他们还有时间再扔两次，然后就到了清理时间。一定要让幼儿知道接下来要进行的是哪个环节。

律动和音乐的大组活动时间

KDIs：15. 稳定的节拍；21. 享受语言；39. 倾听音乐；40. 回应音乐；41. 声音；42. 音调。　　COR：Y. 音乐；Z. 律动。

活动：《乌龟歌》。

材料：《乌龟歌》歌曲卡。

邀请幼儿来到教室中某个开放的空间，这个空间可能是每天进行大组活动的地方。让幼儿知道他们将会听到一首歌，歌里包含了一些律动。先引入一些幼儿能够轻松模仿的简单动作。使用幼儿熟悉的简单动作，如表示"吃"和"喝"的动作，是非常有好处的。在歌曲结束时拍手，以创造出泡泡爆裂的声音。在配合歌词使用这些动作前，要和幼儿一起尝试每个动作。在练习几次动作之后，演唱《乌龟歌》。接受幼儿的参与水平以及他们进行律动的方式。

每一发展阶段的鹰架学习		
早期	中期	晚期
儿童可以 坐着或站着，配合音乐蹦跳或摇摆；尝试通过咿咿呀呀、唱一两个词或发出声音来伴唱；唱歌时观察其他人。	**儿童可以** 模仿一两个简单的词；尝试模仿动作，特别是在一日生活其他环节中熟悉的动作；说"还要"或"乌龟"来表示想要再听一遍。	**儿童可以** 模仿一些单词和动作；用三四个词语或短语来要求再唱一遍。
成人可以 评论幼儿的律动；认可幼儿伴唱的尝试。	**成人可以** 认可幼儿想要演唱并和集体一起进行律动的尝试；满足幼儿的要求，再演唱一遍歌曲。	**成人可以** 认可幼儿想要演唱并和集体一起进行律动的尝试；满足幼儿的要求，再演唱一遍歌曲。当幼儿添加了其他动作或律动时，描述他们是怎样律动的，并模仿他们的动作。

让幼儿知道，你将再演唱一遍歌曲，或在过渡到下一个环节的过程中继续演唱歌曲。

户外活动时间

把集体活动时间进行的活动延伸到户外，把蜡笔带到户外，在水泥地上使用。

也可以为幼儿提供粉笔，让幼儿尝试绘画。指出用蜡笔和粉笔所画记号的不同。

过渡时间

在进行过渡的过程中，一定要让幼儿有选择。例如，幼儿可以选择怎样过渡到下一个环节，他们可以选择在过渡时唱哪首歌曲，可以选择走什么路线来到教室的另一部分，也可以选择在过渡时携带什么物品。

一日生活的其他时间

入园时间

对于所有在前一天离园时间你没有见到的家长，都要提醒他们家长图书馆中新增加的图书（如本章开头所述）。

休息时间

以较低的音量哼唱或演奏一首轻柔的、没有歌词的音乐，以帮助屏蔽背景的噪声，同时在幼儿入睡时轻柔地摇晃幼儿或抚摸幼儿的后背。

清理时间

允许幼儿以自己的节奏来进行清理。一些幼儿可能快速地完成清理，并且每天都能捡起很多物品，同时另一些幼儿可能动作缓慢，每天只能捡一两件物品，并花费很多时间观察别人。幼儿是否清理了自己使用的每件物品并不特别重要，重要的是让他们参与让教室保持安全、把材料放回原本的地点（以便第二天能轻松找到）的过程。

计划时间（对于年龄稍大的学步儿）

题目："计划火车"

让幼儿知道，今天他们将要用与前一天相同的方法来做出计划——通过"乘坐火车"来游览教室。"火车"会在每一个区域停下。开始时停在前一天最初停下的区域。按照相同的程序进行，并与每名幼儿进行关于计划的对话，幼儿可以用语言的方式、身体的方式，或者用材料来表达自己感兴趣的区域。

观 察

在与幼儿互动的过程中，仔细观察他们的行为，并为下面的关键发展指标和观察评价指标记录具体的、客观的逸事。

KDIs：32. 预见事件。

COR：R. 书写；HH. 历史。

后续活动

在歌曲盒中添加《乌龟歌》歌曲卡。

与其他教师和照护者分享幼儿个人常规的变化。

第 3 天

选择时间

KDIs：12. 活动部分身体；13. 活动整个身体；14. 携物活动。

COR：I. 大肌肉运动技能；J. 小肌肉运动技能。

学步儿是感觉运动学习者，他们以各种不同的方式使用自己的身体来完成任务、在空间中移动，并尝试新事物。观察每名幼儿怎样使用自己的身体，评论每名幼儿正在做的事。使自己处于幼儿的身体高度与他们互动，并用与幼儿相同的方式做动作。适度增加一些难度，以提高幼儿的技能和独立性。当你作为一名被信任的照护者以幼儿的身体高度出现在他们眼前时，幼儿更可能冒险，并尝试使用新物品。

每一发展阶段的鹰架学习		
早期	中期	晚期
儿童可以 通过爬行、站立、平衡、走以及用不同方式使用物品来移动。	*儿童可以* 走得更稳；走的时候携带物品；爬到家具上；独立尝试更多小肌肉运动技能，如使用双手把物品拆开再把它们组合起来。	*儿童可以* 会跑，能轻松围绕物品转向；会跳跃；独立尝试越来越复杂的小肌肉运动技能，如打开、合上物品，或用大拇指和四指握着物品。
成人可以 评论幼儿怎样移动以及使用他们的身体；和幼儿一起，用相同的方式移动身体（例如，爬到幼儿身边）；在幼儿站着时蹲下来，与幼儿的身体保持相同的高度；把幼儿感兴趣的物品放在他们够不到的位置或某个物品的后面，鼓励幼儿在障碍物周围或上面移动。	*成人可以* 评论幼儿如何移动以及如何使用他们的身体；当幼儿站立、走路以及在家具上攀爬时，蹲下来或跪下来，在幼儿的身体高度与幼儿待一会儿；为攀爬创造空间，如在地板上增加枕头和垫子，以挑战学步儿的肌肉运动能力。	*成人可以* 评论幼儿如何移动以及使用他们的身体；当幼儿站立、走路以及在家具上攀爬时，蹲下来或跪下来，在幼儿的身体高度与幼儿待一会儿；调整攀爬设施，引入能对幼儿形成新的小挑战的设施。

身体护理时间

KDIs：21. 享受语言。　　　　　　　**COR**：Y. 音乐。

在为幼儿换尿布及洗手、洗脸时，唱幼儿最喜欢的歌曲。询问幼儿想要听什么歌，或创编一首关于身体护理的歌曲，把幼儿的名字加入歌曲中。例如，当你给幼儿穿衣服时，可以合着《摇，摇，摇小船》的曲调来演唱如下歌词，描述你所做的事（歌词不一定非得押韵）。

解，解，解开你的连体衣，

解开它，解，解！

现在你脱下了连体衣，

让我们来睡觉。

进餐时间

KDIs：4. 区分自我与他人；7. 和同伴的关系；11. 参与大组活动。　　**COR**：F. 与其他幼儿建立关系；G. 集体。

吸引幼儿注意正在吃饭的其他孩子，并指出他们所吃的食物以及吃的方式与幼儿的相同点与不同点。例如，你可以说："你看到了桌子另一边的伊兹拉。他正在吃薄饼干，你也在吃薄饼干。"

有材料的大组活动时间（主要照护者1）

KDIs：12. 活动部分身体；13. 活动整个身体。　　**COR**：I. 大肌肉运动技能；J. 小肌肉运动技能。

活动：豆袋和小桶。

材料：不同大小、不同形状的小桶（数量足够，保证每名幼儿一个；幼儿可能选择分享相同的小桶，但是为每名幼儿提供一个小桶可以尽量减少冲突），豆袋（数量足够，保证每名幼儿至少两个）。

给每名幼儿两个豆袋，示范把豆袋投入小桶里。把小桶放在游戏空间的四周。邀请幼儿往小桶里投豆袋。可以预见，幼儿可能会尝试用豆袋往其他容器里投，而不关注小桶，要接受这些行为。

每一发展阶段的鹰架学习		
早 期	中 期	晚 期
儿童可以	儿童可以	儿童可以
把豆袋投进小桶里；把小桶倒空；观察其他幼儿用豆袋和小桶做什么。	扔豆袋，并在后面追逐；尝试看到的其他幼儿正在做的事。	用不同方式来扔豆袋（向上扔，向下扔，举手过肩扔，下手扔），用语言表达自己投掷的结果；靠近小桶，以提高命中率。
成人可以	成人可以	成人可以
描述幼儿的行为；叙述其他幼儿正在做的事；模仿幼儿使用豆袋和小桶的方法。	描述幼儿的行为；暂停，让幼儿可以重复表示动作的词语（如"扔""落下""追逐""蹦跳"）；叙述幼儿看到的其他幼儿所做的事；模仿幼儿使用豆袋和小桶的方式。	用具体的词语描述幼儿的行为（如幼儿扔的方式，或者豆袋运行的方向）；模仿幼儿的行为；认可幼儿解决问题的努力（例如，靠近小桶，以提高命中率）。

当幼儿开始对活动失去兴趣时，让幼儿知道他们还有时间再扔两次，然后就到了清理时间。一定要让幼儿知道接下来要进行的是哪个环节。

有材料的大组活动时间（主要照护者2）

KDIs：12. 活动部分身体；37. 探索艺术材料。

COR：J. 小肌肉运动技能；R. 书写；X. 视觉艺术。

活动：用马克笔或蜡笔涂色。

材料：不同颜色的大号马克笔、不同颜色的大号蜡笔、纸张。

为每名幼儿提供一套马克笔或蜡笔，以及一张纸。幼儿喜欢马克笔，因为用它更容易在纸上画出记号。年幼的幼儿通常会觉得蜡笔有点难用，因为需要用力按才能在纸上画出痕迹。要给幼儿马克笔和蜡笔使用的机会，这将有助于幼儿发展手部肌肉的运动技能，也会让他们在纸上画出满意的记号。在使用马克笔和蜡笔时，学步儿也会清晰地看到因果关系，也就是用书写工具进行操作会在纸上留下可见的记号。同样，他们也可能看到，使用不同的力道会产生不同的结果。

记住，这个年龄的幼儿还在口唇探索期，所以需要密切关注他们的动作。如果幼儿把马克笔或蜡笔放进嘴里，轻柔地提醒幼儿，马克笔和蜡笔都要用在纸上。不要把笔帽放在幼儿能够到的高度，因为可能会卡住幼儿。

在给幼儿马克笔之前，把笔帽摘下来，或者给他们没有笔帽的马克笔（例如，按动式马克笔）。

每一发展阶段的鹰架学习		
早 期	中 期	晚 期
儿童可以 探索马克笔或蜡笔：把笔在两手之间来回传递，每只手中握着一支笔，用笔在纸上点来点去；在纸上画出无意义的记号；尝试使出足够大的力量用蜡笔画出记号，但还不具备这种能力。	**儿童可以** 用马克笔在纸上画出记号；每只手都拿着一支马克笔，在两手之间来回传递笔，或一直用一只手来使用马克笔。	**儿童可以** 用马克笔和蜡笔有目的地在纸上画出记号；展示出连续用一只手进行书写或涂色的倾向，并开始画出类似字母的形状和线条；用语言表达自己绘画的想法。
成人可以 描述幼儿的探索和行为；在幼儿旁边，以与幼儿同样的书写或涂色能力来进行涂色（例如，如果幼儿正在画点或胡乱涂鸦，成人也要在自己的纸上模仿幼儿画点或胡乱涂鸦）。	**成人可以** 命名幼儿所选择的颜色，描述他们在纸上画出的记号；在幼儿旁边，以与幼儿同样的书写或涂色能力来进行涂色；在自己的纸上模仿幼儿正在做的事（例如，画出短线或大片的涂鸦）。	**成人可以** 命名幼儿选择的颜色，认可他们的想法，描述他们是如何使用马克笔和蜡笔的；在幼儿旁边，以与幼儿同样的书写或涂色能力来进行涂色；在自己的纸上模仿幼儿正在做的事（例如，画出线条或不规则的图形）。

当幼儿开始对活动失去兴趣时，让幼儿知道他们有时间在纸上画出更多记号，然后将是清理时间。一定要让幼儿知道接下来要进行的是哪个环节。

律动和音乐的大组活动时间

KDIs：14. 携物运动；22. 探索物品。 **COR**：A. 主动性和计划性。

活动：按摩器。

材料：木制球状按摩器、滚动式按摩器，或手持按摩器。

要确保每名幼儿至少有一个按摩器。

为每名幼儿提供一个按摩器，请他们用不同的方式来使用这些按摩器。观察幼儿怎样使用按摩器。模仿幼儿的动作，并示范用其他方法、在其他地方滚动按摩器。

每一发展阶段的鹰架学习		
早期	中期	晚期
儿童可以 用自己的手和嘴巴探索按摩器；观察滚轮怎样移动以及其他幼儿怎样使用按摩器。	**儿童可以** 以不同的方式使用按摩器；尝试其他人的方法；用单个词，如"滚""腿""地板"，来描述自己的动作。	**儿童可以** 以不同方式使用按摩器；提出关于按摩器使用方法的想法；用简短的语言来描述自己的想法、选择以及行为。
成人可以 评论幼儿的行为，描述他们的观察，模仿幼儿用手使用按摩器的方法。	**成人可以** 评论幼儿的想法，并尝试这些想法（例如，成人可以说："你正在地板上滚动按摩器。我也准备在地板上滚动我的按摩器。"）；通过提问"你还可以在哪里滚动按摩器"来扩展幼儿的想法。	**成人可以** 评论幼儿的行为，并尝试这些想法；适度扩展幼儿的学习，询问他们，在身上的不同部位使用按摩器有什么感觉。

当幼儿开始对活动失去兴趣时，把不再使用的材料收起来，让幼儿知道接下来将要进入哪个环节。如果可能，要支持逐步的或有重叠的过渡，允许幼儿随身携带一个按摩器过渡到下一个环节。

户外活动时间

作为集体活动的延伸，把豆袋和小桶带到户外。把小桶放在足够大的空间中，以便幼儿可以把豆袋扔进桶里而不是其他人身上。幼儿可能会用不同的方式来使用豆袋，或者可能想把球扔进桶里。

过渡时间

在过渡期间，一次只给幼儿一两个指令。太多指令会让幼儿感到被淹没，并且不太可能继续集中注意力。

一日生活的其他时间

入园时间

在家长离开时,为幼儿提供最喜欢的书或唱一首最喜欢的歌曲。

清理时间

在清理时为幼儿描述你正在做的事。鼓励幼儿带走身边的一两件物品。例如,成人可以说:"林迪,你手里有一个球。你能把它放进这个篮子吗?这样我们就可以准备吃午饭了。"然后成人把篮子移到距离幼儿更近的位置。

计划时间(为年龄稍大的学步儿)

题目:"计划火车"

在第三天,用相同的策略进行计划和回顾,这样可以提供一定程度的连续性和熟悉感,将帮助幼儿为自己的选择时间做出计划。仍然遵照前两天的程序,但是考虑从一个新的区域开始,特别是如果幼儿表现出喜欢在第一站做计划的倾向的话(更要如此)。这将有助于让幼儿看到其他可以工作的区域,或将会鼓励幼儿学会等待,直到"火车"开到自己想要工作的区域。

观 察

在与幼儿互动的过程中,仔细观察他们的行为,并为下面的关键发展指标和观察评价指标记录具体的、客观的逸事。

KDIs:1. 主动性;4. 区分自我与他人;14. 携物活动;33. 时间间隔。
COR:A. 主动性和计划性;FF. 对自我和他人的认知;HH. 历史。

后续活动

更新幼儿的图书,增加一些与幼儿兴趣或其家庭生活有关的新书。留下非常受欢迎或幼儿非常熟悉的书,这样当幼儿在入园时或在休息时间出现问题时,仍可以找到这些书。

第 4 天

选择时间

KDIs：7. 和同伴的关系；10. 和他人玩耍；18. 双向沟通；19. 表达。

COR：E. 与成人建立关系；L. 表达。

在幼儿游戏的过程中，认可他们与你及其他幼儿的互动，并在幼儿尝试用语言进行交流时，关注他们的交流模式。你可能注意到，幼儿会用咕咕声或咿咿呀呀来回应他人的谈话，或表达自己。记录幼儿是怎样观察他人并用语言回应的。

每一发展阶段的鹰架学习		
早 期	中 期	晚 期
儿童可以	*儿童可以*	*儿童可以*
咿咿呀呀声中混合一两个单词；表达中混合了手势，如用手指；暂停轮流交流发声，从而实现。	使用单个词语来发起互动，交流自己的需要、需求；混合使用手势和单词来交流自己的想法。	用3—4个单词或一个短语来直接评论成人或其他幼儿。
成人可以	*成人可以*	*成人可以*
与幼儿进行交流，并解释他们想要交流的内容；重复熟悉的物品（如"牛奶""尿布""球"）、动作（如"喝""拍手"）以及形容词（如"更多""大"）的单个词语，以便幼儿开始建立词库。	认可幼儿想要用完整句交流、回应的尝试；解释幼儿的行为，以支持幼儿的语言发展。	认可幼儿想要恰当交流和回应的努力；为幼儿解释他们的交流意图（例如，成人可以说："乔什，马克斯在问你是否想要玩卡车。"）；通过谈论当前正在做的事或引发幼儿兴趣的话题来鼓励幼儿有来有回地进行交流。

身体护理时间

KDIs：16. 倾听和回应；22. 探索物品。

COR：M. 倾听与理解；L. 表达。

与幼儿交流周围的环境，为幼儿描述他们的所见和所闻。关注幼儿现在的所见,并评论引起学步儿注意的事物。你的语言要足够简单,并重复幼儿熟悉的词语。暂停一会儿,以便让幼儿可以用咿咿呀呀或词语来回应。

在洗手的过程中,要多给幼儿一些时间。幼儿可能需要额外的时间来探索水,发现水龙头是怎样工作的,用肥皂制造泡泡,或者仅仅是把手放在水流下。

进餐时间

KDIs:16. 倾听和回应;19. 表达;20. 探索印刷品;21. 享受语言。　　COR:L. 表达;M. 倾听与理解;P. 阅读;Q. 图书知识与乐趣。

在幼儿吃饭时,选择一两个简单的故事读给桌边的幼儿听。对幼儿来说,在小组中阅读会让他们更容易看到图片,也让他们有机会在交流过程中插话,并评论他们看到的图画。

在阅读时,通过指出熟悉的动物、名字或其事物,让幼儿有机会联系生活中的事。例如,你可以说:"在这本书里,米格尔有一条狗,就像你们有些人家里也有狗一样。"或者:"这只熊的名字是克洛伊,就像我们班里也有一个女孩叫克洛伊。"允许幼儿评论、重复你的词语,并指向图画。

有材料的大组活动时间（主要照护者1）

KDIs：22. 探索物品；34. 速度；35. 原因和结果；37. 探索艺术材料。

COR：X. 视觉艺术；CC. 实验、预测和得出结论。

活动：用球绘画。

材料：大纸，在可清洗的表面（如瓷砖地或户外的操场）摊开；球（网球、高尔夫球、乒乓球或其他类似大小的球）；可清洗的颜料；绘画罩衣（保护衣服）；湿布（用于简单清理）；小颜料托盘（作为备用材料）。

告诉幼儿，今天他们将要用球来绘画。在大纸上添加一些颜料，并示范将球从颜料上滚过。为幼儿提供球，鼓励他们将球从颜料上滚过。

一些幼儿对在颜料中玩球或用手探索球感兴趣。为这些幼儿提供一些装有颜料的小托盘，幼儿可以以自己想要的任何方式来使用。

另一种方法为将常规大小的纸放进中等大小的桶里。在纸上涂颜料，然后往小桶里扔球。允许幼儿摇晃桶，以便让球在颜料上滚动。幼儿也可以把桶放在地板上，然后用手让球移动。

每一发展阶段的鹰架学习

早期	中期	晚期
儿童可以	*儿童可以*	*儿童可以*
在颜料上滚动球，并观察球在纸上留下的痕迹；用手探索颜料；观察其他幼儿在做什么。	在颜料上滚动球；用单个词语来表达自己的想法、动作或结果；尝试其他人的想法。	在颜料上滚动球；发现用球在纸上留下印记的不同方法；用3—4个单词描述自己的目的或行为的结果。

续表

每一发展阶段的鹰架学习		
早期	中期	晚期
成人可以 评论幼儿的行为，描述他们正在观察的事物（例如，成人可以说："当你在颜料中滚球时，球在纸上留下了蓝色的条纹。"）。	**成人可以** 评论幼儿的行为，对他们的语言表达做出回应，并回应他们对绘画经验的反应；模仿幼儿的想法，用与幼儿相同的方法使用颜料和球（例如，成人可以说："你将球从颜料上快速地滚过。球在纸上留下了飞溅的痕迹。我准备试试你的主意。"）。	**成人可以** 评论幼儿的选择，并尝试他们的想法；偶尔问一下幼儿，他们还想在其他什么地方滚动球和颜料（例如，成人可以说："我们还可以怎样使用球来在纸上留下颜料的痕迹？"或者："如果我们让球在颜料里弹跳，你觉得会发生什么？"）。

当幼儿开始对活动失去兴趣时，让幼儿知道，他们还有时间来尝试更多使用颜料的想法。帮助幼儿进行清理，从对活动失去兴趣的幼儿开始，给还在忙于绘画的幼儿更多时间进行探索，同时你还要帮助其他幼儿。为了进一步减少等待时间，为幼儿提供湿布，用来擦掉手上及工作台上的颜料。在你协助幼儿完成清理工作后，让幼儿知道接下来将要进入哪个环节。

有材料的大组活动时间（主要照护者2）

KDIs：22. 探索物品；26. 一一对应；27. 计数；29. 装满和倒空。　　**COR**：J. 小肌肉运动技能；S. 数字和点数；U. 测量。

活动：积木和马芬托。

材料：马芬托（或冰块托），有颜色的积木（大小与马芬托相当，可以使用塑料蛋替代）。

为每个孩子提供一个马芬托和一些积木。示范把一些积木放进马芬托里（让另一些马芬托空着）。

每一发展阶段的鹰架学习		
早期	中期	晚期
儿童可以 往马芬托里放积木，可能在每个马芬托中放不止一块积木，然后把积木倒出来。	儿童可以 往每个马芬托放一块积木；在放的同时说出数词"1""2"等。	儿童可以 往每个马芬托中放一块积木；在往里放或往外拿积木时，死记硬背地数数。
成人可以 模仿幼儿的想法，描述他们正在做的事（例如，成人可以说："你把一块蓝色积木放进一个马芬托里，把一块绿色积木放进另一个马芬托里。现在，你把一块红色积木放进了另一个空间。看起来你正在填满马芬托。我准备也尝试你的方法。"）。	成人可以 使用简单的数词评论幼儿的行为；用你自己的马芬托和积木尝试幼儿的想法［例如，成人可以说："你正把积木放进马芬托里。我看到了1，2，3，4（成人触碰每块积木，同时数数），在你的马芬托里，有4块积木。"］。	成人可以 评论幼儿的行为，和他们一起数，尝试他们的想法；示范数数；每触碰一块积木数一个数字；邀请幼儿帮助自己数积木（例如，成人可以说："我看到你数了积木。我想知道你能不能帮我数一下。"）。

当幼儿对活动失去兴趣时，把不再使用的材料收起来。考虑让幼儿携带一两块积木过渡到下一个环节，这将让活动之间的过渡更加轻松，并让幼儿可以继续探索积木。

律动和音乐的大组活动时间

KDIs：22. 探索物品。

COR：BB. 观察与分类；CC. 实验、预测和得出结论。

活动：探索泡泡。

材料：泡泡水（无毒）；几个大桶（避免所有人围着一个桶从而过于拥挤）；不同大小、不同长度的吹泡泡杆（确保每名幼儿有两个泡泡杆，还要额外多准备一些）；

（可选材料）可产生泡泡的物品，如金属线滤器、改造过的金属挂钩、过滤器、苹果切割器、饼干切割器、漏斗、苍蝇拍、玻璃罐盖子上的圆环、呈闭环状的烟斗通条。

邀请幼儿到大桶边上，让他们知道今天他们将要探索泡泡。为幼儿吹泡泡，允许他们以自己的方式做出反应（例如拍打泡泡或追逐泡泡）。幼儿也可能会对吹泡泡感兴趣。为每名幼儿提供一两个吹泡泡杆。继续为喜欢拍打泡泡和追逐泡泡的幼儿吹泡泡。

注意：要在地毯上或户外进行这个活动，以避免让地面变得湿滑。如果你在地砖或木地板上进行这个活动，活动开始前要在地面铺上毛巾或不粘的地毯。

每一发展阶段的鹰架学习		
早　期	中　期	晚　期
儿童可以 四处追逐、拍打移动的泡泡；在泡泡爆开时大笑，或因追到泡泡前泡泡就爆开而感到沮丧；尝试吹泡泡，但是把吹泡泡杆或其他工具放进嘴里。	*儿童可以* 尝试吹泡泡；追逐泡泡，用手或脚让泡泡爆开；用单个词语描述自己的行为。	*儿童可以* 吹泡泡；用单词和短语来描述泡泡飞去哪里、泡泡落在哪里，以及他们是怎么爆开泡泡的。
成人可以 为幼儿吹泡泡，让他们可以观察泡泡、爆开泡泡；示范怎样使用吹泡泡杆和其他工具来吹泡泡；描述幼儿的行为和感受（例如，成人可以说："泡泡在周围飘浮时，你在大笑。"或者："你追在泡泡后面爬，在地板上弄破了泡泡。"）。	*成人可以* 为幼儿吹泡泡，让他们可以观察泡泡、爆开泡泡；示范怎样使用吹泡泡杆和其他工具来吹泡泡；描述幼儿想要吹泡泡、爆开泡泡的努力；评论幼儿爆开泡泡的方式，并模仿他们的表情和情绪。	*成人可以* 评论幼儿的选择并模仿他们的想法（例如，成人可以说："你真的吹得很用力，你吹出了很多泡泡。"或者："你正在轻柔地吹，吹出了一个非常大的泡泡。"）。

当幼儿开始对活动失去兴趣时，让他们知道即将进入清理时间，告诉他们接下来将会发生什么。

为幼儿提供干抹布来擦干自己的手，或让他们在水槽处洗掉手上的肥皂。

户外活动时间

把吹泡泡的器具带到户外，进行集体活动的延伸。为幼儿提供许多装有泡泡水的大桶，并给每名幼儿足够的空间，让他们可以尝试自己的想法。提供其他可以在大的空间中制造泡泡的材料，如苍蝇拍、大的吹泡泡杆、绳圈、改造过的金属挂钩以及用毛根制作的吹泡泡杆等。由于泡泡水是液体，所以要密切关注安全问题。照护者可通过尝试幼儿的想法并用不同方式吹泡泡来参与幼儿的活动。

过渡时间

提前告知幼儿接下来会发生什么。鼓励能够独立行走的幼儿跟随你来到一日活动的下一个环节。例如，如果你为午餐做好了准备，拉着仍在学习迈步的幼儿的手去往水池边洗手，鼓励能独立行走的幼儿加入你们，一起来到水池边，为午餐做好准备。

当你为学步儿提供各种运动方式时，过渡可能是游戏性的、令人兴奋的。你可以鼓励学步儿选择一种运动方式来到水池边，如蹦跳、齐步走或爬行。

一日生活的其他时间

计划时间（为年龄稍大的学步儿）

题目：指向一个区域或一件物品

请每名幼儿指向一个想要玩游戏的区域或一件想要玩的玩具。由于这些年龄稍大的学步儿已经做过计划，并在过去几天的计划时间通过与你的交流听过教室中区域的名称，所以大多数幼儿将能够用语言或非语言的方式确定一个区域。从已做过准备、能顺利表达自己想法的幼儿开始。对于对计划表现出犹豫的幼儿，让他们接近你认为他们会喜欢的材料或区域。

休息时间

在幼儿开始准备休息时或在休息时间结束后醒来时，为幼儿提供能独立使用的图书或拼图；与此同时，其他幼儿可以仍处于休息的不同阶段。

清理时间

与小组中的幼儿一起清理幼儿所在的空间。对许多幼儿来说，一下子向多组幼儿提出许多要求可能难以接受；对准备好进入清理时间的幼儿来说，这样也会让他们分心。所以，要与单组幼儿一起工作，给他们一些个人的支持，和他们一起清理，并且每次只清理一个区域。

离园时间

与家长分享幼儿正在生成的就餐技能。提供一些想法，让家长了解在家应该怎样支持相同技能的发展。

观　察

在与幼儿互动的过程中，仔细观察他们的行为，并为下面的关键发展指标和观察评价指标记录具体的、客观的逸事。

KDIs：16. 倾听和回应；17. 非语言沟通；18. 双向沟通；19. 表达；20. 探索印刷品。

COR：L. 表达；M. 倾听与理解；P. 阅读；Q. 图书知识与乐趣。

后续活动

把吹泡泡材料带到户外，在未来几天，幼儿可以继续使用这些材料。

第 5 天

选择时间

KDIs：1. 主动性；22. 探索物品。　　**COR**：A. 主动性和计划性。

在幼儿游戏的过程中，描述幼儿怎样选择要使用的材料，以及怎样使用材料。语言要简单，重复幼儿熟悉的单词并不时引入新词。暂停一下，以允许幼儿来处理你的语言并做出反应。记住，幼儿可能会通过词语来做出反应，或者通过口语表达加身体语言来做出反应。

每一发展阶段的鹰架学习		
早期	中期	晚期
儿童可以 找出以前用过的喜欢的物品；重复喜欢的动作并尝试新的想法；重复物品的名字和说过的单词。	**儿童可以** 用一两个词表明自己的选择；重新使用之前用过的物品或尝试新的想法。	**儿童可以** 用短句子或短语来表明自己的选择；用教室中的材料尝试新想法；在进行某种行为时或尝试某种想法前描述自己的行为或想法。
成人可以 存储材料，以便幼儿能够轻松看到并接近这些材料；固定放置材料的地点，这样幼儿能够回到相同的地点再次找到材料。	**成人可以** 认可幼儿的想法，并以与幼儿相同的方式来使用材料；评论幼儿再次使用的材料，命名他们探索的新材料；提供有相似功能的材料（例如，如果成人注意到幼儿在码放积木，就可以为幼儿提供一些木制的线轴，并说："我看到你在堆积木。这儿还有一些东西，你可以用来堆放。"）。	**成人可以** 认可幼儿对自己的选择的语言表达，描述他们的行为，并以相同的方式来使用材料；提出"如果……"或"我想知道……"之类和缓的问题来支持幼儿用新的方式进行探索（例如，成人可以说："看起来那样并不能按进去。如果你把它旋转一下呢？"）。

身体护理时间

KDIs：16. 倾听和回应；18. 双向沟通；19. 表达。　　**COR**：C. 反思；L. 表达；M. 倾听与理解。

在换尿布以及身体护理常规中，与幼儿谈论他们一天的生活，谈论他们已经体验过的事物，以及接下来还会发生什么。

进餐时间

KDIs：3. 自我照顾；12. 活动部分身体。

COR：J. 小肌肉运动技能；K. 自我照顾和健康行为。

进餐时间中，为幼儿提供适合的盘子、勺子或儿童尺寸的叉子。即使幼儿还不能使用叉子或勺子来把食物放进嘴里，只要他们重复抓握、操控、使用这些器具，他们的控制能力以及学习使用这些器具的兴趣就会越来越高。

有材料的大组活动时间（主要照护者1）

KDIs：22. 探索物品；26. 一一对应；27. 计数；29 装满和倒空。

COR：J. 小肌肉运动技能；S. 数字和点数；U. 测量。

活动：积木和马芬托。

材料：马芬托（或冰块托），有颜色的积木（大小与一个马芬托相当，可以使用塑料蛋替代）。

为每个孩子提供一个马芬托和一些积木。示范把一些积木放进马芬托里（让另一些马芬托空着）。

每一发展阶段的鹰架学习		
早 期	中 期	晚 期
儿童可以	儿童可以	儿童可以
往马芬托里放积木，可能在每个马芬托中放不止一块积木，然后把积木倒出来。	往每个马芬托中放一块积木；在放的同时说出数词"1""2"等。	往每个马芬托中放一块积木；在往里放或往外拿积木时，死记硬背地数数。
成人可以	成人可以	成人可以
模仿幼儿的想法，描述他们正在做的事（例如，成人可以说："你把一块蓝色积木放进一个马芬托里，把一块绿色积木放进另一个马芬托里。现在，你把一块红色积木放进了另一个空间。看起来你正在填满马芬托。我准备也尝试你的方法。"）。	使用简单的数词评论幼儿的行为；用你自己的马芬托和积木尝试幼儿的想法［例如，成人可以说："你正把积木放进马芬托里。我看到了1，2，3，4（成人触碰每块积木，同时数数），在你的马芬托里，有4块积木。"］。	评论幼儿的行为，和他们一起数，尝试他们的想法；示范数数：每触碰一块积木数一个数字；邀请幼儿帮助自己数积木（例如，成人可以说："我看到你数了积木。我想知道你能不能帮我数一下。"）。

当幼儿对活动失去兴趣时，把不再使用的材料收起来。考虑让幼儿携带一两块积木过渡到下一个环节，这将让活动之间的过渡更加轻松，并让幼儿可以继续探索积木。

有材料的大组活动时间（主要照护者2）

KDIs：22. 探索物品；34. 速度；35. 原因和结果；37. 探索艺术材料。

COR：X. 视觉艺术；CC. 实验、预测和得出结论。

活动：用球绘画。

材料：大纸，在可清洗的表面（如瓷砖地或户外的操场）摊开；球（网球、高尔夫球、乒乓球或其他类似大小的球）；可清洗的颜料；绘画罩衣（保护衣服）；湿布（用于简单清理）；小颜料托盘（作为备用材料）。

告诉幼儿，今天他们将要用球来绘画。在大纸上添加一些颜料，并示范将球从颜料上滚过。为幼儿提供球，鼓励他们将球滚过从颜料上。

一些幼儿对在颜料中玩球或用手探索球感兴趣。为这些幼儿提供一些装有颜料的小托盘，幼儿可以以自己想要的任何方式来使用。

另一种方法为将常规大小的纸放进中等大小的桶里。在纸上涂颜料，然后往小桶里扔球。允许幼儿摇晃倾倒桶，以便让球在颜料上滚动。幼儿也可以把桶放在地板上，然后用手让球移动。

每一发展阶段的鹰架学习		
早 期	中 期	晚 期
儿童可以 在颜料上滚动球，并观察球在纸上留下的痕迹；用手探索颜料；观察其他幼儿在做什么。	*儿童可以* 在颜料上滚动球；用单个词语来表达自己的想法、动作或结果；尝试其他人的想法。	*儿童可以* 在颜料上滚动球；发现用球在纸上留下印记的不同方法；用3—4个单词描述自己的目的或行为的结果。
成人可以 评论幼儿的行为，描述他们正在观察的事物（例如，成人可以说："当你在颜料中滚球时，球在纸上留下了蓝色的条纹。"）	*成人可以* 评论幼儿的行为，对他们的语言表达做出回应，并回应幼儿对绘画经验的反应；模仿幼儿的想法，用与幼儿相同的方法使用颜料和球。（例如，成人可以说："你将球从颜料上快速地滚过。球在纸上留下了飞溅的痕迹。我准备试试你的主意。"）	*成人可以* 评论幼儿的选择，并尝试他们的想法；偶尔问一下幼儿，他们还想在其他什么地方滚动球和颜料。（例如，成人可以说："我们还可以怎样使用球来在纸上留下颜料的痕迹？"或者："如果我们让球在颜料里弹跳，你觉得会发生什么？"）

当幼儿开始对活动失去兴趣时，让幼儿知道，他们还有时间来尝试更多使用颜料的想法。帮助幼儿进行清理，从对活动失去兴趣的幼儿开始，给还在忙于绘画的

幼儿更多时间进行探索，同时你还要帮助其他幼儿。为了进一步减少等待时间，为幼儿提供湿布，用来擦掉手上及工作台上的颜料。在你协助幼儿完成清理工作后，让幼儿知道接下来将要进入哪个环节。

律动和音乐的大组活动时间

KDIs：12. 活动部分身体；13. 活动整个身体；39. 倾听音乐；40. 回应音乐。

COR：I. 大肌肉运动技能；Z. 律动。

活动：合着音乐律动。

材料：没有歌词的音乐。

让幼儿知道，他们将集体用不同的方式来移动自己的身体。请幼儿展示它们喜欢的律动方式，包括移动腿、胳膊或手的方式。给幼儿几分钟时间来尝试不同的律动方式，教师观察幼儿。通过模仿幼儿的律动、示范其他律动方法（一定要简单）来支持幼儿。例如，对幼儿来说，移动手指很难模仿，但是你可以摇摆手或张开、合上双手。

在幼儿选择了一种移动身体的方式之后，播放没有歌词的音乐，鼓励幼儿伴随音乐进行律动。

每一发展阶段的鹰架学习		
早期	中期	晚期
儿童可以 站着并蹦跳；随着音乐摇摆；观察其他人。	**儿童可以** 以不同方式律动，包括弯曲身体、转身以及移动胳膊和腿；观察其他人，并模仿他们的想法。	**儿童可以** 合着音乐进行律动，并用三四个单词来描述自己正在做的事；提出律动的想法。
成人可以 评论幼儿律动的方式；模仿幼儿的律动；描述幼儿看到的其他幼儿正在做的事。	**成人可以** 评论幼儿律动的方式，模仿他们的动作；描述其他幼儿是怎样进行律动的，并描述他们想要模仿其他幼儿的尝试。	**成人可以** 评论幼儿律动的方式；尝试幼儿提出的想法；鼓励幼儿尝试别人的想法。

当幼儿开始对活动失去兴趣时，让幼儿知道他们还有时间再尝试一种律动方式。然后告诉幼儿接下来要做什么。

户外活动时间

把图书带到户外，让幼儿坐在毯子上阅读。在你和幼儿一起阅读的时候，要记住幼儿可能对看图画而非听故事更感兴趣。如果他们能够翻页——一次一页或一次多页，要允许他们自己来翻书，即使那样意味着你无法读完所有文字。可以和幼儿谈一谈在图中看到了什么，或者描述幼儿是如何使用图书、如何翻页的。

作为用球绘画活动的延伸，在户外提供一小桶水和一些球。请幼儿从水中拿出球，然后在人行道上滚球。向幼儿指出留在人行道上的水痕，并让幼儿想起之前用颜料来绘画的活动。

过渡时间

在进行过渡环节时，描述幼儿周围所出现的事物，描述你正在做的事，并告诉幼儿接下来会发生什么。过渡时间让你有机会与幼儿进行交流，建立关系，并可以让幼儿参与过渡的过程。

一日生活的其他时间

入园时间

提醒家长完成家庭调查问卷并交回问卷。

计划时间（为年龄稍大的学步儿）

题目：指向一个区域或一件物品

为了练习做出计划并熟悉计划这一概念，要重复这样的做法：让幼儿指向想要工作的区域。幼儿可能会用语言或非语言的方式来进行回应。无论哪种方式，都要鼓励幼儿详尽描述自己的想法，可以说："你想要在积木区做什么呢？"或者："你正指向积木区。让我看看你想要玩什么玩具。"

休息时间

在过渡到休息时间的过程中，认可幼儿的情感。记住：在不熟悉的地方睡觉可能是令人不安的；当幼儿累了的时候，他们会更敏感。

清理时间

接受个别幼儿不同的参与水平。一些幼儿可能会清理很多物品，其他幼儿可能只清理几件物品。同样，一些幼儿很少关注放回物品的方式，而另一些幼儿会花很多时间把积木摆成一条线，把布娃娃以某种姿势摆放在娃娃床上，或确保所有木偶都正确地放进了小桶里。如果他们的工作被珍视，他们个人的贡献被接受，那么幼儿就更愿意继续参与清理时间的活动。

离园时间

与家长分享你在教室中使用过的成功过渡的方法。当家长要完成生活任务，如去超市购物或去儿童中心时，以创造性的方式让幼儿完成必要的任务或结束幼儿正兴致勃勃的活动有助于减小他们在家的压力。

观 察

在与幼儿互动的过程中，仔细观察他们的行为，并为下面的关键发展指标和观察评价指标记录具体的、客观的逸事。

  KDIs：1. 主动性；26. 一一对应；27. 计数；39. 倾听音乐；40. 回应音乐。

  COR：A. 主动性和计划性；U. 测量；Z. 律动。

后续活动

  使用过去两周用过的、挂在换尿布区域或挂在点心桌附近的金属物制作一个悬挂物。（安全起见，不要添加过多物品或过大的物品，以免悬挂物太重。）

  组织本周以来的逸事记录，把它们输入你的在线评估项目或其他记录幼儿发展的工具中。

  为每名幼儿的家长发送一份个人记录，记录要突出幼儿本周以来的兴趣以及经验。

与学步儿一起读书的重要互动策略

- ☐ 为婴儿和学步儿提供故事时间的选项。如果幼儿感兴趣，他们就会加入。
- ☐ 考虑幼儿的能力和喜好。
- ☐ 让故事小组小一点。
- ☐ 在和幼儿一起阅读前，要熟悉书的内容。
- ☐ 享受阅读，并让幼儿参与你们所讲的故事。
- ☐ 读各种不同的书。
- ☐ 在阅读前、阅读中以及阅读后，都要让幼儿参与。
- ☐ 不时地使用道具。
- ☐ 遵从幼儿的引导。
- ☐ 重复故事，幼儿对一遍又一遍地听故事很感兴趣。
  - 让幼儿沉浸在故事的语言中，这让学习更容易。
  - 帮助幼儿建立自信。

- 伴随每次连续的阅读，让幼儿建立更多的理解。
- 加强、强化幼儿大脑中的神经联系。
- 提高幼儿的词汇量以及记忆能力。
- 增强幼儿事后自己重复阅读图书的能力。
- 鼓励学步儿再现他们最喜欢的故事。

☐ 使用自然的声音。
☐ 在故事中使用幼儿的名字。
☐ 和幼儿谈论故事中所描述的情感。
☐ 练习带着表情地阅读。
☐ 唱一个故事。
☐ 对故事中的图画做出简单评论。
☐ 把故事与幼儿的生活联系起来。
☐ 鼓励幼儿交流故事。

——选自高瞻的《延伸》第 26 卷 3 号第 14 页

第 4 周总结

本周你已经

☐ 观察幼儿并支持幼儿表达自己对其他幼儿的兴趣。
☐ 调整教室常规，以支持幼儿个体的常规的改变。
☐ 支持幼儿寻找新的材料或经验，并支持幼儿进一步探索环境。
☐ 继续创建教室资源库和家长资源库。
☐ 为年龄稍大的学步儿引入计划时间的概念。
☐ 为以下学前儿童观察评价系统（COR）条目收集逸事：
- A. 主动性和计划性；
- B. 使用材料解决问题；

- J. 小肌肉运动技能；
- L. 表达；
- M. 倾听与理解；
- P. 阅读；
- Q. 图书知识与乐趣；
- R. 书写；
- U. 测量；
- Z. 律动；
- FF. 对自我和他人的认知；
- HH. 历史。

儿童一直聚焦于

☐ 与其他人互动。

☐ 发展自我照顾技能。

☐ 用材料解决问题。

你已经通过以下方式强化了和家长的关系

☐ 向家长收集关于孩子的爱好、兴趣以及文化等信息。

☐ 让家长了解家长图书馆中新增的图书，并提醒他们借阅和归还的过程。

☐ 分享关于幼儿正在发展的自我照顾技能的信息。

反思你与儿童的互动

☐ 回顾"总结：支持性的成人-儿童互动"（见附录1），并反思整周以来你们的互动。

☐ 确定两种本周使用过的、你觉得好用的与学步儿互动的策略。

☐ 选择一种你想在下一周重点使用的策略。

第7章 第5周

概 览

　　本周的重点在于让家长和幼儿在集体中感到更加舒适，更加安全。即使幼儿已经入园几周，一些家庭还需要进行调整以适应新的常规及幼儿与家长在一天中的分离。家中的任何一项改变，即便微小如一趟简短的旅程或家庭成员暂时疾病，都可能让一些看起来已经不是问题的问题，比如分离焦虑，重新出现一段时间。

　　继续支持每名幼儿想要交流的努力。既然你知道把幼儿当作个体会更好，你将能够确定每个声音、每个单词意味着什么，以及他们怎样使用自己的面部和身体来表达想要和需要。你将注意到，一些幼儿将对你在午餐时间以及一天中的其他时间所展示的手势语做出回应，甚至开始模仿手势语。学步儿可能会单独使用手势语，或者在使用手势语时伴随一些词语和句子，这种方式强调或提高了他们想要交流的内容的清晰度。

　　记住，密切关注幼儿的兴趣非常重要。记录幼儿的兴趣、确定幼儿喜欢的材料将帮助你支持幼儿的发展——可以在过渡环节为幼儿提供他们喜欢的玩具，可以改变教室环境以更好地回应幼儿的兴趣，或者为幼儿策划能让他们投入的有意义的活动。此外，细致地观察每名幼儿喜欢的材料和活动并进行逸事记录，将有助于与家长单独交流他们在家是怎样支持和拓展幼儿兴趣的。

　　在有年龄稍大的学步儿的教室中，你可能会观察到他们找出先前用过的材料，用手势或几个词来指代过去的事件，并谈论不在眼前或他们看不到的人或物。这些都是他们已经为进入回顾时间做好准备的信号——在回顾时间，可有目的地让幼儿表达在哪里工作、用了什么材料、用材料做了什么以及在选择时间和谁一起玩。对于这个环节，你将要使用有针对性地选择出的支持幼儿当前发展水平的策略，同时也要理解，对学步儿来说，这是一个新的环节。起初，要让幼儿适应回顾的概念，重复同样的策略对创建熟悉感和常规感非常有用。随着幼儿越来越熟悉回顾的过程，你可以使用更广泛的策略。

回顾时间在选择时间和清理时间之后。在回顾过程中，照护者要支持年龄稍大的学步儿总结自己做出的选择以及在选择时间做的工作。回顾时间可以发生在地板上或桌边，但这个地点应该是固定的，并在清理工作完成后立刻就进行回顾，此时幼儿还能轻松记住他们在哪里工作以及用了什么材料。回顾时间应该由幼儿与同一位照护者一起完成，并在幼儿为工作时间做计划及用材料进行集体活动的相同地点进行。

本周目标

- 安抚在分离时还会产生焦虑的家长与幼儿。
- 支持幼儿与其他幼儿进行接触。
- 为幼儿提供练习自我照顾技能的机会，并支持他们发展自己的自我照顾技能。
- 关注幼儿正在出现的兴趣。
- 继续强化与家庭的联系。
- 继续拍摄幼儿参与活动的照片，并将照片张贴在教室四周，用在教师自制的图书中，并与家长分享。

心中要牢记的事项

许多幼儿还将需要适应集体环境，这是很寻常的事，特别是参加半日活动的儿童或从没体验过集体照顾的儿童。同样，家长也还在适应把孩子留在陌生的环境中。教师需要对幼儿和家长的需要及情感保持敏感。认可他们的情感，让家长了解，他们的反应是正常的，他们应该给孩子（以及他们自己）更多时间来适应。照护者的支持能够帮助建立信任关系，减少家长对集体照顾的不安。

活动室中需要添加的材料

- 取走幼儿不再使用的材料，用更能够建立幼儿兴趣的材料代替。例如，你可能发现幼儿不再使用动物弹出玩具，但是他们花费了很多时间来把图形从容器中倒出来然后放回去。在这个案例中，你可以把动物弹出玩具收走，然后用可回收的咖啡罐以及罐子来代替，再提供一些别的可以倒出来再填回去的物品。
- 在歌曲盒中添加《五只绿色斑点小青蛙》和《蚂蚁行军》的歌曲卡。
- 通过张贴手势语"睡觉""牛奶"的照片或图片来支持幼儿使用手势语。

需要与家长交换的信息

如果家长还没提供家庭的照片，提醒家长尽快提供，并告诉他们你将用这些照片来与幼儿进行活动。如果家长没有照片或不能打印照片，你可以在离园时间为他们拍摄。

在与家长非正式的日常交流中，询问他们注意到幼儿在家展现了哪些发展，并分享幼儿在集体照顾环境中的进步。（记住，要让家长第一个观察到重大的、里程碑式的发展，如第一次不需要帮扶的迈步，或第一个可识别的词，如"ma"或"da"。）家长可能需要你的引导才能认识到某一行为是值得注意的里程碑式的发展。你可以通过问问家长关于孩子发展的具体问题，或给他们一些可能他们已观察到的重大发展行为案例，来提升家长的认知。例如，你可以问问家长，他们听到孩子在家开始讲出哪种词语，或他们在家是否有能够让孩子讲更多话的时间、活动或人。

你对孩子发展的兴奋感和兴趣将会让家长感到更加兴奋、更有兴趣。

更新家长信息板，取下旧的事件信息贴，并添加新的事件信息贴，包括新的社区资源和表现教室活动的照片。为帮助家长熟悉课程，在每张照片下记录幼儿表现出的关键发展指标及观察评价项目。

第 1 天

选择时间

KDIs：11. 参与大组活动；32. 预见事件；33. 时间间隔。　　**COR**：G. 集体；HH. 历史。

即使非常年幼的儿童，他们也开始理解时间，并开始期待熟悉事件的发生。作为成人，我们可以通过建立可预期的、连续的常规，通过认可幼儿做出的他们知道接下来将要发生什么的暗示，来支持这些技能的发展。在选择时间即将结束时，一定要提前进行提醒。

每一发展阶段的鹰架学习		
早期	中期	晚期
儿童可以 在完成活动（如阅读一本书或把不再使用的材料放到一边）之后，开始通过做出"全做完了"的手势来暗示活动结束；开始自发地参与下一个环节或熟悉的常规，如在选择时间后跟着成人来到或自己走到下一个环节的区域。	**儿童可以** 用单个词语来暗示活动的结束或对接下来要发生的事的理解；期待常规中的下一个环节，并在支持下跟随成人过渡到下一环节。	**儿童可以** 表述接下来要发生的事，独立进行常规环节的过渡；指向贴在墙上的一日常规的照片，并提醒其他人接下来要做什么或要去到哪里。
成人可以 保持连续的常规，让幼儿知道接下来要发生什么，并认可他们对常规的理解。	**成人可以** 叙述幼儿正在做的事，提醒他们接下来将要发生什么。	**成人可以** 使用过去时态和未来时态，按顺序叙述幼儿的行为；示范时间线交流（例如，成人可以说："首先我们要洗手，然后我们把桌子放好，再然后我们要吃午餐。"）。

身体护理时间

KDIs：22. 探索物品；23. 客体永久性；41. 声音。　　**COR**：O. 字母知识。

把金属制悬挂物挂在换尿布区域的上方或点心桌附近。评论幼儿对悬挂物的好奇心以及他们的反应。命名悬挂物中的物品，如果幼儿感兴趣，允许幼儿触摸它们。能够触摸悬挂物并听到随之而来的铃声，有助于让幼儿建立因果意识，也有助于幼儿理解所发出的声音是他们的行为的直接结果。

在换尿布过程中，给幼儿时间来重复你所使用的形容词，或使用他们自己的形容词。

进餐时间

KDIs：21. 享受语言。　　**COR**：Y. 音乐。

演唱幼儿最喜欢的歌曲。允许幼儿点歌，或重复唱过的歌曲。在过渡时间（如准备饭菜和清理餐具时）唱歌，有助于减少幼儿在不得不等待时或改变他们正在做的事时所产生的压力和挫折感。

有材料的大组活动时间（主要照护者1）

KDIs：22. 探索物品；36. 模仿和假装。　　**COR**：AA. 假装游戏；EE. 工具和技术。

活动：探索技术。

材料：无法使用的科技产品，例如（包括但不限于）手机、相机、电脑键盘、无线电话、电脑鼠标、计算器、电视遥控器、游戏遥控器、手持游戏、电话按键盘、电子书阅读器、导航器。

技术与学步儿

在我们的日常生活中,技术的便利和魅力要求照护者充分考虑技术在教室中的作用,特别是对非常年幼的儿童。当幼儿看到信任、仰慕的成人在他们的生活中使用技术——父母用手机通话、老师用相机拍照、医务室的接待员在键盘上打字等时,他们也会被技术吸引。与技术有关的光线和声音也会吸引感官学习者,视觉刺激通常能够战胜其他感官刺激。美国儿科学会(the American Academy of Pediatrics)建议,两岁以下的儿童不要接触电子设备,包括电视机和电脑。对超过两岁的儿童来说,成人必须认真考虑幼儿使用设备的时间长度,电脑程序是否适合,幼儿驾驭程序的能力以及许多其他因素。综上,电子设备永远都不能代替使用真实材料的、主动的、亲身的体验。在集体环境中,照护者可以通过为学步儿提供不能使用的设备,比如手机、相机、手持键盘、操控器以及可以进行假装的器材,为学步儿创设一些恰当的、有趣的体验。然而,吸引多种感官体验的材料永远要足够丰富。

每一发展阶段的鹰架学习

早 期	中 期	晚 期
儿童可以 用自己的眼睛、手以及嘴巴探索材料并观察别人;尝试用不同的方式握着材料,按按钮。	**儿童可以** 握、翻转、探索材料;以简单的方式用材料进行假装,如按按钮、拿着手机放在耳边、用遥控器,或在键盘上"打字"。	**儿童可以** 探索材料,并以他们在日常生活中看到过的方式来使用材料;拿着手机放在耳边,对着手机说话,就像他们看到别人做的那样(例如,订比萨,或对电话说短语或句子,如:"嗨,爸爸。""再见,妈咪。")。

续表

每一发展阶段的鹰架学习		
早　期	中　期	晚　期
成人可以 描述幼儿做出的选择，并评论他们的观察（例如，成人可以说："你在按手机按钮。我按了我手机上的按钮来打电话。"）；以典型的方式来示范使用这些技术，如在键盘上打字，或把手机放在耳边说"hello"。	**成人可以** 描述幼儿怎样使用材料，并说明他们正在模仿的情境（例如，成人可以说："你把电话放在耳边，就像你看到的别人使用电话那样。你觉得你在给谁打电话？"）。	**成人可以** 评论幼儿使用材料的方式以及他们正在进行的假装游戏；自愿在游戏中扮演一个角色（例如，成人可以说："乔西，我准备给你打电话。铃，铃！"）；与幼儿假装进行对话，重复幼儿展示出的熟悉的对话。

当幼儿开始对活动失去兴趣时，让幼儿知道他们有时间再尝试用一种方式来使用材料，并让他们知道接下来将发生什么。你可以说："马上要进入清理时间。再找一种方式来使用你的键盘。接下来我们将要吃点心。"

有材料的大组活动时间（主要照护者2）

KDIs：22. 探索物品；29. 装满和倒空；35. 原因和结果；37. 探索艺术材料。

COR：CC. 实验、预测和得出结论；U. 测量；X. 视觉艺术。

活动：盒子，盒子，盒子。

材料：不同尺寸的空盒子（如干净的食物盒、鞋盒、卡片盒、单条巧克力盒、小的硬珠宝盒、空纸巾盒）。（一定要涵盖一些足够小、可以握在手里并放在其他盒子中的小盒子。）

幼儿天生对盒子好奇。给幼儿提供各种不同尺寸的盒子，让幼儿可以把盒子拿起、丢掉、从一只手倒到另一只手，可以堆积、敲打盒子。要确保幼儿有足够的空间，这样盒子不会砸到其他幼儿。

每一发展阶段的鹰架学习		
早 期	中 期	晚 期
儿童可以 捡起盒子,在手里摆弄盒子;用小盒子把大盒子填满,然后把小盒子从大盒子里倒出;垒盒子,再把盒子塔推倒。	**儿童可以** 把盒子排成一排,把两个盒子垒在一起,把小盒子放进大盒子里。	**儿童可以** 把3—4个盒子垒起来,然后把它们推倒;把几个盒子嵌套起来。
成人可以 评论幼儿的行为,回应他们想要把盒子垒成塔状的语言或非语言要求;提供额外的盒子来让他们的盒子塔更高(例如,成人可以说:"你垒了两个盒子。这儿还有一个。你能把它平衡地放在上面吗?")。	**成人可以** 评论幼儿怎样使用盒子,并用相同的方式使用盒子;为幼儿提供小盒子,让幼儿去找一个正好能把小盒子放进去的大一点的盒子(例如,成人可以说:"我有一个小盒子。你觉得这个小盒子适合放进哪里?")。	**成人可以** 评论幼儿的行为,并模仿他们的想法。当幼儿想要尝试嵌套盒子时,偶尔进行评论(例如,成人可以说:"我想知道它是否适合。""要不试试不同的大小。")。

当幼儿开始对活动失去兴趣时,开始收盒子,并让幼儿知道接下来会发生什么。在进行过渡时,与幼儿谈论他们用盒子做了什么以及他们看到其他人做了什么。

律动和音乐的大组活动时间

KDIs:12. 活动部分身体;13. 活动整个身体;14. 携物活动。

COR:I. 大肌肉运动技能;Z. 律动。

活动:用围巾进行律动。

材料:围巾、器乐曲(备选)。

为每名幼儿提供一两条围巾。记住,学步儿可能喜欢每只手里都握着一条围巾。

注意:如果你选择使用音乐,在加入音乐前,要允许幼儿先有几分钟的时间来探索围巾。

每一发展阶段的鹰架学习		
早　期	中　期	晚　期
儿童可以 站着挥舞围巾；拿着围巾四处走动并观察别人。	**儿童可以** 拿着围巾四处走或跑；尝试其他人的想法；用单个词语来描述自己的行为。	**儿童可以** 拿着围巾跑、跳，并找到新的律动方式；用3—4个词语来描述自己的想法和行为；期望成人模仿自己，并边说"像这样"边向成人展示该做什么。
成人可以 描述幼儿的观察，并评论幼儿用围巾律动的方式。	**成人可以** 认可幼儿的想法，并以与幼儿相同的方式进行律动；让幼儿互相介绍更多的想法，并在他们互相模仿时给予认可。	**成人可以** 尝试幼儿提出的想法，描述幼儿使用材料的方式。

当幼儿开始对活动失去兴趣时，让他们知道，他们还有时间再用一种方式来用围巾进行律动，并让他们知道接下来会发生什么。

户外活动时间

把集体活动中用过的围巾带到户外，让幼儿在更大的空间中使用、观察、探索围巾。

过渡时间

记住要按照幼儿的节奏进行过渡，要允许幼儿选择过渡到下一个环节的方式。在不同环节之间过渡时，可以通过让自己处于幼儿的身体高度并爬行来支持还不会走的幼儿。

一日生活的其他时间

入园时间

对于与家长分离困难的幼儿,可以为他们提供安慰物或来自家庭的熟悉的物品。

休息时间

在休息时间,可以一边摇晃幼儿、抚摸幼儿,一边演唱他们最喜欢的歌曲。如果有幼儿真心喜欢的节奏欢快的歌曲,考虑放慢歌曲速度并轻柔地演唱。

清理时间

在幼儿进行清理的过程中,要避免纠正他们的努力。聚焦幼儿的优点和行为,如把所有的小汽车都放到架子上,即便放得杂乱无章。当成人纠正幼儿的努力时,可能会让幼儿感觉他们的参与并没有价值,可能会打击他们尝试的积极性。要处理材料返还过程中的安全问题。对于其他问题,可以在幼儿的休息时间进行小修小改,或在幼儿离园之后来完善材料存放问题。

计划时间和回顾时间(为年龄稍大的学步儿)

计划:指向一个区域

重复前一天的策略,鼓励幼儿指向一个感兴趣的区域或一种感兴趣的材料。这种重复会进一步确保幼儿理解如何为工作时间制订计划,并用语言和非语言的方式来表达自己。

回顾:回顾对话

在选择时间和清理时间之后,让年龄稍大的学步儿参与回顾对话,总结幼儿做出的选择和他们在选择时间做过的工作。也可以和某个或和一组幼儿进行对话。例如,你可以向在某一区域玩耍的一组幼儿或每名幼儿提问,他们在哪里玩、用什么材料玩。给每名幼儿用语言或非语言的方式来表达自己的机会。如果幼儿犹豫着不知该如何回应，提醒他们你看到的他们在选择时间做过的事。由于这是一日生活中的新环节，所以幼儿可能不知道如何进行回应，或急于过渡到下一个环节。

观　察

在与幼儿互动的过程中，仔细观察他们的行为，并为下面的关键发展指标和观察评价指标记录具体的、客观的逸事。

KDIs：11. 参与大组活动；32. 预见事件；33. 时间间隔；34. 速度。

COR：G. 集体；HH. 历史。

后续活动

把集体活动中用过的围巾添加到教室的区域中，在区域中幼儿将会有空间用围巾来进行律动。

可回收的废旧材料

你每天都可以使用可回收的废旧材料，如纸筒、空食物盒、瓶盖、塑料瓶，可以把它们放在垃圾桶或回收桶中。这些材料可以用于假装游戏或其他目的，或者有创造性一点，把它们变成别的物品。可以用各种方法来使用可回收的废旧材料，并且是免费使用或并不昂贵。

为了找到可回收的废旧材料，你可以戴上绿色的帽子，四处寻找——你的家里、你的学校、当地的回收中心或商店，从而找到你想要添加到教室中的材料。制作一张你正在收集的材料的清单，请幼儿以及同事的家人收集材料，并把这些材料带到教室中来，这是快速获得很多干净物品的好办法。大多数人喜欢帮忙找到材料，这种方式也不需要你花钱。

第 2 天

选择时间

KDIs：7. 和同伴的关系；10. 和他人玩耍；36. 模仿和假装。

COR：F. 与其他幼儿建立关系；AA. 假装游戏。

通过观察、模仿或假装去尝试观察到的某件事，幼儿能够学到很多。观察幼儿模仿他人，并通过模仿他们的行为、用他们熟悉的物品假装来进行示范（如，用游戏勺子从盘子里舀假装是食物的东西并假装吃，用游戏电话假装打电话，或者在手臂里摇晃布娃娃）。

每一发展阶段的鹰架学习		
早 期	中 期	晚 期
儿童可以 开始模仿他人，并用简单的物品进行假装；开始假装喝光了杯子或罐子中的东西，紧靠耳朵握着玩具电话假装打电话。	**儿童可以** 假装使用材料、某些动作以及单个的词语；使用一种物品来代替另一种，如用积木代替电话。	**儿童可以** 在游戏中假装使用各种词语，并为游戏添加细节；邀请成人跟他们一起玩，为成人分配角色，或用一两个词语来指示成人该如何做。
成人可以 和幼儿一起进行假装游戏；描述游戏中幼儿做出的与他们看到别人做出的之间的联结（例如，如果一名幼儿喝光了杯子中的东西，成人可以说："你在假装喝光杯子中的东西，就像你看到别人在午餐时喝光杯子中的东西一样。"）。	**成人可以** 用与幼儿相同的方式来使用材料进行假装，并评论幼儿的行为（例如，如果幼儿在碗里进行搅拌，成人可以说："我看到你用勺子来搅拌。我准备像你一样也用勺子搅拌。"）。	**成人可以** 扮演幼儿建议的角色；提供与幼儿游戏背景相关的想法（例如，如果幼儿为成人拿来一把勺子和一个平底锅，并说"你做饭"，成人可以说："你想让我和你一起做饭？我做饭时需要穿戴什么呢？"）。

身体护理时间

KDIs：3. 自我照顾。

COR：K. 自我照顾和健康行为。

支持幼儿发展自我照顾技能，饭后或游戏之后，允许他们使用毛巾来清理自己的脸和手。

进餐时间

KDIs：3. 自我照顾；11. 参与大组活动。　　COR：G. 集体。

进餐时间，可以通过让幼儿参与准备过程并让他们进行选择来减少等待时间。幼儿可以选择坐在哪里，和谁坐在一起，并可以帮助取餐具（如一叠杯子或一篮餐巾纸）。邀请幼儿参与午餐准备的过程可以减少幼儿的无聊感、挫折感，并帮助他们体验午餐需要做的准备工作。

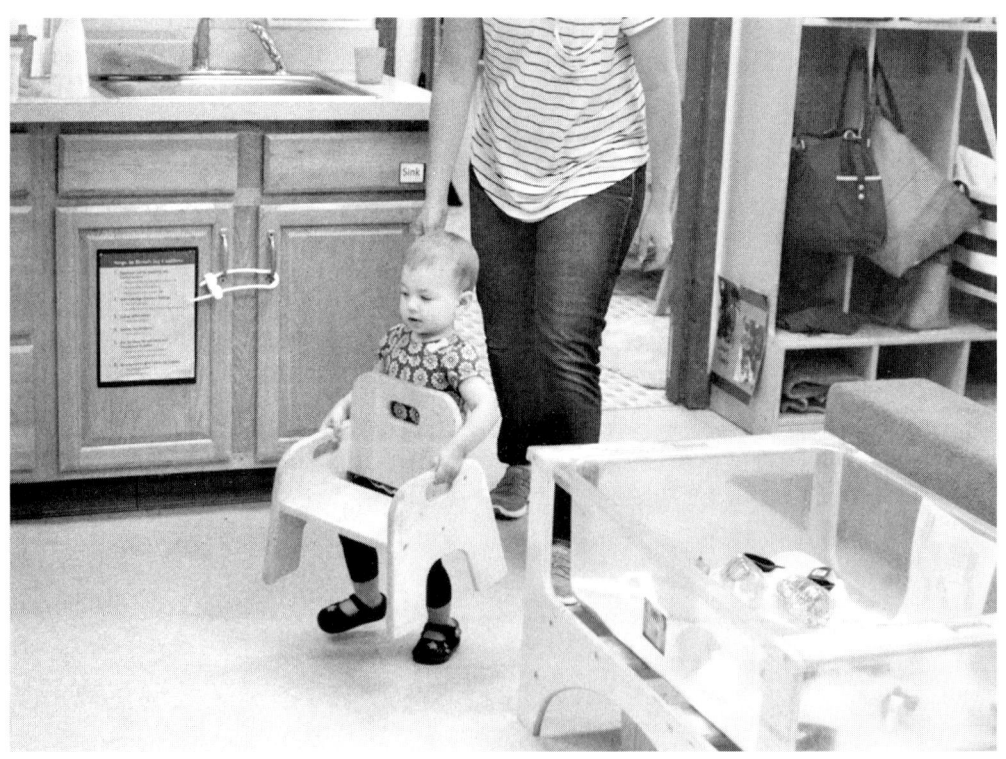

有材料的大组活动时间（主要照护者1）

KDIs：22. 探索物品；29. 装满和倒空；35. 原因和结果；37. 探索艺术材料。

COR：U. 测量；X. 视觉艺术；CC. 实验、预测和得出结论。

活动：盒子，盒子，盒子。

材料：不同尺寸的空盒子（如干净的食物盒、鞋盒、卡片盒、单条巧克力盒、小的硬珠宝盒、空纸巾盒）。（一定要涵盖一些足够小、可以握在手里并放在其他盒子中的小盒子。）

幼儿天生对盒子好奇。给幼儿提供各种不同尺寸的盒子，让幼儿可以把盒子拿起、丢掉、从一只手倒到另一只手，可以堆积、敲打盒子。要确保幼儿有足够的空间，这样盒子不会砸到其他幼儿。

每一发展阶段的鹰架学习		
早期	中期	晚期
儿童可以 捡起盒子，在手里摆弄盒子；用小盒子把大盒子填满，然后把小盒子从大盒子里倒出；垒盒子，再把盒子塔推倒。	**儿童可以** 把盒子排成一排，把两个盒子垒在一起，把小盒子放进大盒子里。	**儿童可以** 把3—4个盒子垒起来，然后把它们推倒；把几个盒子嵌套起来。
成人可以 评论幼儿的行为，回应他们想要把盒子垒成塔状的语言或非语言要求；提供额外的盒子来让他们的盒子塔更高（例如，成人可以说："你垒了两个盒子。这儿还有一个。你能把它平衡地放在上面吗？"）。	**成人可以** 评论幼儿怎样使用盒子，并用相同的方式使用盒子；为幼儿提供小盒子，让幼儿去找一个正好能把小盒子放进去的大一点的盒子（例如，成人可以说："我有一个小盒子。你觉得这个小盒子适合放进哪里？"）。	**成人可以** 评论幼儿的行为，并模仿他们的想法；当幼儿想要尝试嵌套盒子时，偶尔进行评论（例如，成人可以说："我想知道它是否适合。""要不试试不同的大小。"）。

当幼儿开始对活动失去兴趣时，开始收盒子，并让幼儿知道接下来会发生什么。在进行过渡时，与幼儿谈论他们用盒子做了什么以及他们看到其他人做了什么。

有材料的大组活动时间（主要照护者2）

KDIs：22. 探索物品；36. 模仿和假装。

COR：AA. 假装游戏；EE. 工具和技术。

活动：探索技术。

材料：无法使用的科技产品，例如（包括但不限于）手机、相机、电脑键盘、无线电话、电脑鼠标、计算器、电视遥控器、游戏遥控器、手持游戏、电话按键盘、电子书阅读器、导航器。

每一发展阶段的鹰架学习		
早期	中期	晚期
儿童可以 用自己的眼睛、手以及嘴巴探索材料并观察别人；尝试用不同的方式握着材料，按按钮。	儿童可以 握、翻转、探索材料；以简单的方式用材料进行假装，如按按钮、拿着手机放在耳边、用遥控器指，或在键盘上"打字"。	儿童可以 探索材料，并以他们在日常生活中看到过的方式来使用物品；拿着手机放在耳边，对着手机说话，就像他们看到别人做的那样（例如，订比萨，或对电话说短语或橛子，如："嗨，爸爸。""再见，妈咪。"）。
成人可以 描述幼儿做出的选择，并评论他们的观察（例如，成人可以说："你在按手机按钮。我按了我手机上的按钮来打电话。"）；以典型的方式来示范使用这些技术，如在键盘上打字，或把手机放在耳边说"hello"。	成人可以 描述幼儿怎样使用材料，并说明他们正在模仿的情境（例如，成人可以说："你把电话放在耳边，就像你看到的别人使用电话那样。你觉得你在给谁打电话？"）。	成人可以 评论幼儿使用材料的方式以及他们正在进行的假装游戏；自愿在游戏中扮演一个角色（例如，成人可以说："乔西，我准备给你打电话。铃，铃！"）；与幼儿假装进行对话，重复幼儿展示出的熟悉的对话。

当幼儿开始对活动失去兴趣时，让幼儿知道他们有时间再尝试用一种方式来使用材料，并让他们知道接下来将发生什么。你可以说："马上要进入清理时间。再找一种方式来使用你的键盘。接下来我们将要吃点心。"

律动和音乐的大组活动时间

KDIs：15. 稳定的节拍；21. 享受语言；39. 倾听音乐；40. 回应音乐；41. 声音；42. 音调。

COR：Y. 音乐；Z. 律动。

活动：《五只绿色斑点小青蛙》。

材料：《五只绿色斑点小青蛙》歌曲卡。

邀请幼儿来到教室中某个开放的空间，这个空间可能是幼儿每天进行大组活动的地方。让幼儿知道他们将要演唱一首包含一些动作的歌曲。向幼儿介绍一些简单的、容易模仿的动作，如举起五根手指（代表青蛙），或跳跃（就像青蛙从木头上跳下）。伴随歌词尝试每个动作，然后让幼儿用这些动作进行模仿。记住，这个年龄段的幼儿大肌肉控制能力有限，所以只需要演唱歌曲的一个或两个小节；或者在第一次向幼儿介绍这首歌曲时，从数量较少的青蛙开始。

每一发展阶段的鹰架学习		
早 期	中 期	晚 期
儿童可以 在成人唱歌时进行观察或靠近成人；通过蹦跳、合着音乐摇摆或尝试伴唱等来回应歌曲；在成人的演唱停止之后，通过拍手或蹦跳来暗示他们想要再听一遍。	*儿童可以* 在成人唱歌时靠近成人或转向成人；通过舞蹈、摇摆或伴随歌曲发出语词的声音来回应音乐；选择从远处观察。	*儿童可以* 以自己的节奏参与活动；伴随成人演唱几个词；找到不同的方式来移动身体，如跳跃或同时挥舞手臂和腿；模仿成人示范的简单动作。
成人可以 通过模仿幼儿的面部表情、评论他们的观察来对幼儿的反应做出反馈（例如，成人可以说："歌曲结束时你在蹦跳、拍手。看起来你想要再听一遍。"）；在幼儿表现出兴趣时，再唱一遍歌曲。	*成人可以* 允许幼儿以自己的节奏、按自己的方式来参与活动；通过眼神接触、微笑来鼓励幼儿参与，并在幼儿整合动作时评论他们所选择的方式。	*成人可以* 描述幼儿律动的方式，并尝试他们的方法；在幼儿模仿成人的动作时，模仿幼儿独特的动作方式。

让幼儿知道你将唱最后一遍。也可以考虑唱着歌过渡到下一个环节。

户外活动时间

作为大组活动的延伸，把盒子带到户外。引入更大的盒子（如可移动的箱子），并把这些盒子添加到幼儿可以堆叠、敲打盒子以及在盒子内外进行攀爬的空间。

一定要把盒子放在某个垫子的上面，如草地、沙地或铺着木屑的地面上，如果幼儿拿着盒子或在盒子内外攀爬时失去平衡，这些地面可以减轻伤害。

过渡时间

通过帮助幼儿逐步过渡来减少等待时间。开始时可以帮助非常焦虑或急切想要过渡到下一个环节的幼儿,同时让其他幼儿继续进行当前的活动,直到你有时间来协助他们进行过渡。

一日生活的其他时间

休息时间

在帮助幼儿开始放松和休息时,可以引入手势语"睡觉"。你可以手心对手心,然后双手靠在脸旁,倚向一边的肩膀。

清理时间

描述你在清理时间做的事。把篮子或容器放在幼儿身边,请他们把物品放进篮子里,为下一个环节的活动做准备,以此来鼓励幼儿清理靠近他们的一两件物品。

离园时间

向家长展示孩子在机构中喜欢玩的材料或活动。

计划时间和回顾时间(为年龄稍大的学步儿)

计划:选择一件物品来玩

告诉幼儿,今天的计划时间里,他们将选择想要玩的物品并把它带回来。一些幼儿可能很轻松就找到了材料并带回来,进而谈论这些材料。但是,还有一些幼儿可能会选择一件玩具,然后开始玩了起来。对于没有回来的幼儿,跟随他们,描述他们的选择,然后提出一些关于他们计划的更多细节的问题,如:"你计划怎样使用这个玩具?""你接下来要做什么?"或:"你的计划中还需要别的什么?"

回顾:回顾对话

在清理时间之后,让幼儿知道你们将要再次一起花一些时间来谈论在选择时间做了什么。单独询问幼儿他们是否记得是在哪里玩的,玩了什么材料,或和谁一起玩的。给每名幼儿一些时间来思考和回应,回应方式既可以是语言,也可以是非语言的方式。如果幼儿无法回顾或说出自己的想法,可以提示他们一两件你看到他们做过的事情。也可以提示一件他们用过的物品,并鼓励他们展示或讲述自己用这件物品做了什么。通过与幼儿讨论在选择时间做了什么,可以帮助他们描述做过的事,发展记忆能力。

观 察

在与幼儿互动的过程中,仔细观察他们的行为,并为下面的关键发展指标和观察评价指标记录具体的、客观的逸事。

KDIs:3. 自我照顾;36. 模仿和假装。

COR:AA. 假装游戏。

后续活动

把《五只绿色斑点小青蛙》歌曲卡添加到歌曲盒中。

张贴手势语"睡觉"的照片或图片。

第 3 天

选择时间

KDIs：5. 依恋；10. 和他人玩耍；16. 倾听和回应。

COR：E. 与成人建立关系；L. 表达；M. 倾听和理解。

在幼儿游戏时，使自己处于幼儿的身体高度，通过追随幼儿的兴趣、用与幼儿相同的方式使用材料来与幼儿互动。当一名被幼儿信任、对幼儿充满关爱的成人与幼儿互动时，幼儿更可能参与活动，并且参与的时间更长。当幼儿主动与你互动时，要扮演他们建议的角色或实施他们的想法。用相似的兴趣和想法邀请幼儿加入游戏。

每一发展阶段的鹰架学习		
早期	中期	晚期
儿童可以 靠近成人；咿咿呀呀或用一两个词语为物品命名；给成人一个玩具。	*儿童可以* 拿着玩具来到成人身边，并用一两个词邀请成人加入游戏，或告诉成人用玩具做什么。	*儿童可以* 把材料给成人，用一个短语或短句子告诉成人做什么或怎么使用材料，以此来邀请成人参与游戏；把玩具给别的幼儿，以此来邀请他们加入游戏。
成人可以 与幼儿谈论他们在用材料做什么，暂停一下，让幼儿进行反应；像幼儿那样使用他们提供的材料。	*成人可以* 使用幼儿建议的材料和想法来参与幼儿的游戏。	*成人可以* 参与幼儿的游戏，使用他们建议的材料，实施他们提出的想法；当幼儿去触碰其他人时，给予认可，如果必要，要解释他们的友好行为。

身体护理时间

KDIs：6. 和成人的关系。

COR：E. 与成人建立关系。

继续提示幼儿接下来要进行的身体护理任务。在你准备擦拭幼儿的鼻子、把他们抱起来或擦他们的手时，一定要让幼儿知道你即将要做什么。年龄稍小的学步儿在身体护理常规中能够帮一些忙，比如从自己的隔间中拿出尿布，跟随你来到尿布台。对年龄稍大的学步儿来说，你不需要帮助他们擦拭鼻子，而应该给他们张纸巾，让他们自己擦。

进餐时间

KDIs：22. 探索物品。　　　　　　COR：BB. 观察与分类。

在幼儿进餐时，讨论他们正在吃的食物的质地、气味、味道。描述食物的质地可以增加幼儿的词汇量，并在词语、意义与感官体验之间建立联系。新口味也许是令人惊讶或不安的。记住，一些幼儿会非常喜欢他们第一次尝试的食物，同时另一些幼儿会需要多尝试几次才能喜欢上新食物。

有材料的大组活动时间（主要照护者1）

KDIs：1. 主动性；12. 活动部分身体；22. 探索物品。　　COR：A. 主动性和计划性；J. 小肌肉运动技能；BB. 观察与分类；CC. 实验、预测和得出结论。

活动：湿湿包（squishy bags）。

材料：结实的卡扣封装式冰袋（以夸脱或加仑为容量单位），包装胶带；

下列物品中的任何物品：橡皮泥、玉米淀粉水、婴儿润肤油、混合了面粉的水、糨糊和胶水、水和沙子/土壤、土或沙子、干燥的玉米芯、干大米、烹饪过的意大利面（用后丢弃以免被糟蹋）；

小动物玩具、小图形、字母、数字、车辆玩具（用于年龄稍大的学步儿）。

用上述材料制作湿湿包。制作不同的湿湿包让幼儿能够体验不同的黏稠度以及在挤压时不同程度的抵抗力。在你的小组中，每名幼儿一定要有两三个湿湿包，以让他们能够以自己的节奏来探索、改变包袋。

对年龄稍大的学步儿来说，可以在包内添加一些有趣的物品让他们寻找，如小动物、小图形、字母、数字以及车辆。

- 要小心地用包装胶带封住包袋。
- 不要让袋子太重。
- 密切观察幼儿，确保他们不会意外弄破或打开袋子。

让幼儿知道他们将要进行一些新的探索。把用不同内容物制作的两三个湿湿包放在他们附近，允许他们做出选择。幼儿可能用很长时间探索一个湿湿包，或者可能探索完一个湿湿包后快速转移到下一个。

每一发展阶段的鹰架学习		
早 期	中 期	晚 期
儿童可以 挤压湿湿包的内容物，并观察内容物怎样向不同方向移动；尝试不同的湿湿包，然后返回更喜欢的那个。	*儿童可以* 探索湿湿包的质地；用词语并重复使用词语来描述自己的体验、材料或动作。	*儿童可以* 探索湿湿包的质地，尝试用新的方式来让内容物在湿湿包里移动；寻找湿湿包中的物品并在发现后命名这些物品。
成人可以 描述幼儿的选择，以及他们使用湿湿包的方式；讨论内容物的黏稠度以及幼儿必须使用多大的力量才能让内容物移动。	*成人可以* 在幼儿身边探索湿湿包的质地，并用词语描述幼儿的体验，认可他们用语言和非语言的方式对自己的体验做出反应。	*成人可以* 在幼儿身边探索湿湿包的质地，评论幼儿的行为，帮助幼儿找到湿湿包里的其他物品或具体物品（例如，成人可以说："我想知道，你是否能找到狮子。"）。

当幼儿开始对活动失去兴趣时，把所有湿湿包收起来，并让幼儿知道接下来会发生什么。

有材料的大组活动时间（主要照护者2）

KDIs：22. 探索物品；24. 探索相同和不同。

COR：DD. 自然和物质世界。

活动：自然行走。

材料：小篮子或小桶。

让幼儿知道，今天的大组活动时间他们将到外面走一走，收集一些大自然中的材料。

在你把幼儿带到户外时，告诉幼儿可以从大自然中收集哪些材料，比如松果、落叶、枝条、坚果、芦苇、贝壳、蒲公英等，并进行示范。评论幼儿的选择；如果一些幼儿可能想要探索户外的其他区域，而不是收集物品，要接受。鼓励幼儿发现、收集或关注游戏空间中的自然元素。

每一发展阶段的鹰架学习		
早期	中期	晚期
儿童可以	*儿童可以*	*儿童可以*
收集材料；倒空和填满他们的小桶；向成人展示材料；观察其他人收集材料。	用单个词语来命名他们正在收集的材料；观察并模仿其他人。	只收集某一种类型的材料、某一种材料或各种材料；有计划地寻找某种材料；在收集材料的同时命名材料，或在找到前就用语言描述正在寻找的材料。
成人可以	*成人可以*	*成人可以*
评论幼儿找到的材料，以及他们使用材料的方式；找到与幼儿正在收集的材料相似的材料；评论他们看到的其他人在做的事，以及其他幼儿做出的选择。	评论幼儿找到的材料；找到与幼儿正在收集的材料相似的材料；评论他们看到的其他幼儿在做的事，并指出幼儿的选择之间的相似与不同之处。	评论幼儿的想法和建议；在幼儿寻找某种材料时，遵从他们的引导；指出幼儿选择收集的材料之间的相似与不同之处。

当幼儿开始对活动失去兴趣时，让他们知道他们有时间再找一种材料放进篮子里。如果下一个环节是户外活动时间，告诉幼儿，他们可以继续用找到的材料来工作，或选择其他材料来玩。如果下一个环节不是户外活动时间，让幼儿知道下一个环节是什么，并让他们有时间选择一个地点去放置他们的材料桶，以备在后面的户外活动继续使用。

律动和音乐的大组活动时间

KDIs：13. 活动整个身体。　　**COR**：I. 大肌肉运动技能。

活动：呼啦圈跳。

材料：呼啦圈（幼儿和成人每人至少一个呼啦圈）。

在教室中找到一个足够放呼啦圈的空间，把呼啦圈放在地面上，并留出幼儿移动的空间。在介绍呼啦圈之前，让幼儿知道今天在大组活动时间他们将踏步和跳跃。把呼啦圈在地板上，分散开来。告诉幼儿"观察，然后模仿"，你以原地踏步或向前踏步的方式移动双脚。通过迈出一小步或一大步来评论幼儿模仿的动作。在一两分钟之后，请幼儿观察你，并再次像你一样上下跳动。评论幼儿弯曲膝盖、蹲下然后（或）伸展双手的动作方式。记住，许多学步儿还不能跳离地面。

在一两分钟后，告诉幼儿，他们将要踏步并跳进、跳出呼啦圈。把呼啦圈放在靠近每名幼儿的地面上，并询问幼儿可以怎样跳跃或跳进、跳出呼啦圈。

每一发展阶段的鹰架学习		
早期	中期	晚期
儿童可以 在呼啦圈内外行走或爬行，并观察其他人；喜欢握着成人的手指走进、走出呼啦圈。	**儿童可以** 模仿其他人；走进、走出呼啦圈；尝试跳跃；用单个词语来描述他们的行为和想法。	**儿童可以** 从一个呼啦圈跑入或跳入另一个呼啦圈；用几个词来描述自己的行为，包括像"内""外"之类的词语。
成人可以 描述幼儿怎样移动，怎样模仿动作；用手指帮助幼儿保持站立的姿势。	**成人可以** 评论幼儿移动的方式；以与幼儿相同的方式移动；描述幼儿想要跳跃的尝试（例如，成人可以说："你弯曲你的膝盖，然后跳出去！"）；向他们介绍其他幼儿的做法，寻求其他想法。	**成人可以** 评论幼儿移动的方式；以与幼儿类似的方式移动，并尝试幼儿提出的想法；在移动、穿越呼啦圈时，示范如何使用空间语言（例如，成人可以说："你在呼啦圈里面，然后你跳了一下，现在，你在呼啦圈外面了。"）。

当幼儿开始对活动失去兴趣时，让他们知道，他们还有时间再尝试一种在呼啦

圈之间行走或跳跃的方式。把呼啦圈收起来，然后告诉幼儿，他们将有时间在户外使用呼啦圈。让幼儿知道接下来将要发生什么，并请他们以踏步或跳跃的方式到达进行下一环节的区域。

户外活动时间

作为大组活动时间的延伸，把呼啦圈拿到户外，并把它们放在开放空间里的地面上。允许幼儿跳进呼啦圈，或尝试用其他方式使用呼啦圈。幼儿也会喜欢把物品放进呼啦圈再拿出来。

过渡时间

把幼儿理解的手势语整合进来。在恰当的环境中使用手势语"全做完了""还要""清理"，帮助幼儿在全天进行过渡。

一日生活的其他时间

入园时间

当幼儿走进教室、从家中过渡到幼儿园时，让自己处于幼儿的身体高度与幼儿互动。当你与家长互动或在教室中准备物品时，如果你站得比幼儿高，会让幼儿感受到威胁，无形中会给幼儿带来压力。

休息时间

在幼儿恹恹欲睡且休息时间邻近时，或在你抱着幼儿安抚他们时，可以考虑为他们读一本书或讲一个故事。

清理时间

仔细观察幼儿,看看他们在选择时间使用了什么材料。记住,如果看起来有很多东西需要清理,那可能是因为取了太多材料。为确保幼儿能够接触到适当种类和适当数量的材料,可以四处看一下,哪些材料被扔在地上没有使用。例如,在一个有 8 名学步儿的教室中,一个装着 50 个小汽车玩具的小桶中的玩具数量可以被减少到 20—30 个;15 个填充毛绒玩具可以被减少到 10 个;有 200 块单元积木的积木架上的积木数量可以减少到 100 块。随着幼儿兴趣的变化或游戏的复杂化,继续观察幼儿,看看他们怎样使用材料并把材料放回去。

离园时间

与家长分享新歌曲和新动作,这样他们可以在家和孩子一起演唱歌曲、做动作。家长也会从倾听你演唱的曲调、打印的不熟悉的歌词中获益。展示你在教室中创建并使用的歌曲卡也会有帮助。如果你所在的教育机构有安全可靠的网站,也可以考虑把你和幼儿一起演唱的歌曲片段上传到网站上,作为给家长的示范,让他们可以在家模仿。

计划时间和回顾时间(为年龄稍大的学步儿)

计划:选择一件物品来工作

重复前几天的做法,在选择时间,请幼儿带一些物品来玩,让他们多练习制订计划。如果幼儿选择待在发现材料的区域,遵从他们的想法,并促使幼儿谈谈他们在选择时间想做些什么。

回顾:回顾对话

清理时间结束后,把幼儿召集到一起,简要地谈论一下他们在选择时间做了什么。记住,当幼儿无法进行回顾或说不出自己做了什么时,要适度提供一些提示。集体环境下的回顾有时会让幼儿犹豫不知道该分享哪些内容,但是倾听其他人的回顾、观察其他回顾的人会让他们发展出进行回顾所需要的心理思维过程。

观　察

在与幼儿互动的过程中，仔细观察他们的行为，并为下面的关键发展指标和观察评价指标记录具体的、客观的逸事。

KDIs：6. 和成人的关系；7. 和同伴的关系；24. 探索相同和不同。

COR：E. 与成人建立关系；F. 与其他幼儿建立关系；DD. 自然和物理世界。

后续活动

与你的教学团队一起检查材料，减少数量过多的材料。替换不再使用的材料，使用能够满足幼儿当前兴趣的材料。材料要能够让幼儿兴奋起来，能够吸引幼儿的兴趣，这样可以提高幼儿在选择时间的参与度，减少清理时间需要清理的材料数量。

第 4 天

选择时间

KDIs：27. 计数。　　　　　　　　**COR**：S. 数字和点数。

在幼儿自由探索游戏空间和材料时，寻找合适的机会让幼儿接触数字，并点数幼儿正在使用的材料的数量。示范点数和数字的使用可以自然地向幼儿介绍这些概念，但不要打扰幼儿的游戏，也不要要求幼儿去点数或重复数字。当我们在自然的条件下引入并强化这些技能时，幼儿也能够学会点数以及用数字来满足某种目的。例如，如果你和幼儿正在娃娃家玩娃娃，你可以假装娃娃需要把睡衣换成外套，你说："我们有1、2、3，3个需要换衣服的娃娃。这意味着我们需要3条裤子，每个娃娃1条。"年龄稍大的学步儿可能会喜欢这个挑战：为每个娃娃找到一条裤子；同时，年幼一点的学步儿可能需要你来示范（例如：寻找裤子，在拿到裤子时点数它们，并在替娃娃换裤子的时候点数它们）。

每一发展阶段的鹰架学习		
早 期	中 期	晚 期
儿童可以 一次探索一种材料，每只手一个；收集几种感兴趣的物品。	**儿童可以** 一次探索一种材料，每只手一个；收集几种感兴趣的材料，如几种动物或小汽车；重复成人使用的数字，并在成人点数时进行观察。	**儿童可以** 一次探索一种材料，或选择几种物品；自然地说出数字；数到3。
成人可以 评论幼儿收集到的材料以及它们做出的选择（例如，成人可以说："有1、2、3个球。你扔掉了红色的球。"）。	**成人可以** 评论幼儿使用数字的尝试；在与幼儿互动的过程中，寻找机会示范数字的用法。	**成人可以** 在与幼儿互动时，流利地使用数字；示范点数到更大的数字，并用一一对应的方式点数。

身体护理时间

KDIs：12. 活动部分身体；22. 探索物品。　　**COR**：J. 小肌肉运动技能。

允许幼儿带着他们感兴趣的物品进入身体护理常规。如果幼儿对身体护理常规感到不满，可以考虑把装有有趣玩具的小篮子放在他们旁边。

进餐时间

KDIs：17. 非语言沟通。　　**COR**：L. 表达；M. 倾听与理解。

引入手势语"牛奶"。当你为幼儿提供一杯牛奶时，问："你想要喝牛奶吗？"同时使用表示"牛奶"的手势语：伸出大拇指，张开手然后合上，成一个拳头。

有材料的大组活动时间（主要照护者1）

KDIs：22. 探索物品；24. 探索相同和不同。　　**COR**：DD. 自然和物质世界。

活动：自然行走。

材料：小篮子或小桶。

让幼儿知道，今天的大组活动时间他们将到外面走一走，收集一些大自然中的材料。

在你把幼儿带到户外时，告诉幼儿可以从大自然中收集哪些材料，比如松果、落叶、枝条、坚果、芦苇、贝壳、蒲公英等，并进行示范。评论幼儿的选择；如果一些幼儿可能想要探索户外的其他区域，而不是收集物品，要接受。鼓励幼儿发现、收集或关注游戏空间中的自然元素。

每一发展阶段的鹰架学习		
早 期	中 期	晚 期
儿童可以 收集材料；倒空和填满他们的小桶；向成人展示材料；观察其他人收集材料。	*儿童可以* 用单个词语来命名他们正在收集的材料；观察并模仿其他人。	*儿童可以* 只收集某一种类型的材料、某一种材料或各种材料；有计划地寻找某种材料；在收集材料的同时命名材料，或在找到前就用语言描述正在寻找的材料。
成人可以 评论幼儿找到的材料，以及他们使用材料的方式；找到与幼儿正在收集的材料相似的材料；评论他们看到的其他人在做的事，以及其他幼儿做出的选择。	*成人可以* 评论幼儿找到的材料；找到与幼儿正在收集的材料相似的材料；评论他们看到的其他幼儿在做的事，并指出幼儿的选择之间的相似与不同之处。	*成人可以* 评论幼儿的想法和建议；在幼儿寻找某种材料时，遵从他们的引导；指出幼儿选择收集的材料之间的相似与不同之处。

当幼儿开始对活动失去兴趣时，让他们知道他们有时间再找一种材料放进篮子里。如果下一个环节是户外活动时间，告诉幼儿，他们可以继续用找到的材料来工作，或选择其他材料来玩。如果下一个环节不是户外活动时间，让幼儿知道下一个环节是什么，并让他们有时间选择一个地点去放置他们的材料桶，以备在后面的户外活动继续使用。

有材料的大组活动时间（主要照护者2）

KDIs：1. 主动性；12. 活动部分身体；22. 探索物品。

COR：A. 主动性和计划性；J. 小肌肉运动技能；BB. 观察与分类；CC. 实验、预测和得出结论。

活动：湿湿包。

材料：结实的卡扣封装式冰袋（以夸脱或加仑为容量单位），包装胶带；下列物品中的任何物品：橡皮泥、玉米淀粉水、婴儿润肤油、混合了面粉的水、糨糊和胶水、水和沙子/土壤、土或沙子、干燥的玉米芯、干大米、烹饪过的意大利面（用后丢弃以免被糟蹋）；

小动物玩具、小图形、字母、数字、车辆玩具（用于年龄稍大的学步儿）。

用上述材料制作湿湿包。制作不同的湿湿包让幼儿能够体验不同的黏稠度以及在挤压时不同程度的抵抗力。在你的小组中，每名幼儿一定要有两三个湿湿包，以让他们能够以自己的节奏来探索、改变包袋。

对年龄稍大的学步儿来说，可以在包内添加一些有趣的物品让他们寻找，如小动物、小图形、字母、数字以及车辆。

- 要小心地用包装胶带封住包袋。
- 不要让袋子太重。
- 密切观察幼儿，确保他们不会意外弄破或打开袋子。

让幼儿知道他们将要进行一些新的探索。把用不同内容物制作的两三个湿湿包放在他们附近，允许他们做出选择。幼儿可能用很长时间探索一个湿湿包，或者可能探索完一个湿湿包后快速转移到下一个。

每一发展阶段的鹰架学习		
早期	中期	晚期
儿童可以 挤压湿湿包的内容物，并观察内容物怎样向不同方向移动；尝试不同的湿湿包，然后返回更喜欢的那个。	*儿童可以* 探索湿湿包的质地；用词语并重复使用词语来描述自己的体验、材料或动作。	*儿童可以* 探索湿湿包的质地，尝试用新的方式来让内容物在湿湿包里移动；寻找湿湿包中的物品并在发现后命名这些物品。
成人可以 描述幼儿的选择，以及他们使用湿湿包的方式；讨论内容物的黏稠度以及幼儿必须使用多大的力量才能让内容物移动。	*成人可以* 在幼儿身边探索湿湿包的质地，并用词语描述幼儿的体验，认可他们用语言和非语言的方式对自己的体验做出反应。	*成人可以* 在幼儿身边探索湿湿包的质地，评论幼儿的行为，帮助幼儿找湿湿包里的其他物品或具体物品（例如，成人可以说："我想知道，你是否能找到狮子。"）。

当幼儿开始对活动失去兴趣时，把所有湿湿包收起来，并让幼儿知道接下来会发生什么。

律动和音乐的大组活动时间

KDIs：12. 活动部分身体；13. 活动整个身体；14. 携物活动。

COR：I. 大肌肉运动技能；J. 小肌肉运动技能。

活动：探索球和篮子。

材料：

- 不同大小（2英寸、3英寸、4英寸、6英寸）和质地的球（球应该够大，以免让幼儿卡住；也要够小，让幼儿能够轻松握住）。
- 篮子或盒子（要足够大，能装下幼儿使用的球）。

让幼儿知道今天他们将要探索球。为每名幼儿提供两三个球，并给幼儿几分钟时间来探索球。增加盒子，然后问幼儿："我们该怎样把球放进这些盒子中？"当幼儿尝试不同的想法时，评论幼儿的行为。

把一些盒子放在幼儿身边，其中部分盒子竖起来，以鼓励幼儿尝试用不同的方式来把球放进盒子里。

当你与幼儿互动、评论他们怎样使用材料时，要让你的评论集中于幼儿的行为，而不是结果。例如，不要说："干得好！你做出了一个篮子！"或者："失败了，你错过了，再尝试一次。"你可以说："你用两只手扔球，球滚出了篮子。"

每一发展阶段的鹰架学习		
早 期	中 期	晚 期
儿童可以 扔球、推球、拿着球；如果球滚走了，追球；把球丢进盒子里。	*儿童可以* 扔球、踢球；倒空盒子；用单个词语描述物品、自己的行为或行为的结果。	*儿童可以* 踢球、扔球；用短语或几个单词描述怎样使用球，或尝试之后又发生了什么。
成人可以 把球滚回给幼儿；描述幼儿在做什么，以及他们怎样让球移动。	*成人可以* 用完整的句子描述幼儿的行为；模仿幼儿所选择的使用球的方法。	*成人可以* 用完整的句子描述幼儿的行为；说出幼儿的意图并模仿他们使用球的方式。

当幼儿对活动失去兴趣时，把所有的球收起来，并让幼儿知道接下来将会发生什么。如果可能，可以允许幼儿携带一个小球进入下一个环节。

户外活动时间

把集体活动中用过的球、篮子、盒子带到户外，如果可能，添加一些更大的球（10英寸、12英寸、14英寸）和更大的盒子。允许幼儿选择在户外空间使用球和盒子的方式。

当幼儿在户外空间探索时，描述他们的行为，并将之与幼儿在集体自然行走时的体验进行联系。

过渡时间

用语言提醒幼儿接下来将要发生什么。

鼓励幼儿跟随你过渡到下一个环节。按照幼儿的节奏、以让幼儿感到舒适的方式进行过渡，让他们体验领导的感觉，并激励他们独立进行过渡。

一日生活的其他时间

休息时间

在幼儿开始休息时，坐在幼儿身边，抚摸他们的背，或轻柔地唱歌，以此支持幼儿的个人舒适偏好。即使幼儿已经来到看护中心几周，他们仍可能需要安抚，来帮助进入放松的睡眠。

清理时间

在清理时间，唱一些游戏性的自编歌曲，以让幼儿参与清理过程。例如，用熟悉的曲调但是更换歌词来描述你的行为：

卡车进了小桶，

卡车进了小桶，

哦哦哦，

卡车进了小桶。

离园时间

与家长分享制作湿湿包的方法，提供一些制作指导，这样家长可以在家制作并使用湿湿包。提醒家长，湿湿包可能会造成脏乱，一定要确保开口是密封的；建议家长和孩子在户外或浴缸里使用湿湿包，以减少清理工作。

计划时间和回顾时间（为年龄稍大的学步儿）

计划：选择一件物品来工作

再次重复想法，让幼儿练习想出自己想要玩的物品，找到它，把它带到身边，然后讨论他们的计划。继续支持幼儿制订、描述自己的计划。

回顾：用神秘包回顾

在工作时间的末尾或清理时间过程中，为每名幼儿收集至少一件材料，把材料放进布包里，用于代表幼儿在选择时间所使用过的材料。把幼儿聚集在一起，让他们知道今天他们将要用神秘包来进行回顾，在神秘包里有他们在选择时间使用过的材料。一个一个从包中拿出材料，邀请幼儿用材料来分享自己的经验。幼儿可能做出如下反应：微笑，说出物品的名字，或提供关于怎样使用材料、在哪里使用材料的更具体的信息。支持幼儿回顾能力的发展，（基于你对幼儿在选择时间工作的观察）增加幼儿还没分享的细节。

观　察

在与幼儿互动的过程中，仔细观察他们的行为，并为下面的关键发展指标和观察评价指标记录具体的、客观的逸事。

KDIs：24. 探索相同和不同；27. 计数。

COR：S. 数字和点数。

后续活动

把表示手势语"牛奶"的照片或图片张贴在幼儿进餐的空间。

提供满足所有婴儿和学步儿需要的感官体验

感官游戏的益处

当幼儿在进行他们最擅长的游戏和探索时，很多学习会发生。下面是感官游戏的一些益处。

- **认知发展**：在幼儿能够说话前，他们在通过用各种感官进行探索来理解周围环境中的事物。随着幼儿语言能力的发展，他们开始能够描述所看、所听、所尝、所触以及所闻之间的相同和不同。例如，幼儿每次探索沙子时，他们就是在确认之前的探索与发现：沙子是干的，是含有沙砾的，等等。他们最终将注意到具有相同特征的其他材料。

- **社交技能**：紧紧靠在一起，在沙水桌一起工作，让婴儿和学步儿有机会观察同伴怎样操作材料，尝试其他人的想法，分享自己的想法和发现，并建立关系。

- **自我意识**：当亲身直接体验某些物品时，幼儿就是在探索并表现自己的偏好，理解周围的世界。例如，幼儿发现，他们喜欢干沙带来的感觉，或讨厌黏黏的东西。当照护者认可并接受幼儿的偏好时，幼儿会认识到自己的情感和决定都是有意义的。

- **身体技能**：幼儿通过塑形、铸造、挖舀、丢弃、挤压等来发展、强化新的动作技能——所有这些技能都能够支持小肌肉和大肌肉的发展。例如，当幼儿握着一把铲子填充和倒空感官材料时，就运动了很多他们在一日生活其他环节中用到的肌肉，如在吃饭时幼儿握杯子和勺子所用的肌肉。
- 情感发展：对许多幼儿来说，感官经验是令人安心的，能够帮助他们度过一些困难的情绪化时刻。例如，使用需要按压和操作的材料，如橡皮泥，可以让幼儿释放他们的体能或压力。同样，感官材料也让幼儿可以表达他们积极的情感，如快乐和兴奋。
- 交流技能：在感官游戏中，在选择材料和自己的行为时，幼儿有机会通过语言和非语言的方式来进行交流。当手与水进行了接触，在水桌上溅起水花时，年幼的学步儿脸上出现了惊讶的表情；或者当他们能够重复溅起水花时，他们兴奋地尖叫起来。照护者对想要交流的努力的回应让幼儿知道，他们想要交流的信息已经被接收。

创造方便幼儿活动的机会

年幼的儿童通常通过观察来获得信息，但是如果无法看到或参与活动，他们可能会错失从同伴那里获取新想法的机会。通过让材料处于适合幼儿的高度，他们拥有了合适的视角，并容易进入活动。

思考感官经验发生的地点以及机构中为幼儿提供了哪些方便活动的机会。例如，很多教室中有沙水桌，对婴儿和学步儿来说是非常方便。但是，也考虑了其他变量。

- 在地板上放小桶：这一选择让幼儿可以坐在小桶旁边，而不是把小桶放在桌子上阻碍他们。对还在爬行的儿童来说，放在地板上的小桶也在他们的视线内。
- 在桌子上或地板上放托盘：无论处于哪种发展水平，婴儿和学步儿都可以获得托盘提供的感官经验，这些托盘可能靠在幼儿的肚子上，或者幼儿用手或脚来探索材料。
- 沙水桌用透明材料制成，这样幼儿能够在舒适的位置上观察探索活动，幼儿甚至能从底部来观察沙水桌上的活动。

为支持幼儿的触觉偏好提供选择

对年幼的儿童来说，对某种质地表现出厌恶是非常平常的事情，这可能是因为不舒适，也可能是因为没在舒适的环境中接触过这种材料。下面有一些选择，可以支持对某种质地或某一系列材料感到不舒服的幼儿。

☐ 可重新封口的塑料袋：如果婴儿和学步儿还不习惯于或不能选择是否用手或脚来接触材料，把凌乱的、黏或软的材料放进可重新封口的塑料袋中特别有好处。

☐ 操作感官材料的工具：提供工具是一种完全没有威胁的让幼儿探索他们还不愿直接触摸的材料的方式。工具可以包括：刷子、铲子、漏斗、海绵、打蛋器、杯子。

——选自《延伸》第25卷5号第8—10页

第 5 天

选择时间

KDIs：22. 探索物品。　　　　　　　　COR：O. 字母知识。

把三维字母以及带有字母的材料整合进学习环境中，例如：用于握着或描摹的木制字母，用橡皮泥做的字母形曲奇饼干，带有蚀刻字母的积木（用于抓握和堆垒），带有字母的图书（用于阅读），字母拼图，或字母磁铁。把这些材料放在教室中，让幼儿每日都能接触到，这将让幼儿可以用一种自然的、有趣的方式来探索字母，以有意义的方式来学习字母。

每一发展阶段的鹰架学习		
早　期	中　期	晚　期
儿童可以 用手、脚和嘴探索材料。	*儿童可以* 用手和脚探索材料；触摸或关注字母；在听到成人说字母后，重复一些字母。	*儿童可以* 探索材料，注意到字母，并说出字母的名字；准确地确定1—3个字母，如自己名字的第一个字母；在指向不同字母时，说出字母的名字。
成人可以 描述幼儿所选择的材料；命名幼儿选择的材料上的字母；在幼儿旁边以相同的方式使用材料。	*成人可以* 指出字母，并命名；幼儿说出字母之后，认可幼儿想要重复字母名字的努力。	*成人可以* 如果幼儿犯了错误，认可幼儿想要命名字母的努力，而不是进行纠正（成人可以提供幼儿正在指向的字母的名字，并找到相应的字母）；指出对幼儿个人有意义的字母（例如，幼儿名字中的第一个字母）。

身体护理时间

KDIs：21. 享受语言。　　　　　　　　COR：Y. 音乐。

演唱幼儿最喜欢的歌曲，同时为幼儿换尿布或帮助幼儿如厕。要唱得慢一点，歌曲要简单，要与幼儿进行眼神接触，并温暖地、由衷地回应幼儿对你的演唱和身体护理的反应。

进餐时间

KDIs：32. 预见事件。　　　　　　COR：G. 集体；HH. 历史。

让幼儿最好以他们自己的节奏来进行过渡，所以，一定要确保过渡是渐进的。如果一些幼儿准备好进入接下来的进餐时间，就可以让他们开始，同时给其他幼儿一些时间让他们完成当前的活动。同样，也要让幼儿以他们自己的节奏进餐。你既可以提供幼儿吃完就进行的过渡活动，也可以在桌边为幼儿读一本能够吸引所有幼儿的书，而不用管他们在吃还是已经吃完。

有材料的大组活动时间（主要照护者1）

KDIs：4. 区分自我与他人；38. 识别视觉影像。　　　　　COR：P. 阅读；FF. 对自我和他人的认知。

活动：探索熟悉的照片。

材料：教室中幼儿与照护者的塑封照片以及幼儿家长、宠物的照片。

为每名幼儿提供熟悉的人、宠物的照片，允许幼儿自由探索照片。照片的范围很广，既可以包括摆拍的照片，也可以包括抓拍的照片。这将让你可以与幼儿一起谈论照片中有谁，以及人和动物在做什么、在哪里。

每一发展阶段的鹰架学习		
早 期	中 期	晚 期
儿童可以 在认出熟悉的人时微笑，重复成人的标签或自发地说"妈妈""爸爸"或"奶奶"，以确认照片中熟悉的人。	**儿童可以** 看着照片，用单个词语或简短的短语来命名和谈论照片中的人或物。	**儿童可以** 看着自己的照片，对其他幼儿在看的照片感到好奇；用短句子和短语来谈论照片中的人和物。
成人可以 命名照片中的人，并描述幼儿正在看的人；认可幼儿想要确定、命名照片中的形象的努力。	**成人可以** 认可幼儿对照片中人物的确认；询问幼儿他们在照片中还看到谁或什么，为幼儿提供关于照片的额外信息（例如，成人可以说："那是你的奶奶。休息时间结束后她就会来接你回家。"）。	**成人可以** 请幼儿分享更多关于他们看到的人或物的事（例如，成人可以说："你是对的，那是你的弟弟戴瑞克。告诉我，在照片中你和弟弟在做什么？"）。

当幼儿开始对活动失去兴趣时，把他们不再看的照片收起来，放到一边，以备在其他时间再次投放。允许幼儿携带熟悉的人的照片过渡到下一个环节。

有材料的大组活动时间（主要照护者2）

KDIs：2. 解决问题；30. 拆卸和装配；35. 原因和结果。

COR：B. 使用材料解决问题；CC. 实验、预测和得出结论。

活动：探索磁铁。

材料：字母磁铁、数字磁铁、磁铁砖、装曲奇的金属盘。

给年龄稍大的学步儿的备用材料：磁铁棍、磁铁物品（冰箱贴、金属垫片、螺母、金属小汽车、金属勺子）以及非磁铁物（塑料动物、木制积木、填充玩具）。

向幼儿介绍怎样把各种磁铁吸在金属盘上。鼓励幼儿探索这些材料的磁铁特性。

对年龄稍大的幼儿，提供一些备用材料，来支持幼儿探索磁铁或非磁铁材料。在介绍备用材料前，要给幼儿几分钟时间探索最初的材料。

每一发展阶段的鹰架学习		
早 期	中 期	晚 期
儿童可以 探索材料；把材料拆卸开再组合在一起；观察其他人用材料做什么。	**儿童可以** 探索材料，并用单个词语来描述自己的行为，如"吸""吸住"；观察并尝试同伴的主意。	**儿童可以** 用不同的方式把磁铁砖拼在一起，把磁铁堆积在一起，或把它们排成一排；用几个词语或简短的短语来描述自己的行为。
成人可以 描述幼儿的行为；描述幼儿看到的同伴正在做的事。	**成人可以** 评论幼儿的行为以及他们对自己正在做的事的解释；为幼儿描述同伴的行为；向幼儿解释曲奇盘上的物品，因为曲奇盘是金属的，而吸在上面的物品是磁铁制的。	**成人可以** 用与幼儿相同的方式来使用材料，评论他们的行为；探索"有磁性的"，提供一些备用材料，评论哪些物品能吸住，哪些吸不住。

当幼儿开始对活动失去兴趣时，把材料收起来，并让幼儿知道接下来将会发生什么。如果物品不是很安全，允许幼儿携带一两件物品过渡到下一个环节。

律动和音乐的大组活动时间

KDIs：13. 活动整个身体；21. 享受语言；39. 倾听音乐；40. 回应音乐。

COR：I. 大肌肉运动技能；Y. 音乐；Z. 律动。

活动：《蚂蚁行军》。

材料：《蚂蚁行军》歌曲卡。

邀请幼儿来到教室中某个开放的空间，这个空间可能是幼儿每天进行大组活动的地方。让幼儿知道他们将要演唱一首包括一些律动的歌曲。向幼儿介绍一些能够轻松模仿的简单动作（如齐步走）。在把动作与歌词结合起来之前，先尝试几次动作。在教室中练习几次齐步走，然后边唱歌曲边做动作。

把歌词段落简化为两段或三段。或者每次都唱同一个小节，但把齐步走的动作改为走、弯腰、伸展等。邀请幼儿展示或命名不同的律动方式。

每一发展阶段的鹰架学习		
早期	中期	晚期
儿童可以 坐着或站着，伴随音乐进行蹦跳或摇摆；通过咿咿呀呀或说一两个歌词中的词语来伴唱。	儿童可以 模仿歌词中单个或两个词语；尝试模仿动作；通过说"蚂蚁"或"行军"来暗示想要再听一遍歌曲。	儿童可以 模仿几个歌词中的词语和律动作；用3—4个词语或短语要求再唱一遍。
成人可以 评论幼儿的律动动作；认可他们想要伴唱的努力。	成人可以 认可幼儿想要演唱歌曲的个别单词并和小组成员一起做一些简单律动动作的尝试；满足幼儿语言或非语言的要求，再次演唱一遍歌曲。	成人可以 认可幼儿演唱歌曲中的短语并和小组成员一起进行律动的尝试；满足幼儿语言或非语言的要求，再次演唱一遍歌曲。

当幼儿开始对活动失去兴趣时，让他们知道将再次演唱一遍歌曲，并提醒他们接下来将发生什么。当要过渡到下一个环节时，你可以继续演唱歌曲，或请幼儿选择一种方式来过渡到邻近的区域，并把律动动作整合进歌曲中（例如："小朋友踏步走到水槽边，好哇，好哇！小朋友踏步走到水槽边，好哇，好哇！"）。

户外活动时间

把歌曲卡带到户外，让幼儿演唱他们自己选择的卡片上的歌曲。

过渡时间

记住要提前做好过渡计划，以使幼儿尽可能顺利地完成过渡。例如，在把幼儿带到进餐区域之前，开始准备食物，并请幼儿协助所有餐食的准备，如传递盘子、银器或杯子，为自己盛食物等。这不仅能减少幼儿等待的时间，也让他们可以练习新技能。

一日生活的其他时间

入园时间

要建立一种连续的入园常规。教师要记住常规、家长送孩子的时间,以及每天第一次出现的环节(如早餐),这可以帮助幼儿融入一天的生活,顺利从家庭过渡到学校。然而,当常规的其他方面都固定下来时,阶段性地也会出现一些变化(例如教师的缺席或入园时间的改变),幼儿通常能够轻松适应。

休息时间

当你摇晃着幼儿入睡并抚摸他们的后背时,演唱摇篮曲或其他能够安抚情绪的歌曲。

清理时间

一些区域会比其他区域需要更多的时间来进行清理。在提醒幼儿马上进入清理时间之后,要给幼儿一些时间去完成正在做的工作,同时你可以从需要更多清理时间的区域开始。例如,如果幼儿一直在艺术区涂色,那么艺术区的桌子、地板以及幼儿的手都需要更多的清理时间。率先开头可以确保幼儿不会匆忙完成清理,教师也能够在相对一致的时间内做好准备,过渡到下一环节。

计划时间和回顾时间(为年龄稍大的学步儿)

计划:窥视管

让幼儿知道,在今天的计划时间,他们将使用窥视管(硬纸管)来"窥视"某些他们想要使用的物品,或他们想要活动的区域。一些幼儿可能会用罐子来窥视,确定某些物品;一些幼儿可能需要走近一点,找到他们心目中的物品。支持幼儿表达自己的想法,并帮助他们完善计划。

回顾：用神秘袋进行回顾

重复第 4 天的回顾想法，为每名幼儿收集至少一种材料放进布袋中，材料要代表幼儿在选择时间使用过的物品。一次拿出一件材料，然后请幼儿分享他们用材料做了什么。帮助幼儿补充你观察到的幼儿在选择时间做的事的细节和案例，并邀请他们说一说还玩了什么，或用材料做了什么。

观　察

在与幼儿互动的过程中，仔细观察他们的行为，并为下面的关键发展指标和观察评价指标记录具体的、客观的逸事。

KDIs：4. 区分自我与他人；6. 和成人的关系；38. 识别视觉影像。

COR：O. 字母知识；P. 阅读；Y. 音乐；FF. 对自我和他人的认知。

后续活动

把本周的逸事记录整理好，输入你的在线评估工具或用来记录幼儿发展情况的类似工具中。

给每名幼儿的家庭发送幼儿个人的记录，这些记录要凸显幼儿的兴趣和本周以来的经验。

把《五只绿色斑点小青蛙》和《蚂蚁行军》歌曲卡添加到歌曲书中。

第 5 周总结

本周你已经

☐ 安抚了仍有分离焦虑的家长和幼儿。

☐ 支持幼儿主动与其他幼儿建立联系。

☐ 提供发展幼儿自我照顾技能的机会，并支持其发展。

☐ 观察新出现的机会。

- [ ] 继续强化与家长的联系。
- [ ] 为年龄稍大的学步儿介绍回顾的概念。
- [ ] 根据幼儿的兴趣轮换材料。
- [ ] 为以下学前儿童观察评价系统（COR）条目收集逸事：
  - E. 与成人建立关系
  - F. 与其他幼儿建立关系
  - P. 阅读
  - S. 数字和点数
  - Y. 音乐
  - AA. 假装游戏
  - DD. 自然和物质世界
  - FF. 对自我和他人的认知
  - HH. 历史

儿童一直聚焦于

- [ ] 与他人互动。
- [ ] 发展自我照顾技能。
- [ ] 在一日常规中，期待熟悉事件的出现。

你已经通过以下方式强化了和家长的关系

- [ ] 更新家长信息板。
- [ ] 与家长交换幼儿近期里程碑式的发展信息。
- [ ] 与家长分享制作湿湿包的方法。
- [ ] 分享教室中学过的新歌（以及动作）。

反思你与儿童的互动

- [ ] 回顾"总结：支持性的成人-儿童互动"（见附录1），并反思整周以来你们的互动。
- [ ] 确定两种本周使用过的、你觉得好用的与学步儿互动的策略。
- [ ] 选择一种你想在下周重点使用的策略。

第8章 第6周

概　览

本周的重点是维护与幼儿的关系，并聚焦于用准备好的策略来策划一些有意义的活动，与幼儿和家长建立联系。继续收集每名幼儿的信息，并组织他们的发展信息。如果你们正在使用高瞻学前儿童观察评价系统升级版（COR Advantage），可以考虑形成一份能够展示每名幼儿仍需发展哪些项目的报告（"发展总结报告"或"总分报告"）。

当你为幼儿进行逸事记录时，可通过描述幼儿正在做的事并添加能够支持幼儿天生好奇心的材料来继续支持幼儿当前的发展和新出现的兴趣。

要创造机会与家长交换幼儿的发展信息，以支持幼儿并鼓励幼儿在家的发展。这可以非正式的方式在入园和离园时间进行，也可以通过电话、电子邮件、家长会等方式来完成。对有网络的家庭，可以通过电子邮件（包括有益的网站链接）、在线博客、照片分享网站等来提供一些材料，这是与家长分享信息的一种有效方式。

本周目标

- 支持幼儿表现出对其他成人的好奇，包括其他孩子的家长、代课教师，或其他支持人员。

- 观察新的里程碑式发展。
- 针对幼儿发展档案中的缺口进行观察,并填补这些缺口。
- 继续拍摄幼儿参与活动的照片,把照片粘贴在教室四周,或用于教师自制的图书中,与家长进行分享。

心中要牢记的事项

在学步儿的环境中,安全是最为关键的因素。随着幼儿不断成长,不断迈过新的里程碑,需要定期检查安全隐患。这些隐患在几天前可能还不是问题,但是随着幼儿移动能力和进行身体冒险意愿的发展,它们就可能伤害幼儿。这样的案例包括:太重的架子或可能从架子顶部掉下来的物品,游戏空间或睡眠空间中悬垂的不易看到的绳子,或刚刚学会移动的学步儿拉着站起来就会倾倒的家具。主动消除安全隐患不仅可以阻止意外发生,也让幼儿有了更多愉快的探索,同时你也有了更多参与的时间。

活动室中需要添加的材料

- 聚焦于添加能够支持幼儿发展性成长的材料。考虑为能移动的幼儿提供枕头或包裹了地毯的积木,供幼儿攀爬。
- 考虑添加能够支持幼儿发展性行为的材料。例如,如果幼儿对在吃饭时使用勺子感兴趣但还没掌握这个技能,考虑在游戏空间增加游戏勺、牙刷或其他同样需要手握着的材料,让幼儿有更多机会在非进餐时间练习有控制地抓握。
- 在歌曲盒中添加《红色小马车》歌曲卡。
- 通过张贴表示"水"的手势语照片或图片来支持幼儿使用手势语。

需要与家长交换的信息

由于几周以来你已经花费了大量的时间来熟悉幼儿和他们的父母,所以你可以为家长创造一些机会,让他们可以了解课程,与照护者交换孩子的发展信息,并为接下来的一年设置目标。一部分机会应涉及机构中所有的家长,如组织让家长了解课程的工作坊,或提供随机的开放空间参观体验。这些可以让所有家长探索教室,了解怎样把课程整合进环境与一日常规中。另一部分机会可能聚焦于个别家庭,包括在家长会上讨论孩子发展中的具体问题,并为全年设置目标。

在家长可以进行借阅的图书馆中添加玩具,家长和孩子可以一起玩这些玩具,玩完后归还。考虑增加幼儿特别感兴趣但家里可能还没有的材料。一定要选择即便丢了一两个零件还能使用的材料(例如,如果拼图和图形分类器丢失部分部件,就很容易就被注意到,从而影响使用)。添加有盖子的咖啡罐、能装动物的鞋盒、一盒松果、一系列感官瓶或一套小积木等材料。不能添加带有可能会让幼儿窒息的小零件的材料。

第 1 天

选择时间

KDIs：5. 依恋；16. 倾听和回应；17. 非语言沟通；18. 双向沟通；19. 表达

COR：E. 与成人建立关系；L. 表达；M. 倾听与理解

当幼儿对与你的关系感到安全时，他们就会开始寻找机会，以身体的、非语言的、语言的方式来与你互动。在幼儿的游戏过程中，观察他们想要发起与你进行对话和游戏性互动的尝试，并给予回应。

每一发展阶段的鹰架学习		
早 期	中 期	晚 期
儿童可以 通过靠近成人、给成人玩具、使用手势语或一两个词、哭、咿咿呀呀来主动发起互动。	*儿童可以* 在需要帮助、表达需求或想要使用单个词语时寻找成人；在成人附近玩，并通过给成人玩具来与成人互动。	*儿童可以* 用几个词或短语来与成人进行交流；用语言来邀请成人加入游戏，并建议成人怎样使用材料。
成人可以 认可幼儿想要与其他人互动的努力；通过使用幼儿提供的玩具，与幼儿谈论他们想要说的、正在做的以及周围发生的事，来参与幼儿的游戏。	*成人可以* 温暖地回应幼儿的需求以及求助；当幼儿提供了材料时，参与幼儿的游戏，并以与幼儿相同的方式使用材料。	*成人可以* 参与幼儿的游戏，并遵从幼儿关于怎样玩的建议；在幼儿的游戏框架内提出一些小建议（例如，如果幼儿正在摇晃一个"小宝宝"，并给了成人一个"小宝宝"让成人摇晃，成人可以说："看起来我们的宝宝睡着了。在我们摇晃它们的时候，可不可以用毯子包住它们呢？"）。

身体护理时间

KDIs：3. 自我照顾；38. 识别视觉影像。

COR：K. 自我照顾和健康行为；O. 字母知识。

在如厕或换过尿布之后、进餐之前、餐后以及脏乱活动之后（如户外游戏之后），协助幼儿洗手。在帮助幼儿的时候，请幼儿关注张贴在墙面上的洗手顺序图。你可以说："你在手上打肥皂，就像图中这样。"

进餐时间

KDIs：17. 非语言沟通。　　　　　　**COR**：L. 表达；M. 倾听与理解。

在进餐时，介绍手势语"水"。在递给幼儿一杯水的同时，说："你渴了吗？这是一些水。"做出"水"的手势语：伸出你的食指、中指、无名指（把拇指和小指向掌心弯曲，就像在比画"W"），然后用食指轻敲嘴唇。

有材料的大组活动时间（主要照护者1）

KDIs：2. 解决问题；30. 拆卸和装配；35. 原因和结果。　　**COR**：B. 使用材料解决问题；CC. 实验、预测和得出结论。

活动：探索磁铁。

材料：字母磁铁、数字磁铁、磁铁砖、装曲奇的金属盘。

给年龄稍大的学步儿的备用材料：磁铁棍、磁铁物品（冰箱贴、金属垫片、螺母、金属小汽车、金属勺子）以及非磁铁物品（塑料动物、木制积木、填充玩具）。

向幼儿介绍怎样把各种磁铁吸在金属盘上。鼓励幼儿探索这些材料的磁铁特性。

对年龄稍大的幼儿，提供一些备用材料，来支持幼儿探索磁铁或非磁铁材料。在介绍备用材料前，要给幼儿几分钟时间探索最初的材料。

每一发展阶段的鹰架学习		
早　期	中　期	晚　期
儿童可以 探索材料；把材料拆卸开再组合在一起；观察其他人用材料做什么。	*儿童可以* 探索材料，并用单个词语来描述自己的行为，如"吸""吸住"；观察并尝试同伴的主意。	*儿童可以* 用不同的方式把磁铁砖拼在一起，把磁铁堆积在一起，或把它们排成一排；用几个词语或简短的短语来描述自己的行为。
成人可以 描述幼儿的行为；描述幼儿看到的同伴正在做的事。	*成人可以* 评论幼儿的行为以及他们对自己正在做的事的解释；为幼儿描述同伴的行为；向幼儿解释曲奇盘上的物品，因为曲奇盘是金属的，而吸在上面的物品是磁铁制的。	*成人可以* 用与幼儿相同的方式来使用材料，评论他们的行为；探索"有磁性的"，提供一些备用材料，评论哪些物品能吸住，哪些吸不住。

当幼儿开始对活动失去兴趣时，把材料收起来，并让幼儿知道接下来将会发生什么。如果物品不是很安全，允许幼儿携带一两件物品过渡到下一个环节。

有材料的大组活动时间（主要照护者2）

KDIs：4. 区分自我与他人；38. 识别视觉影像。

COR：P. 阅读；FF. 对自我和他人的认知。

活动：探索熟悉的照片。

材料：教室中幼儿与照护者的塑封照片以及幼儿家长、宠物的照片。

为每名幼儿提供熟悉的人、宠物的照片，允许幼儿自由探索照片。照片的范围很广，既可以包括摆拍的照片，也可以包括抓拍的照片。这将让你可以与幼儿一起谈论照片中有谁，以及人和动物在做什么、在哪里。

每一发展阶段的鹰架学习		
早期	中期	晚期
儿童可以 在认出熟悉的人时微笑，重复成人的标签或自发地说"妈妈""爸爸"或"奶奶"，以确认照片中熟悉的人。	*儿童可以* 看着照片，用单个词语或简短的短语来命名和谈论照片中的人或物。	*儿童可以* 看着自己的照片，对其他幼儿在看的照片感到好奇；用短句子和短语来谈论照片中的人和物。
成人可以 命名照片中的人，并描述幼儿正在看的人；认可幼儿想要确定、命名照片中的形象的努力。	*成人可以* 认可幼儿对照片中人物的确认，询问幼儿他们在照片中还看到谁或什么，为幼儿提供关于照片的额外信息（例如，成人可以说："那是你的奶奶。休息时间结束后她就会来接你回家。"）。	*成人可以* 请幼儿分享更多关于他们看到的人或物的事（例如，成人可以说："你是对的，那是你的弟弟戴瑞克。告诉我，在照片中你和弟弟在做什么？"）。

当幼儿开始对活动失去兴趣时，把他们不再看的照片收起来，放到一边，以备在其他时间再次投放。允许幼儿携带熟悉的人的照片过渡到下一个环节。

律动和音乐的大组活动时间

KDIs：13. 活动整个身体；23. 客体永久性。

COR：I. 大肌肉运动技能。

活动：探索管道。

材料：两三个管道（以减少等待）。

设置管道，向幼儿解释，他们将要进行一些新的探索，他们可以爬过管道，会透过管道进行观察。你自己处于管道的一头，鼓励幼儿爬过来。如果幼儿看起来很不情愿，示范怎样爬行通过管道，或把有趣的物品放在管道中、管道的另一头，吸引幼儿去接近。

每一发展阶段的鹰架学习		
早　期	中　期	晚　期
儿童可以	*儿童可以*	*儿童可以*
爬行通过管道或透过管道窥视另一头的人；观察其他人爬过管道，并通过拍打管道来探索管道外侧。	发起捉迷藏游戏，并越来越协调地缓慢或快速爬过管道；爬到半路返回，而不是爬过整个管道。	好奇地爬过几条通道；来回爬，并用几个词或短语描述自己是怎么移动的。
成人可以	*成人可以*	*成人可以*
描述幼儿及同伴正在做的事；透过管道与幼儿玩捉迷藏游戏，鼓励幼儿穿过管道来到另一头；把一个球滚过管道，让幼儿知道怎样到达另一头，鼓励幼儿跟着球爬。	参与捉迷藏游戏，评论幼儿移动的方式（例如，成人可以说："这一次，你快速爬过去了。"）。	评论幼儿是怎样移动着穿过管道的，对他们的描述做出反应。

当幼儿开始对活动失去兴趣时，把材料打包，并让幼儿知道接下来会发生什么。

户外活动时间

把集体活动中用过的管道带到户外游戏空间。通过描述幼儿的行为、用相同的方式使用管道来与幼儿互动。例如，如果幼儿在缓慢地爬过管道，跟随他们的引导爬行过去。如果幼儿正在透过管道进行观察，或蹲得非常低，靠近管道的一头，可以从另一头发起捉迷藏游戏。允许幼儿选择这类活动，或任何其他常规的户外活动。

过渡时间

在过渡时间保持镇静,并以游戏的方式在全天充满压力的环境中创设一种积极的、放松的氛围。

一日生活的其他时间

入园时间

如果幼儿看起来不太想要与家长分离,要承认说再见是很难的事,同时为他们提供最喜欢的玩具或最近感兴趣的物品。在入园时间,把幼儿喜欢的物品放在他们的身边可以帮助幼儿顺利过渡到教室,使入园对家长来说也没那么大的压力。

休息时间

当幼儿开始通过身体语言、呼吸以及放松的面部表情来表示想要休息时,为幼儿创设一种安宁的氛围。幼儿会对来自成人的细微线索做出反应,并且当周围的人都是安静的、放松的时,幼儿将更快进入休息时间。

清理时间

如果可以,使用幼儿熟悉的手势语来在清理时间支持他们。考虑使用手势语"更多",就像:"你把一个球放回了篮子里。你能把更多球放进篮子里吗?"在把材料收走的同时,向幼儿解释你在做什么。

离园时间

如果你将怎样让孩子以游戏性的方式来参与清理活动讲给家长听,家长将从中获益。清理时间并不是只发生在集体环境中。家长也必须清理游戏区域、户外环境以及家庭环境。要聚焦于分享能让幼儿感到成功或有趣的策略。

计划时间和回顾时间（为年龄稍大的学步儿）

计划：窥视管

重复上一周关于计划的想法，请幼儿练习思考如下问题：想要使用什么材料，在选择时间想要在哪里工作，并通过窥视管来定位。允许幼儿以语言或非语言的方式来表达自己，并激励幼儿描述自己的想法，说说自己准备怎样使用材料或在哪个区域游戏。

回顾：用神秘袋进行回顾

在选择时间尾声或清理时间期间，收集幼儿使用过的材料。把幼儿聚集在一起，让他们知道，你们将要用神秘袋进行回顾，在回顾袋中有很多幼儿在选择时间使用过的物品。要确保每名幼儿都能举出一个例子。选择被多名幼儿使用过的材料，如积木或小汽车，以此来支持幼儿进行回顾交流。幼儿能够表达或展示自己怎样使用材料、使用方式的相似性和不同性，你可以指出幼儿之间是怎样交流的。

观 察

在与幼儿互动的过程中，仔细观察他们的行为，并为下面的关键发展指标和观察评价指标记录具体的、客观的逸事。

KDIs：6. 和成人的关系；31. 从不同视角观察。

COR：C. 反思（为年龄稍大的学步儿）；E. 与成人建立关系。

后续活动

收集幼儿在教室中的照片，悬挂在换尿布的区域。

在幼儿吃饭的区域张贴一张表示"水"的手势语的照片或图片。

第 2 天

选择时间

KDIs：7. 和同伴的关系；10. 和他人玩耍；17. 非语言沟通；18. 双向沟通；19. 表达。

COR：F. 与其他幼儿建立关系；L. 表达。

随着幼儿的成长，随着他们对游戏区域越来越熟悉，他们逐渐对其他人的游戏越来越感兴趣。观察幼儿怎样尝试加入"对话"，怎样在游戏中观察彼此，以及怎样以语言或非语言的方式发起与其他幼儿的互动。

每一发展阶段的鹰架学习		
早　期	中　期	晚　期
儿童可以 在同伴身边游戏；向其他幼儿提供玩具，并观察其他幼儿怎样使用材料。	*儿童可以* 观察并尝试其他人的想法；对其他幼儿说一两个词或说出关于其他幼儿的一两个词。	*儿童可以* 在同伴身边游戏；对其他幼儿说几个词或短语，或者说出关于其他幼儿的一两个词或短语；开始寻找在附近一起玩的幼儿（可能每天都是同一名幼儿）。
成人可以 当幼儿进行观察、对其他幼儿做出回应、尝试发起接触时，描述他们的行为；描述其他幼儿想要与同伴接触的尝试；通过名字让幼儿认识彼此。	*成人可以* 描述幼儿正在做的事，评论幼儿的行为，并解释幼儿想要与其他人互动的意图。	*成人可以* 评论幼儿在使用哪些材料、使用方法的相似与不同（例如，成人可以说："你们两个都选择了娃娃。茱莉亚摇晃着娃娃，而你在给娃娃换尿布。"）；解释幼儿想要与其他人互动的意图。

身体护理时间

KDIs：38. 识别视觉影像。

COR：P. 阅读；FF. 对自我和他人的认知。

当你在为幼儿换尿布、完成身体护理常规时，让他们注意悬挂着的照片。指出幼儿的照片，并说出其他照片中幼儿的名字。给幼儿一些时间去观察、指向、评论照片。

进餐时间

KDIs：3. 自我照顾。　　　　　　　　COR：K. 自我照顾和健康行为。

继续为幼儿提供练习自我照顾技能的机会，如捡起食物、握住餐具、握住杯子并用杯子喝水。年龄稍大的学步儿可能开始用没有盖子的杯子喝水。记住，要和幼儿坐在一起，示范吃一系列食物；与幼儿一起谈论引起他们兴趣的事物，如正在吃的食物、在这一天中他们早先做过的事，或者其他他们所提起的话题。

有材料的大组活动时间（主要照护者1）

KDIs：22. 探索物品；29. 装满和倒空。

COR：J. 小肌肉运动技能；U. 测量。

活动：填满和倒空。

材料：带盖子（盖子上有提手）的空罐（如咖啡罐、奶粉罐、燕麦片罐），有孔的空罐（孔要大于幼儿准备通过孔放进罐中的物品的大小），广口瓶盖，浴帘环，娃娃链（toy baby links）。

向幼儿展示浴帘环、瓶盖以及娃娃链，并为每名幼儿提供几种材料。为每名幼儿提供一个罐子，然后示范怎样把浴帘环、盖子或娃娃链放进罐子里。幼儿可能会窥探罐子的内部，把罐子翻转过来，或模仿你的做法——把更多物品放进罐子里。观察幼儿怎样使用材料，以此来确定他们的兴趣和发展水平。一些幼儿可能很喜欢把圆形的物品透过盖子顶部的孔放进罐子里，另一些幼儿可能更喜欢倒空和填满罐子而不盖上盖子。由于幼儿的肌肉运动技能正在发展中，所以尝试将物品放进开口的容器中可能非常具有挑战性。

每一发展阶段的鹰架学习		
早期	中期	晚期
儿童可以 填满和倒空罐子；暗示（用语言或非语言的方式）他们需要成人的帮助，或想要与成人互动；尝试把盖子盖上或取下盖子。	*儿童可以* 多次尝试让材料通过盖子上的开口；通过盖子上的开口倒空和填满罐子；需要在帮助下取下盖子，然后把盖子盖上。	*儿童可以* 通过盖子上的开口倒空和填满罐子；独立地取下盖子，然后盖上盖子。
成人可以 描述幼儿的行为，回应他们想要得到帮助的请求；适度帮助幼儿从打不开盖子的挣扎中解脱出来：拉开盖子的一小部分，请幼儿拉开余下的部分。	*成人可以* 以与幼儿相同的方式来使用材料，并描述幼儿所做的事（例如，成人可以说："你旋转着浴帘环，直到浴帘环能够穿过洞口。"）。	*成人可以* 以与幼儿相同的方式来使用材料，并评论他们的行为；用语言鼓励幼儿进一步实验材料（例如，成人可以说："我想知道，盖子是否能穿过洞口。"）。

当幼儿开始对活动失去兴趣时，把不再使用的浴帘环、盖子等放回容器里。对于仍然感兴趣的幼儿，允许他们每人携带一个盖子或一个浴帘环进入下一个环节。

有材料的大组活动时间（主要照护者2）

KDIs：12. 活动部分身体；22. 探索物品；29. 装满和倒空；30. 拆卸和装配。

COR：J. 小肌肉运动技能；U. 测量；X. 视觉艺术。

活动：抽拉布料。

材料：顶部有洞的空盒子，如纸巾盒、湿巾盒、带盖的鞋盒；织物、围巾，以及不同质地的丝带。

年龄稍大学步儿的备用材料：能够把布拉出来的钳子。

开始时，把几种织物碎片、围巾或丝带放进盒子里，材料的一部分透过容器的洞口悬垂在外。给每名幼儿一个盒子，并展示如何轻轻地拉拽每片织物。对年龄稍大的学步儿，在他们探索过几分钟后，为他们提供钳子以增加难度，发展他们的小肌肉运动技能，以及用不同方式使用不同工具的能力。

每一发展阶段的鹰架学习		
早期	中期	晚期
儿童可以 用两只手拉出容器中的织物；在拉拽布料时需要别人帮助握住容器；请求或用手势要求成人帮助自己把织物放回去。	*儿童可以* 把织物拉出来，然后放回容器中，在需要时能请求帮助；用一只手或一只胳膊固定住盒子，用另一只手拉织物。	*儿童可以* 独立把织物拉出来并放回容器内；用词语和短语来描述自己的行为和结果。
成人可以 评论幼儿的努力，描述他们行为的结果（例如，成人可以说："你非常用力地拉丝带，它很快就出来了！"）。	*成人可以* 独立把织物拉出来，再放回去；用词语和短语描述幼儿的行为及行为的结果。	*成人可以* 评论幼儿的行为，并给幼儿钳子，让他们尝试把布拉出来的其他方法。

当幼儿开始对活动失去兴趣时，把不再使用的材料收起来，并让幼儿知道接下来将要发生什么。如果可能，允许幼儿携带一片织物或丝带过渡到下一个环节。

律动和音乐的大组活动时间

KDIs：12. 活动部分身体；14. 携物活动。

COR：F. 与其他幼儿建立关系；J. 小肌肉运动技能。

活动：用羽毛掸子律动。

材料：带有小手柄的小羽毛掸子，每名幼儿一个（如果可能，可以为每名幼儿提供两个掸子，这样幼儿可以一只手一个）。

让幼儿知道，今天他们将要进行一些新的探索，并用新的材料进行律动。为每名幼儿提供一个羽毛掸子，让他们自己选择使用掸子的方式。

每一发展阶段的鹰架学习		
早期	中期	晚期
儿童可以 站着摇晃掸子；用两只手握着掸子；用掸子拍打地板；观察其他幼儿怎样使用掸子。	*儿童可以* 单手或双手握着掸子；观察其他人，并尝试用不同的方式移动掸子。	*儿童可以* 一只手握着掸子；提出移动掸子的方式；尝试别人的主意。
成人可以 描述并模仿幼儿的行为；用不同的方式移动掸子，比如从一边到另一边，然后看看幼儿是否会模仿自己的行为。	*成人可以* 评论幼儿使用掸子的方式；模仿幼儿使用掸子的方式。	*成人可以* 评论幼儿怎样移动掸子，并尝试幼儿提出的方法；在描述幼儿怎样使用掸子时，示范使用空间语言和方位词语，如"上""高""低""下""绕一个圈"。

当幼儿开始对活动失去兴趣时，把所有不再使用的掸子收起来。如果可能，允许仍然想要使用掸子的幼儿继续探索，同时其他幼儿过渡到下一个环节。

户外活动时间

在户外游戏空间为幼儿提供水桶、篮子或其他幼儿可以用来收集、携带感兴趣的物品（如树叶、木棍、石头、球、花、种子）的容器。

过渡时间

如果幼儿感到劳累、饥饿，或如果他们还想要继续先前的活动，这时即便最平常的过渡都可能是令人不安的。记住，在进行必要的过渡时，要真心地认可幼儿的情感。

一日生活的其他时间

入园时间

观察幼儿对新进入游戏空间的成人，如其他幼儿的家长、代课教师、支持性工作人员，怎样做出反应。认可幼儿的情感和行为。当幼儿对不熟悉的成人越来越能接纳或越来越好奇时，为成人命名，并解释他们的身份（例如，你可以说："你正在看着魏兰德先生。他来送迈克尔上学。他是迈克尔的爷爷。"）。

休息时间

允许幼儿在休息时探索一片织物，然后慢慢入睡。为幼儿提供他们感兴趣的或之前探索过很长时间的织物（注意：为了安全起见，幼儿一睡着就要立刻将织物从幼儿身边拿走）。

清理时间

为了帮助幼儿理解如何清理教室环境、如何整理使用过的空间，要让幼儿参与全天的清理过程，而不仅仅是选择时间之后归置玩具的环节。学步儿可以提供如下帮助：在户外游戏之后挂好自己的户外服装，午餐后用餐巾纸清理桌子，吃完饭或玩完脏乱的游戏之后将地板打扫干净，用纸巾清理洒到衣服或桌面上的物品，把安慰毯和安慰物放回相应的储存空间。学步儿通常很喜欢得到一份"工作"或一份责任，让他们参与这些工作将有助于幼儿养成某个环节结束后就要进行清理的自然倾向。

计划时间和回顾时间（为年龄稍大的学步儿）

计划：窥视管

为每名幼儿制订一个在选择时间使用窥视管的计划。提供几个窥视管，这样幼儿就能够开始寻找他们想要玩的物品，同时你可以与准备好要分享自己计划的幼儿进行交流。

回顾：回顾照片

在选择时间，拍摄一些数码照片，每名幼儿至少有一张可以在回顾时使用的照片。在清理时间结束之后，让幼儿知道你们将要以一种新的方式来进行回顾。用相机或平板电脑来进行存储，这样幼儿能够轻松看到你拍摄的照片。每次只向幼儿展示一张照片，让幼儿自己确认每张照片中的自己和使用的材料。认可幼儿的辨别，并给他们一些时间，让他们对自己使用过的材料、做过的事、和谁一起游戏等问题增加额外的想法或描述。

观　察

在与幼儿互动的过程中，仔细观察他们的行为，并为下面的关键发展指标和观察评价指标记录具体的、客观的逸事。

KDIs：7. 和同伴的关系；16. 倾听和回应；17. 非语言沟通；18. 双向沟通；19. 表达；29. 装满和倒空。

COR：F. 与其他幼儿建立关系；L. 表达；M. 倾听与理解。

后续活动

在户外游戏空间增加幼儿可以每天使用的水桶、篮子或其他容器。

第 3 天

选择时间

KDIs：7. 和同伴的关系；8. 情感；　　COR：H. 冲突解决。
18. 双向沟通。

在学步儿教室中，幼儿会因为各种原因不时陷入冲突中。他们可能会因共同感兴趣的材料或特定区域而陷入冲突中，或者，他们也可能将冲突情境作为探索因果关系和社交关系的一种方式。你将获得天然的机会来实事求是地掌控冲突，支持幼儿发展解决问题的能力。

冲突解决六步法①

1. 冷静地接近幼儿，阻止所有伤害性行为。
2. 认可幼儿的情感。
3. 收集信息。
4. 重述问题。
5. 请幼儿提出解决方案并共同选择其中一个方案。
6. 为给予进一步的支持做好准备。

---

① 关于冲突解决六步法，详见《你不能参加我的生日聚会——学前儿童的冲突解决》一书。——编辑注

每一发展阶段的鹰架学习		
早期	中期	晚期
儿童可以	*儿童可以*	*儿童可以*
对冲突做出如下反应：后退、哭泣、击打或踢打；盯着感兴趣的物品或人，或者去够感兴趣的物品。	对冲突做出如下反应：大喊大叫、哭泣，或用词语表达自己的需要，如"我的""不""停下来"。	对冲突做出如下反应：大声喊叫并用词语表达自己的需要，比如"我的车""本在用"；通过靠近成人并手指或说短语（如"他拿走了""艾米打"）来请求帮助。
成人可以	*成人可以*	*成人可以*
平静地做出反应，认可幼儿的情感，直到幼儿安静下来；询问幼儿出现了什么问题，以此来收集信息；描述幼儿的行为，以支持幼儿对冲突情境的看法；提供解决方案，询问幼儿是否认可这些方案，然后让幼儿选择一种解决方案；密切关注幼儿的后续举动；鼓励幼儿参与冲突解决，接受他们的非语言反应。	平静地做出反应，认可幼儿的情感，直到幼儿安静下来；询问幼儿出现了什么问题，以此来收集信息；描述幼儿的行为，以支持幼儿对冲突情境的看法；提供解决方案，询问幼儿是否认可这些方案，然后让幼儿选择一种解决方案；密切关注幼儿的后续举动；鼓励幼儿参与冲突解决，接受他们用单个词语或两个词的句子来做出回应。	对幼儿请求帮助的要求做出回应，认可他们的情感，鼓励他们提出解决方案，必要时成人也可以提出解决方案，并让幼儿选择一种方案来进行尝试。

身体护理时间

KDIs：21. 享受语言。　　　　　　COR：M. 倾听和理解。

在过渡到身体护理常规的过程中，可以给幼儿讲一个故事。这个故事应该是幼儿熟悉的，如童话故事或幼儿早上发生的事，或者你自己编的故事。讲的时候要慢一点，为不同角色变换不同的声音，讲述时要与幼儿进行眼神接触。幼儿将会被你的声音和眼神吸引。

进餐时间

KDIs：17. 非语言沟通；25. 探索更多。　　**COR**：L. 表达。

在幼儿想要更多东西时，对他们的非语言提示以及想要交流的尝试做出回应。在你做出回应时，向他们解释你正在给他们"更多"，并说出你正给他们的食物或饮品的名字（如"我给你更多牛奶"）。这种做法认可了幼儿想要交流的尝试，同时进行了语言示范。

有材料的大组活动时间（主要照护者1）

KDIs：12. 活动部分身体；22. 探索物品；29. 装满和倒空；30. 拆卸和装配。　　**COR**：J. 小肌肉运动技能；U. 测量；X. 视觉艺术。

活动：抽拉布料。

材料：顶部有洞的空盒子，如纸巾盒、湿巾盒、带盖的鞋盒；织物、围巾，以及不同质地的丝带。

年龄稍大学步儿的备用材料：能够把布拉出来的钳子。

开始时，把几种织物碎片、围巾或丝带放进盒子里，材料的一部分透过容器的洞口悬垂在外。给每名幼儿一个盒子，并展示如何轻轻地拉拽每片织物。对年龄稍大的学步儿，在他们探索过几分钟后，为他们提供钳子以增加难度，发展他们的小肌肉运动技能，以及用不同方式使用不同工具的能力。

每一发展阶段的鹰架学习		
早 期	中 期	晚 期
儿童可以	*儿童可以*	*儿童可以*
用两只手拉出容器中的织物；在拉拽布料时需要别人帮助握住容器；请求或用手势要求成人帮助自己把织物放回去。	把织物拉出来，然后放回容器中，在需要时能请求帮助；用一只手或一只胳膊固定住盒子，用另一只手拉织物。	独立把织物拉出来并放回容器内；用词语和短语来描述自己的行为和结果。

续表

每一发展阶段的鹰架学习		
早期	中期	晚期
成人可以评论幼儿的努力，描述他们行为的结果（例如，成人可以说："你非常用力地拉丝带，它很快就出来了！"）。	成人可以独立把织物拉出来，再放回去；用词语和短语描述幼儿的行为及行为的结果。	成人可以评论幼儿的行为，并给幼儿钳子，让他们尝试把布拉出来的其他方法。

当幼儿开始对活动失去兴趣时，把不再使用的材料收起来，并让幼儿知道接下来将要发生什么。如果可能，允许幼儿携带一片织物或丝带过渡到下一个环节。

有材料的大组活动时间（主要照护者2）

KDIs：22. 探索物品；29. 装满和倒空。

COR：J. 小肌肉运动技能；U. 测量。

活动：填满和倒空。

材料：带盖子（盖子上有提手）的空罐子（如咖啡罐、奶粉罐、燕麦片罐），有孔的空罐子（孔要大于幼儿准备通过孔放进罐中的物品的大小），广口瓶盖，浴帘环，娃娃链。

向幼儿展示浴帘环、瓶盖以及娃娃链，并为每名幼儿提供几种材料。为每名幼儿提供一个罐子，然后示范怎样把浴帘环、盖子或娃娃链放进罐子里。幼儿可能会窥探罐子的内部，把罐子翻转过来，或模仿你的做法——把更多物品放进罐子里。观察幼儿怎样使用材料，以此来确定他们的兴趣和发展水平。一些幼儿可能很喜欢把圆形的物品透过盖子顶部的孔放进罐子里，另一些幼儿可能更喜欢倒空和填满罐子而不盖上盖子。由于幼儿的肌肉运动技能正在发展中，所以尝试将物品放进开口的容器中可能非常具有挑战性。

每一发展阶段的鹰架学习		
早 期	中 期	晚 期
儿童可以 填满和倒空罐子；暗示（用语言或非语言的方式）他们需要成人的帮助，或想要与成人互动；尝试把盖子盖上或取下盖子。	*儿童可以* 多次尝试让材料通过盖子上的开口；通过盖子上的开口倒空和填满罐子；需要在帮助下取盖子，然后把盖子盖上。	*儿童可以* 通过盖子上的开口倒空和填满罐子；独立地取下盖子，然后盖上盖子。
成人可以 描述幼儿的行为，回应他们想要得到帮助的请求；适度帮助幼儿从打不开盖子的挣扎中解脱出来；拉开盖子的一小部分，请幼儿拉开余下的部分。	*成人可以* 以与幼儿相同的方式来使用材料，并描述幼儿所做的事（例如，成人可以说："你旋转着浴帘环，直到浴帘环能够穿过洞口。"）。	*成人可以* 以与幼儿相同的方式来使用材料，并评论他们的行为；用语言鼓励幼儿进一步实验材料（例如，成人可以说："我想知道，盖子是否能穿过洞口。"）。

当幼儿开始对活动失去兴趣时，把不再使用的浴帘环、盖子等放回容器里。对于仍然感兴趣的幼儿，允许他们可以携带一个盖子或一个浴帘环进入下一个环节。

律动和音乐的大组活动时间

KDIs：37. 探索艺术材料；39. 倾听音乐；40. 回应音乐。

COR：X. 视觉艺术；Y. 音乐。

活动：合着音乐绘画。

材料：包肉纸（butcher paper）、无毒的手指画颜料、器乐曲、湿抹布（更容易清理）、画刷。

让幼儿知道，在今天的集体活动时间中，他们将要合着音乐进行绘画。把大张的包肉纸滚开（或使用几张大纸，这样会让幼儿不那么拥挤），然后开始播放器乐曲。评论幼儿对音乐的第一反应（如，你可以说："你正在来回摇晃你的小脑袋。"或者："你正在合着音乐跳上跳下。"）。如果幼儿更喜欢用刷子而非自己的手（或脚），为他们提供画刷。当幼儿在纸上绘画时，描述他们的行为以及他们的动作是怎样配合音乐的。如果幼儿对合着音乐绘画仍然感兴趣，可以在音乐结束后播放一首新的音乐。

每一发展阶段的鹰架学习		
早期	中期	晚期
儿童可以	*儿童可以*	*儿童可以*
用手、脚或画刷进行绘画；合着音乐蹦跳或摇摆头部。	在纸上画出符号；手、头和腿配合音乐移动；用一两个词来描述自己的行为或自己的绘画。	在纸上画出符号，并描述绘画的内容；积极地合着音乐进行律动，并评论自己正在做的事（例如，幼儿可能说："跳，涂，泼洒！"或者："点，点，点，点。"同时用画刷在纸上点来点去）。
成人可以	*成人可以*	*成人可以*
评论幼儿如何对音乐做出反应，以及幼儿怎样探索绘画；支持音乐和幼儿绘画方式之间的联系（例如，成人可以说："音乐节奏很慢。你也慢慢地在颜料中移动手。"）。	描述音乐的节奏，并评论幼儿怎样配合音乐律动。	模仿幼儿的律动方式，并评论当他们尝试幼儿的方法时所产生的相似结果。

当幼儿开始对活动失去兴趣时，为他们提供湿抹布，开始清理他们的手或粘了颜料的其他部位。对于还在绘画、还在合着音乐律动的幼儿，让他们知道当歌曲结束时就到了清理时间，就要过渡到下一个环节。支持幼儿清理颜料并邀请已

经准备好要进行清理的幼儿帮忙清洗画刷或清扫绘画区域（如地板或附近的桌子）。

户外活动时间

为幼儿提供可在室外使用的小喷雾瓶。在瓶中注入颜色水，这样幼儿可以在雪上、纸上、沙子上或人行道上喷洒颜色水，并关注当混合颜色时会发生什么样的变化。注满清水的喷雾瓶同样能够满足幼儿，让幼儿可以在人行道上、沙子上或木栅栏上喷水，同时幼儿可以轻松观察到干湿之间的对比。挤压喷雾瓶也发展了幼儿手部的力量和小肌肉运动技能。（注意：在寒冷的天气里，一定要把喷雾瓶放在屋内，以防冻住、碎裂。）

过渡时间

为了减轻过渡的压力，在过渡到下一个环节的过程中可以允许幼儿携带一件玩具。例如，如果在选择时间即将结束时幼儿准备换尿布，那么如果让他们在换尿布过程中握着用过的动物玩具，他们就会更容易适应过渡。

一日生活的其他时间

休息时间

在安抚每个幼儿、帮助他们开始进入休息状态时，讲一个安静的故事，可以是他们熟悉的内容，也可以是成人编出来的内容。

清理时间

在选择时间、进餐时间以及户外活动时间之后的清理时间中，一定要提供能让幼儿独立帮你清理空间的材料（如湿抹布、纸巾）。

离园时间

与家长分享新的手势语。如果在集体环境中、在家中都坚持使用手势语，那么幼儿将很快学会这些手势语并更愿意使用它们。

计划时间和回顾时间（为年龄稍大的学步儿）

计划：选择一件物品来工作

幼儿将选择一件自己用过的物品并把它放进袋子里。这将帮助幼儿聚焦于他们想要使用的材料，而非简单地确定整个工作区域。尽管在过去的几周中幼儿已经练习过为选择时间做计划，但是幼儿可能还是需要成人帮助选择材料，并把材料带回小组中，进而讨论他们的计划。为每名幼儿提供一个大袋子（要能放得下幼儿选择的所有材料，如在娃娃家中使用的布娃娃，或在沙水桌上使用的铲子和水桶）。请幼儿去任何区域，去找到他们想要在选择时间使用的材料，并放进袋子里。（在其他计划时间，可以给每名幼儿一个小袋子，这将增加挑战的难度，幼儿必须选择一定尺寸的物品。）当幼儿拿回材料时，让他们进行交流，说出自己想要用材料在哪里玩，用材料玩什么。

回顾：回顾数码照片

在选择时间，为幼儿拍摄一些照片（在选择时间的开始部分、中间部分、即将结束的部分，都要拍摄）。与幼儿一起按顺序观察每张照片，这样你可以示范表示顺序的语言。例如，你可以说："首先，你去了积木区，玩了小汽车。然后，你在艺术区玩橡皮泥。"允许幼儿用语言或非语言的方式对每张照片做出回应。

观 察

在与幼儿互动的过程中，仔细观察他们的行为，并为下面的关键发展指标和观察评价指标记录具体的、客观的逸事。

KDIs：9. 同理心；40. 回应音乐。

COR：H. 冲突解决；X. 视觉艺术；Z. 律动。

后续活动

在幼儿集体制作的艺术作品干了之后，把它们悬挂在幼儿能轻松看到并触摸的地方。

第 4 天

选择时间

KDIs：1. 主动性；2. 解决问题；23. 客体永久性；28. 定位物品。

COR：A. 主动性和计划性；GG. 地理。

允许幼儿自由探索游戏空间。在幼儿游戏时，观察他们寻找不在眼前、已经滚远或被其他玩具挡住或覆盖的物品的方式。年龄稍大的学步儿也可能会想起他们之前用过的物品，把它找出来再次使用。

每一发展阶段的鹰架学习		
早 期	中 期	晚 期
儿童可以 跟随掉落或滚走的物品，并找出被其他材料挡住或覆盖的物品。	**儿童可以** 用单个词语来请求成人帮助寻找已经消失的物品；返回要寻找的物品所在的区域。	**儿童可以** 用语言回顾之前用过的材料并试图去寻找；用语言要求成人协助寻找物品，或要求在教室中使用标签，以方便找到他们正在寻找的物品。
成人可以 认可幼儿对消失物品的反应以及想要找到它的努力；帮助幼儿弄清楚消失的物品到了哪里，该怎样找到它（例如，成人可以说："你的球滚走了！我想知道它是否滚到了架子背后。"）。	**成人可以** 让自己处于幼儿的身体高度，和他们一起寻找物品；示范观察人的背后和家具下面的物品。	**成人可以** 对幼儿想要帮忙寻找物品的请求做出回应；小心地提出建议，支持幼儿定位物品的能力发展（例如，成人可以说："嗯，你正在寻找布娃娃。你觉得在哪个区域能找到布娃娃？"或者，如果幼儿已经花费了很长时间却还是没找到物品所在的区域，询问："你去娃娃家找找看会怎么样？"）。

身体护理时间

KDIs：5. 依恋；23. 客体永久性。

COR：E. 与成人建立关系。

在支持幼儿过渡到身体护理常规时，可以找机会逗一下幼儿，一起躲猫猫。在给幼儿穿衣服时，可以用裙子玩躲猫猫；在午餐后进行清理时，可以用抹布玩躲猫猫；或者，在你帮助幼儿准备入睡时，可以用毯子玩躲猫猫。

进餐时间

KDIs：17. 非语言沟通。　　　　**COR**：L. 表达。

在午餐过程中，强化已经介绍给幼儿的手势语，继续同时使用单词和手势语。记住，即使幼儿没有用手势语回应你，他们也会能够理解如何用语言和非语言的方式进行交流。

有材料的大组活动时间（主要照护者1）

KDIs：12. 活动部分身体；22. 探索物品。　　　　**COR**：J. 小肌肉运动技能；BB. 观察与分类。

活动：探索沙子。

材料：托盘或小盆、沙子、铲子、量勺和量杯、搅拌棒、小杯子、小平底锅或马芬托。

为每名幼儿或每对幼儿提供一托盘或一小桶沙子，供幼儿进行探索。允许幼儿先用几分钟时间探索沙子，然后为他们提供其他物品进行探索。

每一发展阶段的鹰架学习		
早期	中期	晚期
儿童可以	儿童可以	儿童可以
捡起手里的沙子；在沙子中移动材料。	铲起沙子，然后倒回去；观察其他人，尝试别人的想法，并用简单的方式（如在托盘上搅动勺子）来进行假装游戏。	铲起沙子，然后放进另一把铲子或小杯子里；用复杂的方式进行假装游戏（如有两个步骤的假装游戏，或用假装的角色来说话），并描述自己在做什么（例如，幼儿可能会说："做杯子蛋糕。搅拌！"）。

每一发展阶段的鹰架学习		
早期	中期	晚期
成人可以描述幼儿正在体验的质地以及正在用什么方式探索沙子；模仿幼儿在沙子中移动材料以及使用材料的方式。	成人可以用与幼儿相同的方式来使用材料；评论幼儿看到的其他人在做的事。	成人可以认可幼儿的想法，模仿他们的行为，评论幼儿正在做的事，以鼓励幼儿进行交流（例如，成人可以说："我想知道，你往杯子蛋糕中放了什么。"或者："你要怎么做你的杯子蛋糕？"）

当幼儿开始对活动失去兴趣时，把托盘和沙盆都收起来，让幼儿知道接下来会发生什么。

有材料的大组活动时间（主要照护者2）

KDIs： 12. 活动部分身体。　　**COR：** J. 小肌肉运动技能；EE. 工具和技术。

活动： 高尔夫球钉和球棒。

材料： 儿童尺寸的护目镜、橡胶球棒、高尔夫球钉、大块聚丙乙烯塑料泡沫（也可以使用大块南瓜、大块黏土、坚固的纸箱或柔软的户外地面）。

备选材料： 放在塑料泡沫（或南瓜、黏土或纸箱）下的地毯，以保护桌面或地板，以及帮助吸收一些噪声。

让幼儿知道，在今天的大组活动中，他们将要使用一些建构材料。提醒幼儿注意安全的重要性，活动开始前让所有幼儿都戴上护目镜。为每名幼儿提供一套材料，进行探索。

<u>注意：如果你对同时为幼儿提供球棒和球钉感到担心，那么可以只提供球钉，让他们用手指把球钉按进塑料泡沫中，或者用一些材料、有趣的物品来按压（在安全的表面上），如小一点的牛奶纸盒、装鸡蛋的纸盒、沙球、橡皮泥球、纸制或塑</u>

料泡沫制的杯子。对刚开始玩的幼儿来说，可以在塑料泡沫上戳几个小洞，这样幼儿可以把球钉按进小洞。

每一发展阶段的鹰架学习		
早 期	中 期	晚 期
儿童可以 把高尔夫球钉按进已有的洞里，或双手使用球棒在泡沫上敲打。	**儿童可以** 用手指把高尔夫球钉按进塑料泡沫中，并用球棒敲打球钉和泡沫；把球钉从泡沫中拔出来。	**儿童可以** 一只手握着高尔夫球钉，另一只手用球棒把球钉敲进泡沫中。
成人可以 评论幼儿的行为，用相同的方式使用球钉和球棒（例如，成人可以说："你用两只手握着球棒。那样会更容易敲在球钉上。"）。	**成人可以** 评论幼儿的行为，尝试他们的想法（例如，成人可以说："你用手指把高尔夫球钉按了进去。我准备用同样的方法试一试。"）。	**成人可以** 评论幼儿是怎样用工具来完成任务的；以与幼儿相同的方式来使用球棒和球钉，以相同的节奏来工作，并使用同样大小的力量。

当幼儿开始对活动失去兴趣时，让他们知道接下来马上就是清理时间，要开始进行清理活动。

律动和音乐的大组活动时间

KDIs：21. 享受语言；40. 回应音乐。　　**COR**：Y. 音乐；Z. 律动。

活动：《红色小马车》。

材料：《红色小马车》歌曲卡。

邀请幼儿来到教室中某个开放空间，这个空间可能是每天进行大组活动的地方。让幼儿知道他们将要演唱一首包括几个律动动作的歌曲。介绍几个简单的律动动作：跳上跳下或假装拉车。动作一定要简单，这样幼儿才能够模仿，才能轻松修改动作以匹配自己的发展水平。开始只包含几个动作会让幼儿更容易记住动作并模仿动作。接受幼儿的参与程度，以及他们移动自己身体的方式。练习几次动作之后再加歌词，开始从慢速逐步过渡到中速演唱歌曲《红色小马车》，并示范合拍做动作。在"碰撞"几轮之后，建议用另一种方式来律动，如跳跃、拍手或摇摆。在示范过用新动作来律动之后，邀请幼儿向你展示其他律动方式。把幼儿的想法添加到歌曲中并模仿他们的动作。如果幼儿会说话，请他们为动作命名。

每一发展阶段的鹰架学习		
早 期	中 期	晚 期
儿童可以	*儿童可以*	*儿童可以*
成人唱歌时观察或靠近成人；通过合着音乐蹦跳、摇摆或尝试伴唱来对歌曲做出回应；在成人的演唱停止后，通过拍手或蹦跳来暗示想要再听一遍。	在成人演唱时靠近成人，或转向唱歌的成人；通过舞蹈、摇摆或配合歌曲发出声音来做出回应；选择从远处观察。	以自己的节奏参与活动；伴随成人演唱几个词，并用不同的方式来移动身体，如跳跃或跳跃时挥舞胳膊和腿；模仿成人示范的简单动作。
成人可以	*成人可以*	*成人可以*
通过做出与幼儿表情对应的表情以及描述幼儿看到的事物来为幼儿提供反馈（例如，成人可以说："歌曲结束时你还在蹦跳、拍手。看起来你想让我再唱一遍。"）；如果幼儿表现出兴趣，就继续演唱歌曲。	允许幼儿以自己的节奏、自己的方式参与活动；通过眼神接触、微笑、评论幼儿参与的方式来吸引幼儿参与。	描述幼儿律动的方式，模仿他们的动作，鼓励幼儿观察其他人是怎么律动的。

在尝试过几次幼儿的想法后，让幼儿知道他们将要再唱一遍歌曲，并让他们知道接下来会发生什么。在过渡到下一个环节时，选择一个动作并唱着歌曲进行过渡。例如，在唱到"颠上颠下颠到点心桌，颠上颠下颠到点心桌，颠上颠下颠到点心桌，到了吃点心的时间了"时，你可以颠上颠下。使用这类策略让幼儿参与活动，让他们逐步过渡到下一个环节。

户外活动时间

为幼儿添加一些游泳用泡沫浮条（对半切成适合学步儿的长度）和中等大小的

球，让幼儿在游戏场地内拍球。一定要把材料放在空间很大的区域。把高尔夫球钉和球棒拿到户外，让幼儿在柔软的地面敲打。

过渡时间

跟随幼儿的引领，继续支持幼儿的逐步过渡。为仍想参与活动的幼儿延长活动时间，让对活动已经不感兴趣的幼儿过渡到下一个环节。

一日生活的其他时间

入园时间

向家长提及家长图书馆中新增加的材料。如果家长还没使用过家长图书馆，提醒他们借阅和归还的过程可能有帮助。

清理时间

根据幼儿的独立能力，有区分地提供支持，帮助幼儿完成清理活动。对年幼的儿童来说，每次只能布置一个任务。年龄稍大的幼儿才能够理解并遵从两个步骤的任务。

离园时间

与家长分享新歌和歌词。帮助家长把歌词打印出来，让家长在接幼儿时听你演唱会让家长获益良多。

计划时间和回顾时间（为年龄稍大的学步儿）

计划：选择一件物品来工作
重复前一天计划时间的做法，支持幼儿选择一件材料带回计划区域，使用材料来进行计划。如果幼儿收集了很多物品放到了袋子里，在幼儿把两三件材料放进袋子里后，支持幼儿做出计划，然后讨论一下要在哪里完成计划以及怎样使用材料。由于学步儿喜欢使用袋子，所以可以多准备几个袋子，以备幼儿在选择时间用袋子来做计划。

回顾：用油毡板进行故事回顾

需要的材料：贴有油毡衬背的幼儿照片、油毡板，以及用油毡衬背制作的区域标志。

把幼儿召集在一起进行回顾，让幼儿知道他们将要讲一个回顾故事。把幼儿的照片粘贴在油毡板上，鼓励幼儿命名自己在选择时间使用过的区域。如果幼儿犹豫不决，提醒他们你看到他们工作过的区域，把区域标志放在他们的照片旁。询问还有谁在那个区域工作过，邀请他们命名在区域中使用过的物品或做过的工作。继续这个过程，直到所有幼儿的照片都贴在了板子上。

观　察

在与幼儿互动的过程中，仔细观察他们的行为，并为下面的关键发展指标和观察评价指标记录具体的、客观的逸事。

KDIs：17. 非语言沟通；28. 定位物品。

COR：EE. 工具和技术；GG. 地理。

后续活动

把《红色小马车》歌曲卡添加到歌曲盒中。

第 5 天

选择时间

KDIs：5. 依恋；16. 倾听和回应；18. 双向沟通。

COR：E. 与成人建立关系；L. 表达；M. 倾听与理解。

允许幼儿自由探索游戏空间。当你在幼儿的高度与他们进行互动时，要与幼儿进行交流，并支持这种交流。在你表述的过程中，要有暂停，给幼儿时间来处理你的语言，并用语言或非语言的方式做出回应。

每一发展阶段的鹰架学习		
早 期	中 期	晚 期
儿童可以 寻求与成人互动，通过使用词语、姿势以及咿咿呀呀来参与双向交流。	*儿童可以* 混合使用词语与非语言反应来进行一两轮交流。	*儿童可以* 发起对话，并用语言的方式来进行两轮或更多对话。
成人可以 评论幼儿想要参与交流的努力；解释幼儿的姿势、词语以及声音。	*成人可以* 认可幼儿的反应，描述幼儿的非语言交流；让幼儿参与关于他们在做什么、他们的身边发生了什么的交流。	*成人可以* 认可幼儿的反应；让幼儿参与关于他们在做什么、他们的身边发生了什么以及他们对什么感兴趣的交流（例如，成人可以说："你在用积木搭建小狗。你的狗在家喜欢做什么？"）。

身体护理时间

KDIs：3. 自我照顾。

COR：K. 自我照顾和健康行为。

允许幼儿以自己的节奏过渡到身体护理环节。一些幼儿很快就能完成过渡，并急切地想要返回之前在做的事或进入即将要做的事中。另一些幼儿则可能需要花一些时间才能完成过渡，需要更长的时间才能进入常规活动中。记住，当幼儿开始对学习使用马桶感兴趣时，一些幼儿可能会表现得更为急切，而另一些则会表现得不情愿。

进餐时间

  KDIs：21. 享受语言。   COR：M. 倾听与理解。

  在进餐时阅读一本书。如果你忙于帮助幼儿吃饭，就讲一个熟悉的故事。如果你在分享一本书，一定要有暂停，允许幼儿看一看图画，或用语言、非语言的方式来对你讲的故事做出反应。

有材料的大组活动时间（主要照护者1）

  KDIs：12. 活动部分身体。   COR：J. 小肌肉运动技能；EE. 工具和技术。

活动：高尔夫球钉和球棒。

材料：儿童尺寸的护目镜、橡胶球棒、高尔夫球钉、大块聚丙乙烯塑料泡沫（也可以使用大块南瓜、大块黏土、坚固的纸箱或柔软的户外地面）。

备选材料：放在塑料泡沫（或南瓜、黏土或纸箱）下的地毯，以保护桌面或地板，以及帮助吸收一些噪声。

让幼儿知道，在今天的大组活动中，他们将要使用一些建构材料。提醒幼儿注意安全的重要性，活动开始前让所有幼儿都戴上护目镜。为每名幼儿提供一套材料，进行探索。

<u>注意：如果你对同时为幼儿提供球棒和球钉感到担心，那么可以只提供球钉，让他们用手指把球钉按进塑料泡沫中，或者用一些材料、有趣的物品来按压（在安全的表面上），如小一点的牛奶纸盒、装鸡蛋的纸盒、沙球、橡皮泥球、纸制或塑料泡沫制的杯子。对刚开始玩的幼儿来说，可以在塑料泡沫上戳几个小洞，这样幼儿可以把球钉按进小洞。</u>

每一发展阶段的鹰架学习		
早 期	中 期	晚 期
儿童可以 把高尔夫球钉按进已有的洞里，或双手使用球棒在泡沫上敲打。	*儿童可以* 用手指把高尔夫球钉按进塑料泡沫中，并用球棒敲打球钉和泡沫；把球钉从泡沫中拔出来。	*儿童可以* 一只手握着高尔夫球钉，另一只手用球棒把球钉敲进泡沫中。
成人可以 评论幼儿的行为，用相同的方式使用球钉和球棒（例如，成人可以说："你用两只手握着球棒。那样会更容易敲在球钉上。"）。	*成人可以* 评论幼儿的行为，尝试他们的想法（例如，成人可以说："你用手指把高尔夫球钉按了进去。我准备用同样的方法试一试。"）。	*成人可以* 评论幼儿是怎样用工具来完成任务的；以与幼儿相同的方式来使用球棒和球钉，以相同的节奏来工作，并使用同样大小的力量。

当幼儿开始对活动失去兴趣时，让他们知道接下来马上就是清理时间，要开始进行清理活动。

有材料的大组活动时间（主要照护者2）

KDIs：12. 活动部分身体；22. 探索物品。

COR：J. 小肌肉运动技能；BB. 观察与分类。

活动：探索沙子。

材料：托盘或小盆、沙子、铲子、量勺和量杯、搅拌棒、小杯子、小平底锅或马芬托。

为每名幼儿或每对幼儿提供一托盘或一小桶沙子，供幼儿进行探索。允许幼儿先用几分钟时间探索沙子，然后为他们提供其他物品进行探索。

每一发展阶段的鹰架学习		
早期	中期	晚期
儿童可以 捡起手里的沙子；在沙子中移动材料。	*儿童可以* 铲起沙子，然后倒回去；观察其他人，尝试别人的想法，并用简单的方式（如在托盘上搅动勺子）来进行假装游戏。	*儿童可以* 铲起沙子，然后放进另一把铲子里或小杯子里；用复杂的方式进行假装游戏（如有两个步骤的假装游戏，或用假装的角色来说话），并描述自己在做什么（例如，幼儿可能会说："做杯子蛋糕。搅拌！"）。
成人可以 描述幼儿正在体验的质地以及正在用什么方式探索沙子；模仿幼儿在沙子中移动材料以及使用材料的方式。	*成人可以* 用与幼儿相同的方式来使用材料；评论幼儿看到的其他人在做的事。	*成人可以* 认可幼儿的想法，模仿他们的行为，评论幼儿正在做的事，以鼓励幼儿进行交流（例如，成人可以说："我想知道，你往杯子蛋糕中放了什么。"或者："你要怎么做你的杯子蛋糕？"）。

当幼儿开始对活动失去兴趣时，把托盘和沙盆都收起来，让幼儿知道接下来会发生什么。

律动和音乐的大组活动时间

KDIs：13. 活动整个身体；14. 携物活动。　　**COR**：I. 大肌肉运动技能。

活动：探索螺旋弹簧玩具。

材料：塑料螺旋弹簧玩具（每名幼儿一个，每个成人一个）。

把幼儿召集到空间足够大的地点，让幼儿知道今天他们将要探索螺旋弹簧玩具。为每名幼儿提供一个弹簧玩具，请幼儿探索用不同的方式来移动它。

每一发展阶段的鹰架学习		
早期	中期	晚期
儿童可以 用握、拉伸、摇晃等方式探索弹簧玩具。	*儿童可以* 摇晃弹簧玩具，并用不同方式移动它；观察其他人怎样使用弹簧玩具，并尝试他们的想法。	*儿童可以* 以不同方式移动弹簧；用单词来描述自己的行为；提出建议让别人尝试。
成人可以 评论幼儿使用弹簧的方式；模仿幼儿使用弹簧的方式。	*成人可以* 描述幼儿的行为以及他们使用弹簧的方式；以与幼儿相同的方式使用弹簧。	*成人可以* 认可幼儿的想法，并用自己的弹簧尝试他们的方法。

当幼儿开始对活动失去兴趣时，让他们知道他们还有一分钟或两分钟探索弹簧，然后进入清理时间。一定要让幼儿知道接下来是什么活动。

户外活动时间

记录幼儿在选择时间感兴趣的物品之后，在户外的沙区增加一些材料。例如，如果你注意到幼儿在娃娃家花费了大量的时间，那么就可以在游戏中户外沙区增加假装游戏中的食物、平底锅和其他厨房用具。如果你注意到幼儿在积木区使用塑料动物玩具，就可以在沙箱中添加塑料动物玩具。

过渡时间

在过渡时间,适度鼓励幼儿使用自我照顾的技能。例如,玩雪回来后,幼儿可能需要别人帮助脱掉靴子和雪裤。然而,幼儿可以开始学习自己脱掉帽子、解开外套。同样,当幼儿准备好去户外时,鼓励幼儿找到自己的户外服装,如鞋子、夹克或帽子。

一日生活的其他时间

入园时间

提醒家长即将到来的家长活动,提醒时要包括能够帮助家长提前做计划、参与活动的所有细节。

休息时间

对于无法入睡的幼儿,在休息时间安排一些安静的活动,如提供带有蜡笔或马克笔的笔记本。

清理时间

在你进行清理时,向幼儿描述你正在做什么,并向幼儿介绍贴在容器上和架子上的标签,这些标签引导你把物品放回正确的位置。

计划时间和回顾时间(为年龄稍大的学步儿)

计划:选择一件物品来工作

重复前一天做计划的方法,支持幼儿选择一种物品,把物品带回计划区,然后讨论自己的计划。随着幼儿不断获得练习做计划的机会,你将能够尝试新的道具和新的策略。

回顾：用油毡板进行故事回顾

重复前一天进行回顾的方法。要从一个不同的区域，而不要前一天那个区域开始，或者从幼儿今天使用过的区域开始。鼓励幼儿参与关于他们和谁一起工作、在那里做了什么以及怎样与同伴互动的对话。如果幼儿为如何用语言表达自己在选择时间所做的工作而犹豫，温柔地提醒他们你所看到的他们的工作。一定要暂停一下，给幼儿时间来思考、分享他们的想法。

观 察

在与幼儿互动的过程中，仔细观察他们的行为，并为下面的关键发展指标和观察评价指标记录具体的、客观的逸事。

KDIs：2. 解决问题；14. 携物活动；18. 双向沟通。

COR：J. 小肌肉运动技能；BB. 观察与分类；EE. 工具和技术。

后续活动

把本周以来的逸事记录整理好，输入在线评估工具或其他用来保存幼儿发展水平的评估工具中。

给每名幼儿的家长发送一份凸显幼儿兴趣和本周经历的个人记录。

第 6 周总结

本周你已经

☐ 支持幼儿对他人表现出好奇心，如其他幼儿的家长、代课教师，或入园时间、离园时间以及进餐时间的支持人员。

☐ 观察幼儿身上新的发展里程碑。

☐ 对幼儿发展档案中的发展缺口进行观察，并填写档案。

- [ ] 支持学步儿进行计划和回顾。
- [ ] 为以下学前儿童观察评价系统（COR）条目收集逸事：
    - C. 反思（对年龄稍大的学步儿）
    - E. 与成人建立关系
    - F. 与其他幼儿建立关系
    - H. 冲突解决
    - J. 小肌肉运动技能
    - M. 倾听与理解
    - X. 视觉艺术
    - Z. 律动
    - BB. 观察与分类
    - EE. 工具和技术
    - GG. 地理

儿童一直聚焦于

- [ ] 与他人一起解决冲突。
- [ ] 参与有来有回的对话。
- [ ] 参与计划与回顾活动（仅对年龄稍大的学步儿）。

你已经通过以下方式强化了和家长的关系

- [ ] 为家长策划一个机会，让他们来到教室，了解课程。
- [ ] 向家长图书馆添加玩具和游戏性的材料。
- [ ] 与家长分享新歌和新的行为。

反思你与儿童的互动

- [ ] 回顾"总结：支持性的成人-儿童互动"（见附录1），并反思整周以来你们的互动。
- [ ] 确定两种本周使用过的、你觉得好用的与学步儿互动的策略。
- [ ] 选择一种你想在下周重点使用的策略。

第 9 章　未来的工作

在学步儿待在你的看护中心的过去六周中,你已经了解了他们每个人的脾性、需要以及交流风格。你已经向他们介绍了集体环境中新的常规和可期待的活动。你已经实践了互动策略,并根据对他们每个人的了解调整了环境。你花费很多时间来与幼儿建立一种安全的联系,这为幼儿探索环境时的交互互动、安全感以及支持幼儿发展的游戏体验奠定了基础。

现在,你即将要启动一个强有力的开始,你将要为学步儿做计划,帮助他们适应新环境,这时候很重要的一点是,要考虑怎样让他们进步,继续为他们制订有意图的计划,并与家庭保持联系。

在学步儿待在你的看护中心的过去六周中,你已经与他们建立了安全的联结,并为支持性互动和游戏体验奠定了基础。

遵从儿童的兴趣

- 计划活动：在你观察幼儿时，记录下他们对什么感兴趣。这将有助于为你的团队进行计划，并确保所有幼儿都参与活动。
- 轮换材料：经过仔细的观察后，根据幼儿的兴趣来轮换材料。可以每周或每两周更换一两种材料，或者每月更换几种材料。过于频繁地轮换材料会减少幼儿尝试新材料的机会，也会减少你想要的教室中的连续性和熟悉感。开始时，可以移除幼儿不再使用或不再表现出兴趣的材料，并根据幼儿所花费的时间来添加熟悉的材料。例如，如果幼儿花了很多时间来探索来自家庭的盘子以及真实的物品，就可以添加更多不同类型的盘子。记住要避免过渡刺激幼儿，不要向他们提供太多材料——如果你要增加新材料，要移除掉幼儿不经常使用的材料。如果游戏空间中有太多玩具，那么对幼儿来说，选择想要使用的材料或找到自己喜欢的材料会很困难。
- 支持幼儿的探索：一定要让幼儿经常使用的材料容易被拿到，并且数量要够多，以允许很多幼儿同时使用。这可能意味着要把架子上的一些物品移到地板上，这样幼儿爬到篮子边就能拿到材料，而无须从架子上拖拉篮子。当材料足够，可供许多幼儿可以同时使用时，可以减少幼儿的挫折感、幼儿之间的冲突，以及幼儿执行自己想法的等待时间。
- 重复活动：记住，大脑的发展与习得生活技能需要大量的重复练习。对幼儿来说，一再做同样的事情，日复一日地选择相同的材料，这些都是经常发生的事。这可能意味着你要在几天内一直让沙水桌中有水，偶尔轮换一下幼儿可以在水里玩的材料。评论幼儿重复的行为，并在他们做一些新的事情时给予认可，以此来支持幼儿。
- 每天观察幼儿：每天观察幼儿，并进行完整、客观的逸事记录，这将帮助教师根据幼儿的兴趣来为活动制订计划，并提供追踪幼儿发展时所需要的信息。在观察、记录的同时还要记得继续与幼儿互动。这将确保幼儿能够获得

当你观察幼儿时,记录下他们的兴趣,并根据他们兴趣的变化和发展来轮换材料。

持续的支持,也让你可以在自然的游戏情境中收集到关于幼儿发展最真实的信息。

- 观察细微的线索和厌恶表情:继续密切观察幼儿怎样表达自己的需要和偏好。由于学步儿的语言技能有限,所以也要记录下他们的面部表情和身体语言。这些同样能够说明他们的偏好,所以要认识到,感官经验在这一周被接受,但可能到下一周幼儿就不再喜欢了。以支持性的方式来回应幼儿对自己偏好和厌恶的表达,并据此做出调整。

追踪儿童的发展

- 每天都进行逸事记录:可以在幼儿进行游戏和探索环境时悄悄地完成记录。逸事记录将会帮助你做好计划,并帮助你收集关于幼儿发展和成长的信息。高瞻的评估工具——学前儿童观察评价系统(COR)升级版可以帮助你组织逸事,生成家庭报告,并根据你对幼儿的观察来创建每日活动计划。

- 与家长分享幼儿的发展信息：继续通过一些日常非正式的交流机会与家长交换信息，如入园时间、离园时间；把每天或每周关于孩子活动和集体常规活动的记录发送给家长；更新信息板并把最新事件信息发送给家长。如果你和家长有接触通道，可以利用安全的社交网站来分享信息，保持正常的沟通。每年，你应该与家长会面至少两次，用家长报告来交换关于幼儿的发展信息，家长报告应该包括关于幼儿发展的逸事。
- 确定幼儿对下一间教室或下一个年龄组是否做好了准备：你的观察将帮助你确定幼儿是否准备好过渡到下一间教室或下一个年龄组。由于幼儿是以不同的速度在不同领域（如认知、社会、情感）发展的，所以很重要的一点是要根据幼儿的发展技能而非他们的生日来评估幼儿是否准备好要过渡到下一个年龄段的教室。此外，在新教室中也必须做出一些调整，以适应幼儿的发展水平。

每天记录逸事将帮助你做好活动计划，并让你了解每名幼儿的成长与发展。

- 预见即将到来的里程碑式发展并为此做好计划：你对幼儿的观察以及你将逸

事记录与评估工具（如 COR 升级版）相联系的举动，将让你能够预测幼儿的发展技能和里程碑式发展。这也将帮助你决定新教室中的材料和家具，并做出每天的活动计划。与往常一样，一定要考虑到健康和安全问题，甚至在准备和预测即将到来的里程碑式发展时也要考虑这一点。例如，当幼儿学习稳定地走和围绕物品移动时，一定要认识到，他们仍然会扶着家具移动，用家具来保持平衡。一定要确保家具的边角、边缘被适当地包裹好，以避免在幼儿失去平衡或撞上物品时受伤。

维系与家庭的伙伴关系

- 分享故事和工作作品：在接送幼儿时，在与家长互动的过程中，要与家长分享孩子一天的生活。可以考虑拍摄幼儿参与活动的照片，并将照片和幼儿制作的艺术作品一起发送给家长。照片可以让家长看到他们的孩子在全天都做了什么，在你们的机构中使用了哪些材料。

- 交换在家与在学校的兴趣和活动：记住，要告诉家长他们的孩子在学校最喜欢什么活动，并询问孩子在家喜欢做什么。由于学步儿成长得非常快，所以定期交换信息非常重要，并且有意义。

- 为家长张贴每日活动计划：家长们很喜欢看到你每天为孩子做了哪些计划，这也将帮助他们理解孩子在全天都参与了哪些活动。计划中也要包含关键发展指标（KDIs）与（或）学前儿童观察评价系统（COR）的指标，这样家长就能够理解并开始欣赏他们的孩子在全天所学的内容。此外，这也将有助于你与家长谈论全天所进行的活动，以及孩子的反应。

- 为家长参与教室活动做计划：除了前几周所计划的活动，记住，要继续制订计划让家长参与幼儿的日常生活，了解课程，或与其他家长建立联系。可以考虑提供家长工作坊、举办百乐餐聚会，或邀请家长在午餐时加入教室工作。

- 更新家长图书馆：这可能意味着为家长更换图书或材料，以便他们借阅，然后在家使用，或增加关于家庭教育当前趋势或热点问题的文献资料。时常更新图书馆并将馆内资料与家长的兴趣相关联将帮助家长接受与他们相关的信息，并让他们能够满足孩子在家的需要。

每日团队计划

- 分享观察结果和逸事记录：每天找时间与团队中的其他成员交流你所收集的关于幼儿的信息。你将获得幼儿在你的小组以及在同事的小组中的记录。你可能会发现，你们观察到了相似的内容，或者你们在一天的不同时间观察到不同的技能正在生成。
- 根据幼儿的兴趣和发展制订计划：与你的教学团队交换信息将帮助你创建与幼儿兴趣与发展相匹配的计划。
- 讨论遇到的挑战：随着幼儿的成长与发展，你可能会遇到不同的挑战。在整个团队制订计划时，你可以分享你的观察，并制订活动计划来支持教室中的幼儿。例如，你可能注意到学步儿之间睡眠模式上的变化，这种变化会使把幼儿带到户外变得很困难。和你的团队一起讨论这一困境并做出计划，这将帮你快速找到有效的、支持性的解决方法。
- 计划改变教室：和团队一起讨论教室中的主要变化（如一日常规的变化，或学习环境的改变——如家具被移动）非常有帮助，也很有必要。确定谁负责什么工作，以及你要怎样为这些变化做好准备。

附 录

附录1 总结：支持性的成人-儿童互动

附录2 怎样使用本书中的鹰架表

附录3 所有关于你的！

附录4 根据家长提供的信息开发学步儿照护计划

附录5 大组活动时间计划表

附录6 学步儿用材料清单

附录7 针对学步儿的全天活动计划样表

附录8 针对学步儿的半日活动计划样表

附录9 学步儿机构的一日常规样例

附录10 混龄组的一日常规样例

附录1 总结：支持性的成人-儿童互动

建立能够促进照顾连续性的政策

- 围绕一名主要照护者固定每名儿童的一日生活。
- 为共享同一个照护者团队的儿童创建几个小组。
- 让幼儿和照护者年年在一起。
- 围绕儿童的需要来安排照护者的日程。
- 当照护者缺席和返回时要告诉儿童和家长。
- 让主要照护者记录他们对儿童的观察。

为儿童营造信任的氛围

- 以温暖的、不催促的方式触摸儿童、抱着儿童、对儿童说话以及和他们一起玩耍。
- 从与儿童的互动中获得乐趣。
- 对儿童的需要和引人注目的信号做出支持性的回应。
- 给儿童时间，让他们以自己的方式来进行互动、做出反应。
- 支持儿童与同伴、其他成人的关系。

与儿童建立伙伴关系

- 在儿童的身体高度上进行互动。
- 尊重儿童的喜好和个性倾向。
- 跟随儿童的引导。
- 观察并倾听儿童(包括使用简单的手势语)。
- 用有来有往的方式进行交流和谈话。
- 进行评论和认可(包括重复、重述儿童的咿呀学语和单词)。
- 从儿童的视角来看他们的行为。
- 当儿童必须做某件事时,给他们选择。

支持儿童的意图

- 聚焦儿童的长处和兴趣。
- 参与儿童的探索活动。
- 鼓励并认可儿童在探索过程中和游戏中的选择。
- 帮助儿童完成他们想要着手做的事。
- 给儿童时间来解决他们在探索活动和游戏活动中遇到的问题。

附录2 怎样使用本书中的鹰架表

本书中的每个活动都包括了一张鹰架表,表格中提供了支持幼儿在不同区域进行学习并扩展其学习的建议。这些鹰架表引导了可能的、与内容相关的学习。然而,你应该期待幼儿会以独特的方式来使用材料,并准备好去支持幼儿身上可能发生的任何学习。

每张鹰架表都被划分为"早期""中期""晚期"三个栏目,里面包含着处于这三个不同发展的幼儿在操作材料、进行活动时可能做的以及说的(与内容领域相关)案例。在每个发展阶段,每张表格上都包含一个叫作"成人可以"的部分,此部分提供当成人与幼儿互动时,可以怎样支持并适度拓展幼儿在三种发展水平上的学习。

为了通过鹰架来支持幼儿学习本书中所提供的活动,你可以遵照以下步骤。

步骤1:考虑幼儿的发展水平

观察鹰架表,并细致阅读,了解在每个发展水平上幼儿可能说或做什么。预测你所在小组或班级中的幼儿个体对活动会做出怎样的反应,也就是说,在早期、中期、晚期三个不同发展水平上,幼儿可能做出什么反应,以及他们可能怎样使用所提供的材料。这将有助于你更有目的地探讨如何根据幼儿的发展水平来用不同的方式与幼儿互动。

步骤2：在幼儿现有发展水平上提供支持

在想象过幼儿在活动期间可能做什么之后，你可以计划一下如何在幼儿的现有水平上提供支持。看一下鹰架表上的"成人可以"栏目是怎样在现有水平上支持每名幼儿的。这里面可能提供了一些支持策略，包括模仿幼儿的行为并说出行为的名字，有目的地使用与内容相关的词语来描述幼儿正在做的事，或者请幼儿来描述他正在做什么。作为一种策略，记得要暂停一下，来看看幼儿对你的建议做何反应。这将让你获得一些线索，让你知道是否要继续步骤2，还是前进一步到步骤3。

步骤3：提供适度的扩展

如果幼儿对你的支持策略反应热烈，你可以尝试在现在正在做的事情的背景下引入新的想法。观察表格中"成人可以"部分的段落。这些段落包括了在特定领域拓展儿童学习的一些策略，如通过评论来吸引学步儿关注其他儿童，请学步儿解释他们的思考，慢慢介绍新的概念或想法，或提出挑战。

附录3 所有关于你的！

你独特的文化、传统、价值观在幼儿的生活中发挥了重要的作用。我们想要支持并弘扬你的家庭文化，将之融入教室。请花一些时间来回答下面的问题。

你的家庭庆祝哪些节日？

你的家庭怎样庆祝上述节日？

你们家有什么与节日无关的家庭传统吗？如果有，请描述一下。

在你的家庭中，人们有什么爱好或才能吗？

你愿意在教室中分享你的爱好或才能吗?

你们家喜欢吃什么食物?

你们全家聚集在一起时喜欢做什么事?

我们可以怎样在教室中支持你的家庭文化、价值观以及兴趣?

关于你的家庭文化,还有别的什么你想要我们知道的吗?

附录4　根据家长提供的信息开发学步儿照护计划

用来自家长的信息完成下面的表格，帮助为每名幼儿的一日常规做计划，并确定幼儿喜欢的活动类型和节奏。要阶段性地修改这些表格，以保证信息是最新的。

幼儿的名字：_____ 出生日期：_____

表格完成者：_____ 日期：_____

入园时间

在从家庭过渡到照顾中心的过程中，哪些策略和常规让你和你的孩子们感到最舒服？在一日生活中，我们应该怎样一起互相支持并支持幼儿的发展？

_____
_____
_____

睡眠时间

你的孩子想要睡觉时有什么信号？

_____
_____

哪些措施有助于让你的孩子入睡？

你的孩子睡觉时是什么姿势？你的孩子习惯于在安静的环境还是稍微有些噪声的环境中入睡？

你的孩子会怎样醒来？我们该怎样帮助你的孩子从睡眠中过渡到清醒的状态？

清醒和游戏

你的孩子更喜欢在哪里游戏？

游戏时你的孩子最喜欢探索哪些事情？

你的孩子想要你怎样和他（她）一起玩？

在游戏过程中，支持孩子身体、社会性、认知以及情感发展的策略有哪些？

_____

_____

喂食和吃饭时间

你怎样准备孩子的配方奶？

_____

_____

你的孩子喜欢什么温度的配方奶或母乳？你怎样加热奶瓶？

_____

_____

如果有，你的孩子吃哪些坚硬的食物？你怎样准备这些食物（如数量、黏稠度、温度）？

_____

_____

你的孩子怎样吃坚硬的食物（用勺子、手指？吃得快还是慢？）你的孩子更喜欢坐在哪里吃饭？

_____

_____

你的孩子最喜欢哪些食物？不喜欢哪些？对什么食物过敏？

_____

_____

身体护理时间

你的孩子喜欢哪种尿布？［注意：在一些机构中，由于牌照规则或环境政策的原因，用什么尿布是没有选择的。]

你的孩子对哪种布料感到最舒适？

离园时间

在从照顾中心到家庭的过渡过程中，哪些策略和常规让你和你的孩子感到最舒适？在一日生活中，我们该怎样互相支持并支持你的孩子？

你的孩子的一日常规

在家中典型的一天中，你的孩子的常规是什么样的？请写在下面的空格处。例如，你的孩子通常什么时候醒来、吃饭、小憩、游戏？了解这些有助于让我们预测他们在中心的常规。

附录5 大组活动时间计划表

起始内容 （KDIs；COR）	
材　料 备用材料	
开　始 简要的开场白	
过　程 用鹰架支持不同发展水平的幼儿的想法	
结　尾 提醒幼儿即将要过渡到一日常规的下一个环节	
后续想法	

附录6 学步儿用材料清单

材料	第1周	第2周	第3周	第4周	第5周	第6周
金属环	×		×	×		
2英寸的积木				×		
娃娃链						×
球（中等大小）						×
球（2英寸，4英寸，6英寸，8英寸）			×	×	×	
豆袋				×		
铃铛	×					
纸板书	×					
泡泡棒				×		
泡泡水				×		
桶				×		
桶或篮子（大）					×	
桶或篮子（小）					×	
粗麻布			×			×
带盖子的容器（盖子上有孔）			×			×
容器	×					
带盖子的罐子（盖子上无孔）				×	×	
纸板积木（cardboard blocks）	×					
纸盒（不同大小）				×		×

续表

材料	第1周	第2周	第3周	第4周	第5周	第6周
粉笔				×		
雪尼尔花线	×					×
儿童用安全护目镜						
可选：通道 　　　用毯子或围巾做出的帐篷 　　　两边打开的大纸盒 　　　竖起的呼啦圈			×			×
可选：手机 　　　相机 　　　计算机键盘 　　　无线电话 　　　鼠标 　　　计算器 　　　电视遥控器 　　　游戏遥控器 　　　手持游戏机 　　　电话键盘 　　　电子阅读器 　　　GPS 导航器					×	
可选：大块泡沫，大南瓜，柔软的户外地面，大块橡皮泥，或稳固的纸盒						×
可选：低矮的积木 　　　木板（2×4） 　　　放在地上的绳子 　　　游泳用泡沫浮条			×			
可选：枕头，沙发垫，豆袋，大地毯积木，大泡沫积木，双面坡道，轮胎				×		
可选：图形 　　　有纹理的垫子 　　　放在地上的呼啦圈 　　　木制踏脚石 　　　气泡垫						

续表

材料	第1周	第2周	第3周	第4周	第5周	第6周
可选：木球按摩器 　　　滚动按摩器 　　　手持按摩器				×		
可选：桌子，椅子，梯子			×			
装有不同物品（填充物如下）的透明塑料瓶		×				
发出噪声的物品						
五金件——钉子、螺丝钉、螺母、垫圈						
豆子或谷物						
干珠子						
弹珠						
小铃铛						
石头						
装饰珠串						
大米和牙签						
发光的物品						
装饰用闪光物（有水或没有水）						
箔纸						
含金属的丝带或五彩纸屑						
重　物						
沙子						
石头						
干珠子						
轻　物						
棉花球或上色的绒球						
纱线						
丝带						

续表

材料	第1周	第2周	第3周	第4周	第5周	第6周
干米、干意大利面、干燕麦片、盐或玉米芯						
碎纸或薄绉纸						
牙签						
液 体						
颜色水						
水和油						
发胶						
洗发水或洗洁精						
其 他						
贝壳						
植物						
凝胶晶体						
落叶（干的）						
雪块或冰块						
布书	×					
灯芯绒			×			×
蜡笔（巨型）					×	
干牛油果核				×		
干牛油果种子				×		
干葫芦				×		
有弹力的医疗绷带			×			
空盒子（带盖子，盖子上有孔）						×
空食物盒	×	×				
毛毡			×			×
羊毛织物			×			×
泡沫积木	×					

续表

材料	第1周	第2周	第3周	第4周	第5周	第6周
高尔夫球钉						×
呼啦圈					×	
试管中的冰柱			×			
器乐	×			×		×
罐子的盖子						×
蕾丝			×			×
长柄勺	×	×				
大羽毛				×		
大的扁平图形			×			
大树叶				×		
大片树皮				×		
大贝壳				×		
大核桃				×		
亚麻布			×			×
磁铁砖					×	×
字母磁铁					×	×
沙锤			×	×	×	
记号笔（巨型）				×		
中等大小南瓜			×			
中等大小岩石				×		
金属饼干片					×	×
金属勺	×	×	×	×		×
马芬罐或冰格				×		×
有盖子的燕麦片罐或网球罐			×			
画刷	×	×				
颜料托盘				×		

续表

材料	第1周	第2周	第3周	第4周	第5周	第6周
绘画罩衣	×	×		×		×
纸（8×11 或 11×17）	×	×		×		
纸（包肉纸）						×
儿童/照护者/家人/宠物等的照片					×	×
图画书	×					
塑料制动物、布制动物或木制动物				×		
橡皮泥（无毒的）				×		
游泳用泡沫浮条						×
锅碗瓢盆	×	×				×
水晶塔或圆锥体				×		
带丝带的圆环	×					
室温水	×					
橡胶锤						×
沙子						×
缎子			×			×
围巾					×	
勺子	×		×	×		×
种子串，摇晃器或沙锤				×	×	
摇晃器			×	×	×	
图形分类器	×					
图形	×					
浴帘环						×
丝绸			×			×
弹簧玩具（塑料制）						×
带盖子的小纸盒			×			
小羽毛掸子						×

续表

材料	第1周	第2周	第3周	第4周	第5周	第6周
带盖子的小塑料瓶（一些扭上了盖子，一些盖着盖子）		×				
小塑料槌或小木槌			×			
带盖子的小塑料试管（一些带搭扣，一些不带）		×				
小试管	×			×		×
光滑的松果			×			
意大利面抓勺	×	×				
铲子	×	×				
海绵（新的或干净的、消毒过的）	×					
喷雾瓶						×
湿湿包					×	
坚固的按扣密封冷冻袋——夸脱大小或加仑大小						
密封胶带						
内容物如下：						
橡皮泥						
玉米淀粉水						
护肤油						
含有面粉的水						
液体淀粉和胶水						
水和沙子/泥土						
泥土或沙子						
干玉米芯						
干米						
烹饪好的意大利面（使用后丢弃，避免糟蹋）						

续表

材料	第1周	第2周	第3周	第4周	第5周	第6周
*注意要密封好袋子。						
*小心,不要让袋子过重。						
*密切观察幼儿,确保他们不会意外弄破或打开袋子。						
教师自制图书	×					
毛巾	×					
试管(不同长度、直径、材料)			×	×		×
天鹅绒		×				×
可洗掉的、无毒的颜料	×	×		×		×
打蛋器	×	×	×	×		×
木制衣夹			×			
木积木	×					
木环	×					
木勺	×	×	×	×		×
羊毛		×				×

附录7 针对学步儿的全天活动计划样表

照护者：	日期：
入园/欢迎/选择时间	

早餐/上午的点心时间	下午的点心时间
上午的选择时间	下午的选择时间

身体护理时间	

大组活动时间			大组活动时间		
早期	中期	晚期	早期	中期	晚期

上午的户外活动时间	下午的户外活动时间

续表

午餐时间
音乐和律动的大组活动时间 容易加入： 内容：
午睡时间
离园时间
切记
关键发展指标（KDIs）： A. 学习品质 B. 社会性和情感发展 C. 身体发展和健康 D. 交流、语言和读写 E. 认知发展 F. 创造性艺术

附录 8 针对学步儿的半日活动计划样表

照护者：			日期：		
入园/欢迎/选择时间					
早餐/上午的点心时间					
选择时间					
身体护理时间					
大组活动时间			大组活动时间		
早期	中期	晚期	早期	中期	晚期
上午的户外活动时间					

续表

午餐时间
音乐和律动的大组活动时间 容易加入： 内容：
离园时间
切记
关键发展指标（KDIs）： G. 学习品质 H. 社会性和情感发展 I. 身体发展和健康 J. 交流、语言和读写 K. 认知发展 L. 创造性艺术

附录9　学步儿机构的一日常规样例

学步儿的一般性一日常规：加拿大安大略省奥克维尔（Oakville）喜来登高瞻教师教育中心（Sheridan HighScope Teacher Education Centre）的一日常规

提示：这个教师教育中心的任务是对教育专业和早期教育专业进行观察并提供相关培训，同时也为大学工作人员、教师以及学生的孩子提供照护。

在加拿大，"年长的"（senior）孩子相当于美国学前班的孩子。全加拿大都会提供年长孩子项目（senior program），但是并不强制孩子必须去这类机构。小学一年级是强制性的。

儿童数量：46人（10名学步儿，16名幼儿，20名学前班儿童）

儿童年龄：18个月—6岁

工作人员数量：6名带班教师，1名管理者，1名厨师

幼儿到园/离园时间：交错开

上午7:30—8:00　　　　　集体活动时间

所有儿童在游戏室中集合。

上午8:00—9:00　　　　　选择时间/换尿布/盥洗

在这个时间段，所有在场的学步儿来到教室，进入选择时间

上午9:00—9:15　　　　　吃零食

上午9:15—10:15　　　　换户外活动的衣服，进行户外活动

上午10:15—10:30　　　回到室内，换下户外的服装

上午 10:30—11:30　　　　　　选择时间/盥洗/换尿布

本组儿童年龄一般在 18 个月到 2 岁半之间，所以他们已经掌握了很多认知技能和语言技能。教师要针对每名儿童的个人情况来制订计划，并适当调整互动策略。教师可以直接要求一些较大的学步儿自己制订计划，但对年龄较小的学步儿，要使用不同的计划策略：在这些学步儿玩游戏时，教师可以走到他们身边，评论他们做出的选择。通过这种方式，年龄较小的学步儿学习了怎么制订计划，以及怎样用正确的方式使用词语。

上午 11:30—11:45　　　　　　大组活动时间（律动和音乐）

所有儿童聚集在大组中，与教师一起使用大肌肉群探索身体的律动。伴随着音乐跳舞时，他们也会使用一些小道具。

上午 11:45—下午 12:15　　　　午餐时间

每名教师负责 5 名儿童，与自己一直负责的儿童坐在一起。

下午 12:15—2:15　　　　　　午睡时间

下午 2:15—2:30　　　　　　盥洗/换尿布

下午 2:30—3:30　　　　　　换上户外服装，到户外活动

下午 3:30—3:45　　　　　　回到室内/换下衣服/吃零食

下午 3:45—4:00　　　　　　大组活动时间

这次的大组活动非常灵活。教师把材料放在一个地点，然后鼓励学步儿互相交流。这一天的第一次大组活动时间主要聚焦于律动和音乐。本次大组活动要根据关键发展指标和儿童观察评价条目来覆盖一系列内容领域。在这次大组活动时间，教室中所有区域都要开放。通常，大多数学步儿或所有学步儿都会先检视一遍大组活动，但是年幼一点的学步儿倾向于反反复复。

下午 4:00—6:00　　　　　　选择时间

这是一天中最后的一项常规。由于离园时间是交错开的，所以一些儿童会继续在区域中玩耍，同时一些家长会来接走他们的孩子。

附录10　混龄组的一日常规样例

混龄组的一般性一日常规：密歇根州卡拉马祖（Kalamazoo）市学习谷公司（Learning Village，Inc.）的一日常规

幼儿数量：12

幼儿年龄：6周—2岁半

工作人员数量：3个全职，2个兼职

幼儿到园/离园时间：交错开

上午7:00—7:50	到园
上午7:50—8:00	洗手/吃饭
上午8:00—8:30	选择时间
上午8:30—9:00	换尿布时间和选择时间
上午9:00—9:45	户外活动时间

户外活动时间应该包含所有幼儿。有时候在上午有些年幼的婴儿需要小睡一会儿，这种情况下，他们的老师需要待在室内，与他们在一起，这些婴儿会在下午的户外活动时间来到户外。户外环境包括了秋千、沙区、草区以及游戏屋。在户外时间，照护者铺开被单，把年幼的婴儿放在上面玩耍。有时候，照护者也会把婴儿放在一个空的塑料浅水池中，池中填满了柔软的垫子。根据对幼儿的每日生活观察，把一些特定的玩具带到户外，让最年幼的幼儿探索。

上午9:45—10:15	回到室内/小组活动时间

照护者将幼儿分成三个小组。在最年幼幼儿组，进行为该年龄组特别设计的活动。中间的学步儿组有教师一起参与活动，进行适合其年龄的活动。最年长的组同样。

上午 10:15—10:30　　　　选择时间

上午 10:30—10:45　　　　唱歌时间

上午 10:45—11:10　　　　洗手/吃午餐

上午 11:10—11:30　　　　换尿布和选择时间

上午 11:30—下午 2:30　　午睡时间/早起者的安静活动时间

下午 2:30—3:00　　　　　选择时间

下午 3:00—3:15　　　　　点心时间

下午 3:15—4:00　　　　　户外活动时间

下午 4:00—5:30　　　　　清理和选择时间

一日常规一览

上午 7:00—7:50　　　　　入园

上午 7:50—8:00　　　　　洗手/吃饭

上午 8:00—8:30　　　　　选择时间

上午 8:30—9:00　　　　　换尿布和选择时间

上午 9:00—9:45　　　　　户外活动时间

上午 9:45—10:15　　　　回到室内/小组活动时间

上午 10:15—10:30　　　　选择时间

上午 10:30—10:45　　　　唱歌时间

上午 10:45—11:10　　　　洗手/吃午餐

上午 11:10—11:30　　　　换尿布和选择时间

上午 11:30—下午 2:30　　午休时间/早起者的安静活动时间

下午 2:30—3:00　　　　　选择时间

下午 3:00—3:15　　　　　点心时间

下午 3:15—4:00　　　　　户外活动时间

下午 4:00—5:30　　　　　清理时间和选择时间

参考文献

Bardige, B. (2009). *Talk to me baby! How you can support young children's language development.* Baltimore, MD: Paul H. Brookes.

Dowling, J. L., & Mitchell, T. C. (2007). *I belong: Active learning for children with special needs.* Ypsilanti, MI: HighScope Press.

Goldschmied, E. (1989). *Infants at work: A video.* London: National Children's Bureau.

Jalongo, M. R. (2004). *Young children and picture books* (2nd ed.). Washington, DC: National Association for the Education of Young Children.

O'Grady, W. (2005). *How Children Learn Language.* Cambridge, England: Cambridge University Press.

Owen, M. T. (1996, November). *Symposium on early child care and attachment: Findings from the National Institute of Child Health and Human Development Study of Early Child Care. Report of the Attachment Task Force.* Annual Conference of the National Association for the Education of Young Children, Dallas, TX.

Rothbart, M. K., & Bates, J. E. (2006). Temperament. In W. Damon, R. M. Lerner, & N. Eisenberg (Eds.), *Handbook of child psychology: Social, emotional, and personality development* (6th ed., Vol. 3, pp. 99-166). New York: John Wiley & Sons.

Teglasi, H., & Epstein, S. (1998). Temperament and personality theory: The perspective of cognitive-experiential self-theory. *School Psychology Review*, 27, 534–550.

Thompson, E. (2013). *Something from nothing: Using everyday materials with preschoolers*. Ypsilanti, MI: HighScope Press.

Thompson, R. A. (2009). Doing what *doesn't* come naturally: The development of self-regulation. *Zero to Three*, 30 (2), 33–39.

关于作者

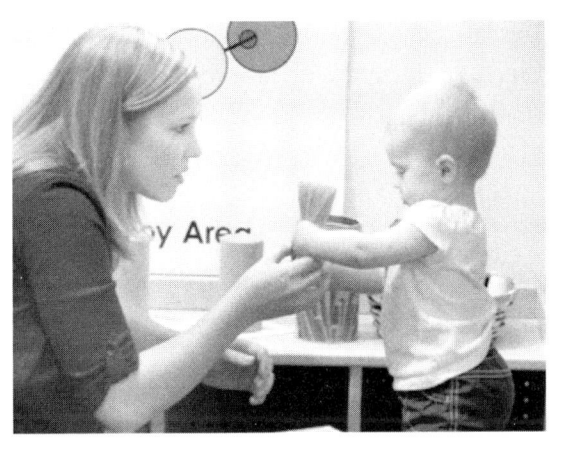

克里斯汀·M.施耐德是高瞻教育研究基金会的早期教育专家，同时也是受过培训的高瞻教师和培训师。她在高瞻示范幼儿园工作过两年，目前主要集中精力进行教师培训工作以及为婴儿、学步儿和学前儿童开发课程资料。克里斯汀参加过高瞻课程在全美国以及全世界的培训工作。除了面对面的培训，她也开发并指导了一些线上培训。她曾在高瞻新发行的《延伸》（*Extensions*）和《资源》（*ReSource*）杂志上发表过一些文章。克里斯汀也对网页上的培训剪辑产品和其他教师资源做出了贡献。

1998年以来，克里斯汀一直在早期教育领域扮演不同角色：婴儿-学步儿教师、学前儿童教师、入学前和入学后教师、照顾中心领导人以及教师培训师/导师。在担任中心领导时，她带领机构通过了全美幼教中心（NAEYC）的认证。

克里斯汀是位于密歇根州利沃尼亚市（Livonia）的麦当娜大学（Madonna University）的副教授，以及位于密歇根州安娜堡市（Ann Arbor）的瓦什特洛社区学院（Washtenaw Community College）的兼职导师。此外，克里斯汀还服务于伊普西兰蒂市（Ypsilanti）的东密歇根大学（Eastern Michigan University）、麦当娜大学以及瓦什特洛社区学院的教育咨询委员会。

Lesson Plans for a Strong Start: The First 30 Days for Toddlers
By Christine M. Snyder

ⓒ 2016, HighScope Educational Research Foundation for the original edition.
ⓒ 2023, Educational Science Publishing House Limited for this Chinese edition.

All rights reserved.

This book has been translated by Educational Science Publishing House Limited under license by HighScope Educational Research Foundation.

The full English version of this book is available from HighScope Educational Research Foundation, 600 North River Street, Ypsilanti, Michigan 48198, U.S.A. or at www.HighScope.org.

本书中文版由权利人授权教育科学出版社独家翻译出版。未经出版社书面许可，不得以任何方式复制或抄袭本书内容。

版权所有，侵权必究。